# Esoterik

Herausgegeben von Gerhard Riemann

Mel Ash hat Dharma bereits in verschiedensten Funktionen praktiziert: als Zimmermanns-Lehrer für behinderte Erwachsene, als Berater in einem Hochsicherheitsgefängnis für Jugendliche, als Kunst-
direktor eines Musik-Magazins, als Zimmermann beim Hausbau und
als Designer von Bowling-Trophäen. Mel Ash ist Anhänger von Beat
und buddhistischer Literatur. Die Qualifikation zum Dharma-Lehrer
erhielt er vom Zen-Meister Seung Sahn.

Deutsche Erstausgabe Mai 1997
Copyright © 1997 für die deutschsprachige Ausgabe
Droemersche Verlagsanstalt Th. Knaur Nachf., München
Titel der Originalausgabe »The Zen of Recovery«
Copyright © 1993 by Mel Ash
Published by Arrangement with Author
Originalverlag Jeremy P. Tarcher/Perigee Books, New York
DTP-Satz und Herstellung Barbara Rabus
Druck und Bindung Ebner Ulm
Printed in Germany
ISBN 3-426-86047-3

2   4   5   3   1

# Mel Ash

# Das Zen der Gesundung

Spirituelle und therapeutische
Techniken auf dem Weg
von Abhängigkeit zur Freiheit

Aus dem Amerikanischen von Malte Heim

*Für Karin*

# Inhalt

# Vorwort

*Das Zen der Gesundung* ist für »Neulinge« und Fortgeschrittene in der Zwölf-Schritte-Gesundung, dem Programm der Anonymen Alkoholiker oder AA, und für all jene gedacht, die daran interessiert sind, die universalen Lehren sowohl des Zen als auch der Genesung zu erlernen und anzuwenden. Dieses Buch greift vor allem den Hinweis im Elften Schritt auf: daß wir meditieren, um »unseren bewußten Kontakt mit einer höheren Macht zu verbessern«. Es konzentriert sich auf Möglichkeiten, die machtvolle Meditationsweisheit des Ostens in unseren westlichen Traditionen anzuwenden, so daß wir intensiver leben lernen.

Die auf diesen Seiten dargestellte Synthese setzt keine speziellen Vorkenntnisse voraus, und der Leser wird in mehreren Schritten und auf viele unterschiedliche Weisen in die vorgestellten Ideen eingeführt.

*Das Zen der Gesundung* weist eine dreifache Struktur ähnlich jener auf, die man im Buddhismus und auch in der Genesung findet. Im Buddhismus werden die wichtigsten Aspekte »die drei Juwele« (Triratna) genannt: der Buddha (der Erwachte), der Dharma (die von ihm dargelegte Wahrheit) und der Sangha (der gemäß dieser Wahrheit lebende Anhänger). In der Gesundung lehrt man, daß unsere Leiden dreigestaltiger Art sind – mental, körperlich und spirituell – und daß wir allen

7

drei Bereichen die gleiche Aufmerksamkeit widmen müssen, um zu gesunden.

Dieses Buch ist in drei Abschnitte unterteilt – gemäß dem alten Zen-Gleichnis von dem Finger, der auf den Mond deutet. Die Geschichte wird in der Einführung erzählt und erklärt. Teil eins, *Grundlagen:* Der Finger, bietet Hintergrundwissen, das für das Verständnis der folgenden Kapitel wichtig ist. Es enthält meine persönliche Geschichte und historische Erläuterungen des Zen und der Gesundung. Danach folgt eine Interpretation der Zwölf Schritte und des *Herz-Sutra,* des bedeutendsten Zen-Textes. *Der Finger* weist auf ursprüngliche, historische Lehren und Erfahrungen hin.

Teil zwei, *Reflexionen:* Das Deuten, enthält Essays über verschiedene Fragen, auf die man in der Genesung stößt, wenn man an einem spirituellen Programm arbeitet. Sie sind in einem Stil geschrieben, der sowohl bei Gesprächen über den buddhistischen Dharma als auch bei Zwölf-Schritte-Meetings üblich ist. *Das Deuten* bezieht sich auf den persönlichen und eindringlichen Ton dieser Essays.

Teil drei, *Richtungen:* Der Mond, ist der aktive Teil des Buchs und der Abschnitt, der den Prozeß in Ihre Hand gibt. In den Essays geht es um die »spirituellen Techniken« oder die eigentliche Praxis des Zen in unserem Alltagsleben sowie im Gesundungsprozeß. Besonders im letzten Kapitel werden die grundlegenden Meditationstechniken beschrieben, die dazu dienen sollen, die Praxis der Spiritualität weniger einschüchternd und zugänglicher zu machen. *Der Mond* steht für die persönlichen Erfahrungen und Resultate, die man sowohl aus dem Zen als auch aus der Genesung gewinnt.

Einige Teile des Buchs beziehen sich eher auf die Gesundung als auf das Zen, während andere Passagen sich ausführlicher mit dem Zen selbst befassen. Bei dieser Kombination habe ich mich darum bemüht, so viele Informationen über beide Traditionen mitzuteilen, wie mir sinnvoll erschien. Zusammengenommen werden Ihnen die geschichtlichen Hintergründe, die Essays über den Dharma und die Meditationsanleitungen einen verständlichen und kurzgefaßten Kurs im Zen der Gesundung vermitteln. Und ich hoffe, Sie können mit Hilfe dieser Darlegungen damit beginnen, von den Lehren zu profitieren.

Für viele Menschen ist Zen etwas Unergründliches und Fremdartiges, womit sich nur exotische fernöstliche Eingeweihte oder hochgelehrte Philosophen beschäftigen. Um diese Hemmschwellen zu überwinden, habe ich versucht, das Zen in den Kontext unserer westlichen Traditionen einzufügen und zu zeigen, auf welche Weise es ebenso ein Teil der Popkultur wie der Rockmusik oder des Baseball geworden ist. Ich wurde auf eine sehr typische, amerikanische Weise zum ersten Mal mit Zen bekannt gemacht. Denn viel vom Zen, das in diesem Buch beschrieben wird, und vom Gesundungsprozeß ist Bestandteil unseres alltäglichen, »ganz normalen« Lebens.

Die Sprache mag stellenweise an jüdisch-christliche Lehren und andere Religionen erinnern. Die biblische Ethik durchdringt unsere Kultur, und wir können uns nicht ganz von ihrem Einfluß frei machen. Die universalen Lehren des Zen finden sich recht häufig auch im Glauben unserer Väter und in unseren eigenen Glaubensvorstellungen wieder. Die Genesung selbst gründet sich auf die Erlösungstradition der Christenheit. In Verbindung mit den Erleuchtungslehren des Ostens ermöglicht sie uns einen Zugang zu einem neuen und machtvollen Werkzeug der persönlichen Erfüllung und Transformation. Diese Offenheit gegenüber anderen Denkrichtungen ist nur eines der vielen Geschenke, die der Zen-Buddhismus uns machen kann.

Ich wünsche Ihnen viel Freude mit dem *Zen der Gesundung*. Es ist nicht ganz ein Gesundungsbuch, nicht ganz ein Zen-Buch, auf jeden Fall aber – wie ich hoffe – eine recht große Hilfe bei Ihrer Reise zur Ganzheit.

*Mel Ash*

Soyez béni, mon Dieu, qui donnez la souffrance
Comme un divin remède à nos impuretés
Et comme la meilleure et la plus pure essence
Qui prépare les forts aux saintes voluptés!

(Gesegnet seist du, Gott, der gibt die Schmerzen
Als Arzenei für unsre Unreinheit
Und Läutertrank für letzte Würdigkeit,
Der heiligen Wonnen reift die starken Herzen!)

Charles Baudelaire
aus »Bénédiction«,
*Les Fleurs du Mal*
(deutsch von Carlo Schmid)

# Ein weiterer Finger, der auf den Mond deutet

## Eine Einführung

In zehn Jahren der Gesundung, der Arbeit in Schritten und des Sponserns* sowie zehn Jahren der Zen-Praxis und des Zen-Lehrens habe ich sehr viel gelernt und noch mehr verlernt. In diesem Buch schreibe ich meine Erfahrungen und Gedanken nieder, um Sie wissen zu lassen, daß Sie nicht allein sind, und ich hoffe, Ihnen einen gewissen Einblick in alternative Arten der Annäherung an die spirituellen Aspekte des Zwölf-Schritte-Programms zu vermitteln. Es gibt in diesem Buch keine Dogmen oder Regeln – vielmehr ist es eine Betrachtung meines Lebens als ein Mensch in der Gesundung, der Zen als Elften Schritt in seinem persönlichen Programm anwendet. Die Lektionen, die ich gelernt habe, sind universell und lassen sich von Menschen in Gesundungsprozessen aller Art umsetzen: vom Alkoholismus, von Abhängigkeiten, Eßstörungen und von den weniger greifbaren Leiden derjenigen, die aus gestörten Familien kommen.

Ich bin kein Zen-Meister, kein Therapeut und auch kein professioneller Autor, nicht einmal ein »Oldtimer«. Ich bin ein

---

* Die Begriffe »Sponsor«, »Oldtimer« und »Meeting« werden auch von den deutschen AA verwendet. Ein Sponsor kümmert sich – nicht nur in den Meetings – um einen »Neuling«, wobei sich solche Verbindungen zwanglos ergeben. Unter einem Oldtimer versteht man einen Alkoholiker, der schon sehr viele Jahre »trocken« ist. Meetings sind die regelmäßig stattfindenden Gruppentreffen der AA.

Alkoholiker, ein Abhängiger und ein mißhandeltes Kind. Nach einer langen Zeit des Lernens und Übens erhielt ich die Beglaubigung als Dharma-Lehrer an der Kwan Um School of Zen, einer Schule für koreanischen Zen-Buddhismus, die Zen-Meister Seung Sahn in den Vereinigten Staaten gründete. Was ich bin und was ich nicht bin, ist weniger wichtig als die Tatsache, daß ich mich nicht wirklich von Ihnen unterscheide.

Joshu Sasaki Roshi, ein japanischer Zen-Meister, hat einmal gesagt, die meisten spirituellen Lehrer kratzen, wo es dich juckt. Wenn dieses Buch zur Folge hat, daß es Sie juckt, und wenn es Ihnen zeigt, wie Sie sich selbst kratzen können, hat es den Erfolg, Sie zu Ihrem eigenen Lehrer zu machen. Dann können Sie es beiseite legen und anfangen, die Weisheiten zu lesen, die in den Bänden Ihres eigenen Lebens und Ihrer Erfahrungen enthalten sind. Sofern Sie geglaubt haben sollten, Sie könnten Weisheit erwerben, indem Sie dieses oder ein anderes Buch kauften, waren Sie weit von der Weisheit entfernt. Aber wenn Sie auf der Suche nach Hinweisen, Denkanstößen und verstohlenen Winken Ausschau halten, dann ist dies die richtige Lektüre für Sie.

Es gibt eine alte Zen-Geschichte – sie scheinen alle alt zu sein – über einen Zen-Meister, der von seinen Schülern gebeten wurde, er möge ihnen den Mond erklären. Er deutete daraufhin wortlos mit dem Finger auf den Erdtrabanten. Schüler atmeten auf, schauten auf seinen Finger und sagten: »Ah! Der Mond ist ein Finger!« Alle Lehren des Zen und der Zwölf Schritte lassen sich auf diesen Hauptpunkt, dieses grundlegende Mißverständnis, zurückführen. Was den meisten Menschen geheim und esoterisch zu sein scheint, ist in Wirklichkeit immer für alle deutlich zu sehen und zu begreifen. Aber war es nicht genau so für uns Alkoholiker, Abhängige und Selbstzerstörer? Als wir endlich erkannten, daß wir ein Problem hatten, und uns auf die Gesundung einließen, schien uns alles offensichtlich zu sein. Davor kam uns dieses Gerede über Zwölf Schritte mit seinen paradoxen Klischees über das »Sich-Unterwerfen, um zu gewinnen«, und so weiter entweder idiotisch, oder sollte ich vielleicht sagen zen-artig, vor.

An der Genesung ist nichts Mystisches. Sie gehen einfach zu Meetings und folgen den Schritten. Auch am Zen ist nichts Mystisches. In Wahrheit wenden Sie es bereits an. Das Zen-Denken wird oft als Alltagsdenken bezeichnet. Es ist die Aufgabe des Zen-Meisters, Ihnen bewußtzumachen, was Sie bereits wissen. Ich hoffe, dieses Buch bewirkt das gleiche – daß es als Spiegel dient und nicht als Lehrbuch. Wie funktioniert das wirklich: in diesem Augenblick voll präsent zu sein, loszulassen und Gott oder die höhere Macht wirken zu lassen, nicht alles zu beurteilen, was wir erleben? Oder besser gefragt (da wir einfach auf den Mond deuten): Worin besteht der Geschmack, das Gefühl dieser Erfahrung?

Dieses Buch enthält keine Regeln und keine Definitionen. Es gelangt zu keinen Schlüssen und keinen Antworten. Es ist nur ein Finger, der auf den Mond deutet. Bitte verwechseln Sie den Finger nicht mit dem Mond, Bücher mit dem realen Leben oder Lehrer mit der Lehre. All diese Dinge existieren nur als sanfte Anstöße, als Landkarten und Wegweiser; sie sind nicht die Ziele selbst. Der Buddha erzählte von einem Mann, der zu ertrinken droht und durch ein Floß gerettet wird. Wenn er das andere Ufer erreicht, verläßt er das Floß. Nur ein Narr würde auf dem trockenen Land das schwere Floß mit sich herumschleppen. Und so ist es mit allen Lehren, mit allen Philosophien und Lehrprogrammen. Versuchen Sie nicht, zuviel zu erfahren. Sie werden am Ziel ankommen. Sie sind bereits hier.

Zen und die Zwölf Schritte laden uns ein, aus dem allzu vertrauten Gefängnis unserer Glaubensvorstellungen, unserer Ängste und unserer Wahrnehmungsarten der Welt auszubrechen. Beide sind universale und zutiefst persönliche Praktiken. Es gibt keine richtigen oder falschen Arten, sie auszuführen, solange Sie sie hundertprozentig ausführen und nichts zurückhalten. Der richtige Weg ist Ihr Weg. Wenn Sie Ihren wahren Weg entdeckt haben, können Sie ihn nicht mehr übersehen. Sie werden sicher sein, daß er es ist.

Wegen der Vielfalt der Meinungen und Überzeugungen, zu denen die Mitglieder ermutigt werden, nennt man den Ort der Gesundungs-Meetings häufig die »Halle der Freiheit« (Freedom Hall). Zen gilt als mahayana-buddhistische Tradition. Mahayana bedeutet »Großes Fahrzeug«, weil es eine Philosophie transportiert, die umfassend und freizügig genug ist, um viele Methoden der Befreiung zu enthalten. Auch Zen ist ein Boot, das groß genug ist, um alle Menschen vor dem Ertrinken im Meer des Leidens zu erretten, besonders Menschen in der Gesundung. Die Ähnlichkeit zwischen den Traditionen des Mahayana und der Genesung in der Toleranz und der gegenseitigen Unterstützung ermutigt uns, während wir auf unserer Suche nach spirituellem Wohlergehen den Pfad des Zen beschreiten.

Ein großer Teil dieses Buchs basiert auf Gesprächen, die ich mit Freunden in der Gesundungsgruppe führte. Ein großer Teil seiner Färbung rührt aus meinen Erfahrungen als Zen-Schüler und Dharma-Lehrer her, der Kommentare, Anweisungen und Beratungen in der Zen-Meditation anbot. Aber vor allem spiegelt es meine eigene, einzigartige Erfahrung als Genesender wider, der sich entschieden hat, seine höhere Macht Zen zu nennen. Wir als Menschen in der Gesundung haben keine andere Wahl, als diese Reise zum spirituellen Erwachen zu unternehmen. Entweder das, oder wir fallen in das aktive Fortschreiten unserer Krankheiten zurück. Der Buddha sagte, es gebe viele Kuren für viele unterschiedliche Krankheiten. Für die spirituellen Krankheiten des Alkoholikers, der ich bin, stellt die Praxis des Zen die ideale Verschreibung dar. Für andere mag das Christentum oder sogar der Atheismus die geeignete Behandlung sein. Es spielt wirklich keine Rolle.

Zen ist kein Evangelium, und es zieht eher an, als daß es konvertieren würde. Sie würden vermutlich nicht bis hierhin gelesen haben, wenn Sie nicht das Gefühl hätten, daß diese Medizin auch für Sie von Nutzen sein könnte. Vieles von dem, was auf diesen Seiten enthalten ist, läßt sich mit Gewinn von Juden, Christen, Atheisten und sogar von Menschen verwenden, für die allein schon die Gemeinschaft ihre höhere Macht darstellt. Es ist ein großes Fahrzeug, das keiner bestimmten Richtung verpflichtet ist. Ich bestehe auf Ihrer Freiheit. Sie sollten ebenfalls darauf bestehen.

Die meisten Menschen sind zumindest flüchtig mit Zen und der Gesundung bekannt. In den letzten zwei oder drei Jahrzehnten ist insbesondere der Zen-Buddhismus auf diversen Wegen in unser westliches Bewußtsein eingeflossen. Der Begriff »Zen« wurde auf vielen Gebieten ein Modewort; sogar in Verbindung mit sportlichen Leistungen und in den Wirtschaftswissenschaften hört man ihn. Vor kurzem gab es eine Bürgermeisterwahl in unserer Stadt. Einer der Kandidaten, der am Wahlabend gefragt wurde, wie groß seine Angst in der bevorstehenden Nacht sein würde, sagte, er sei in seinem Herzen ein Zen-Buddhist und er sorge sich nicht um Dinge, die außerhalb seiner Kontrolle stünden. Sein Kommentar, der auf der Titelseite stand, rief keine einzige erhobene Augenbraue hervor. Dean Christopher vom Magazin *SPIN* schrieb über eine besondere Form des amerikanischen Zen: »Wir haben sogar das schwer faßliche Geheimnis des Zen in ›Zone‹ umgetauft – eine Umdeutung, in der unsere Bevölkerung starr vor einem hell schimmernden Rechteck sitzt, der Instant-Gottheit, dem TV, glücklich und losgelöst von den Wechselfällen des bewußten Denkens, nicht selten eine ganze Football-Saison lang.« Sogar der Kabelkanal Nickelodeon hat Spots unter dem Namen »Zen und die Kunst von ›Meine drei Söhne‹« laufen lassen, um ihre Wiederholungen der Show schmackhafter zu machen. Der Clip bringt eine zweifelhafte, orientalisch klingende Musik, und ein hungriger Robbie fragt: »Was soll das heißen, daß ich in der Küche kein Essen rieche?« …

Was Sie auch über Zen oder Gesundung wissen oder zu tun haben mögen, ich bin sicher, Sie werden diese Arbeit leicht verstehen und – um das »Big Book« (das »Blaue Buch«) der Anonymen Alkoholiker zu paraphrasieren – diese Art zu leben begreifen und entwickeln können. Ja, je kleiner Ihr Stolz auf Ihr *intellektuelles* Begreifen von Zen und Gesundung ist, desto leichter wird Ihr Herz fähig sein, sich diese Ideen zu eigen zu machen. Also machen Sie sich keine Sorgen über das, was Sie im Kopf haben. Bäume, Steine und Wolken begreifen diese Dinge ohne die geringste Mühe. Auch Ihnen wird es so ergehen. Sie müssen nur bereit sein, an sich selbst zu glauben.

In seinem klassischen Werk *Zen-Geist. Anfänger-Geist* nannte der verstorbene japanische Zen-Meister Shunryu Suzuki einen Mangel an formalem Wissen über einen beliebigen Gegenstand den »Anfängergeist«. Im Zwölf-Schritte-Programm könnten wir ihn als »Geist des Neulings« bezeichnen. Zen-Meister Seung Sahn nennt ihn den »Weiß-nicht-Geist«. Verlieren Sie diesen Geist nicht; behalten Sie stets Ihre Fähigkeit zu staunen und der Vorfreude. Im Gesundungsprogramm sagen wir: »Halte es frisch.« Als beginnende Zen-Schüler oder Neulinge in der Genesung scheinen wir wie Schwämme zu sein; wir saugen begierig neue Erfahrungen auf und befinden uns in bedingungsloser Lernbereitschaft, ohne zu beurteilen oder nachzuprüfen. Erst später, wenn wir in unserem Kurs oder unserer Praxis selbstgefällig und lässig werden, verlieren wir diesen Anfängergeist und werden zu Alleswissern. Wenn wir wirklich Alleswisser wären, wieso um alles in der Welt würden wir dann Zen oder Kurse brauchen? Es gibt genügend Experten in dieser Welt, und das traurige Ergebnis können wir mit eigenen Augen sehen. Der Weiß-nicht-Geist, der Geist des Neulings, ist derjenige, der die Welt retten wird – oder wenigstens seinen Anteil daran leistet.

Die Meinungen, Erklärungen und Lehren in diesem Buch stammen überwiegend von mir, und nur von mir. Sie sollten nichts davon als die offizielle Lehre oder Stellungnahme des Zen-Buddhismus, seiner Zentren und Lehrer, oder der vielen Zwölf-Schritte-Gesundungs-Programme und ihrer Mitglieder nehmen. Ohne diese Einflüsse wäre ich mit Sicherheit schon tot, und das vorliegende Buch wurde aus tiefer Dankbarkeit ihnen gegenüber und in der Hoffnung geschrieben, zurückerstatten zu können, was sie mir so freizügig gaben. Wir können nichts behalten, es sei denn, wir geben es fort – es gehört nämlich uns allen.

Andererseits wäre dieses Buch ohne die Weisheit von Bill W., Zen-Meister Seung Sahn und vielen anderen – Alan Watts, Jack Kerouac, Gary Snyder, Allen Ginsberg, Ram Dass, John Lennon, Thomas Merton und Henry David Thoreau, um nur einige wenige Namen zu nennen – nicht möglich gewesen. Ich verbeuge mich tief vor ihnen allen und vertraue darauf, daß ich ihre Botschaften nicht unkorrekt oder leichtfertig interpretiert habe.

Wenn Sie dieses Buch nur als Tagebuch eines Menschen in der Gesundung betrachten können und sich dadurch ermutigt fühlen, Ihre eigene Praxis auszuarbeiten, habe ich Erfolg gehabt. Wenn Sie dieses Buch als Spiegelbild Ihrer eigenen unvergleichlichen Odyssee benutzen und einige Ideen für Ihre persönliche Annäherung an die Sache daraus gewinnen können, dann verbeuge ich mich tief vor Ihnen – auch dafür, daß Sie mir diese großartige Gelegenheit gaben.

Sehr lange habe ich mich geweigert, auch nur in Betracht zu ziehen, ein solches Buch zu schreiben, weil ich glaubte, dadurch in Konflikt mit den Lehrtraditionen und dem Geist des Zen zu geraten. Bei den Meetings war ich einer unter vielen, und ich bemühte mich redlich, keine Zen-Ausdrücke zu benutzen, während viele andere von Gott und Jesus sprachen. Im Zen-Center wußten nur sehr wenige Menschen, daß ich in der Gesundung war. In der Zen-Praxis hört man oft die Frage: »Ist es dasselbe, oder anders?« Sie wird auf nahezu alles angewandt. Jahrelang plagte mich diese Frage im Hinblick auf Zen und Gesundung. Aber während ich auf beiden Gebieten Erfahrungen sammelte, lernte ich, wo beides dasselbe ist und wo sich eines vom anderen unterscheidet. Es ist überaus wichtig, das zu wissen und die beiden Dinge nicht miteinander zu vermischen. Fühlen Sie sich bei einem Meeting nicht anders, weil Sie vielleicht Zen praktizieren. Sich anders zu fühlen ist eines der Symptome unserer menschlichen Krankheit. Nur indem wir unter vielen sind, finden wir eine wahre Gesundung unserer menschlichen Natur. Wir sind einfach nur genesende Menschen, die zufällig eine andere höhere Macht anrufen, die nicht besser und nicht schlechter ist. Unserer Krankheit muß unser Hauptaugenmerk gelten – und die Gesundung muß unser erstes Ziel sein.

Aus demselben Grund stellt ein Zen-Kurs nicht die passende Gelegenheit dar, um Themen zur Sprache zu bringen, die bei Meetings, bei Helfern, bei der Arbeit in Schritten oder in einer Therapie angebrachter wären. Aber es gibt Orte, wo Zen und Zwölf-Schritte-Programme sich überschneiden. Und an diesen Verbindungsstellen können wir große Gelassenheit, großes Verständnis und vielleicht sogar Weisheit erlangen.

Daß mein Widerstreben schließlich nachließ, lag zum Teil auch daran, daß die Meditation in Verbindung mit dem Elften Schritt während meiner Zugehörigkeit zur Gemeinschaft immer attraktiver wurde. Was einst bestenfalls als exzentrisch galt, wird heute weitgehend als für jedermann sehr wertvoll anerkannt. Denn immer mehr Menschen in der Gesundung – gleich, welcher Richtung – wenden sich an Meditationsschulen oder buddhistische Zentren. Der Auslöser ist nicht selten ein starkes Bedürfnis, den Elften Schritt auszuführen, der die Meditation als eines der Mittel zu einer verläßlichen spirituellen Gesundung bezeichnet. Die meisten Menschen wissen ungefähr, um was es beim Gebet geht, haben aber nur eine höchst verschwommene Vorstellung davon, wie man meditiert oder wie wir unseren bewußten Kontakt mit einer höheren Macht verbessern können.

Beim Lesen der folgenden Seiten könnten Sie oft das Gefühl

einer Wiederholung haben. Wir, die wir unter selbstzerstörerischen Krankheiten und Abhängigkeiten leiden, müssen uns diese Dinge immer wieder und wieder in die Köpfe hämmern. Es ist doch so, wenn Sie auf einem Meeting waren, haben Sie im Prinzip schon alles gehört. Immer wieder kehren wir zurück und hören uns dieselben Geschichten und Phrasen an. Aber jedesmal wird sich Ihr Verständnis vertiefen, und die Botschaft wird ein wenig klarer. Die Schritte und der Dharma steigen oder fallen wie Wasser gemäß der Stufe unserer Bereitschaft. Sie müssen sich nicht verändern, aber die Art, wie wir sie verstehen, verändert sich.

Ich persönlich glaube, daß Bill W., auf dessen Begegnung mit Bob S. im Jahr 1935 hin die Gemeinschaft der Anonymen Alkoholiker entstand, ein amerikanischer Buddha war, daß er als Ergebnis seines unermeßlichen Leidens Erleuchtung erlangt und diese ebenso grundlegende wie einfache Lehre an uns weitergegeben hat. Er hat Millionen Menschen vor dem Tod bewahrt und niemals – in seinem ganzen Leben nicht – eine Gegenleistung verlangt, nicht einmal Ruhm, denn er benutzte bis zu seinem Tod nur den ersten Buchstaben seines Nachnamens. Wahrlich das Merkmal eines großen Bodhisattva oder Heiligen. Ich bin sicher, wenn man einmal die Geschichte des 20. Jahrhunderts schreibt, wird Bills Einführung zu den Zwölf Schritten als eine der größten spirituellen, wenn nicht sogar religiösen Bewegungen der Zeit betrachtet werden. Heute, nur ein halbes Jahrhundert später, ist buchstäblich niemand unberührt von der Botschaft, und fast jeder kennt zumindest einen Mitmenschen, der sich bemüht, die Schritte auszuführen.

Bills Weisheit, die Gemeinschaft nicht starr zu organisieren, seine Überzeugungen nicht zu verschlüsseln und sich selbst nicht zu einem Propheten zu erheben – all das weist Parallelen zum frühen Buddhismus auf. Buddhas letzte Worte hatten zum Inhalt, daß jeder Mensch seine eigene Errettung suchen muß und von niemand anderem abhängig sein darf. An dieser Überschneidung der Arbeit an sich selbst im Zen und in der Gesundung ereignet sich eine neue Revolution. Auch die wachsende Bekanntheit des Zen-Buddhismus im Westen verlief parallel zu der des Gesundungsprogramms. Etwas Neues ist im Entstehen begriffen – etwas, das unsere spirituelle Anleitung nicht anderen überläßt; etwas, das auf der Würde der einzigartigen, persönlichen Suche eines jeden einzelnen besteht. Etwas entsteht, das dem Spirituellen nicht bloß ein Lippenbekenntnis zollt, sondern tatsächlich und tiefgreifend Leben rettet und unser Bewußtsein zum Besseren verändert.

Ich schreibe als genesender Alkoholiker, Abhängiger und Überlebender einer von Gewalt erfüllten Kindheit. Ich war das lebende Laboratorium für diese Experimente über die Natur des Leidens und der Gelassenheit. Die Ergebnisse gelten für mich persönlich, aber sie könnten auch eine gewisse Beziehung zu Ihrem Leben aufweisen. Da ich aus meiner eigenen Erfahrung heraus schreibe, tauchen die Wörter »Trinken« und »Alkoholiker« vielleicht häufiger als andere auf, aber dieses Buch ist für alle Arten von Menschen in allen Arten der Genesung gedacht, sogar für Menschen, die ohne erkennbare Störungen leiden.

Wie Sie beim Lesen bemerken werden, sind unsere selbstzerstörerischen Abhängigkeiten und Krankheiten nichts Besonderes, und sie unterscheiden sich in keiner Weise von den Leiden sogenannter normaler Menschen. Wir alle sind von der Krankheit des Lebens und Sterbens und des dualistischen Denkens befallen. Unsere Krankheiten dienen nur als Verstärker unserer menschlichen Natur – sie erhöhen das Volumen unserer Neigungen und Leiden. So gesehen haben wir Alkoholiker Glück. Wir müssen unser wahres Selbst heilen – oder sterben. Andere sind nicht so glücklich – sie müssen ihre Angst und ihr Leiden als normal betrachten, weil sie nicht wissen, wie sie beides sonst bezeichnen sollten. Die meisten Menschen nehmen nicht einmal wahr, daß sie leiden; sie verwechseln ihre quälenden Ängste mit ihrer wahren Natur. Auch sie sind Kandidaten für die Gesundung ihrer wahren Natur, die der Buddha gelehrt hat, und für die universalen Lektionen des Zwölf-Schritte-Programms.

Alle Menschen leiden in der einen oder der anderen Form und möchten gern erfahren, wie sie ihr Leiden beenden und beständiges Glück erlangen können. Dieses Buch ist all jenen gewidmet, die sich in einem aktiven, bewußten Gesundungsprozeß befinden. Versuchen Sie, es so zu lesen, als würden Sie einem Freund zuhören, der über Dinge spricht, die für Sie beide lebenswichtig sind. In diesem Geist habe ich es geschrieben – als spräche ich nur zu einer Person: zu Ihnen.

Die Frage, ob er ein Gott sei, verneinte der Buddha. »Bist du denn ein Heiliger?« wurde er gefragt. Wieder verneinte er. »Was bist du dann?« – »Ich bin erwacht«, erwiderte er. Es ist gewiß ein Wunder, wenn wir auch nur antworten können: »Ich bin am Leben und genese.« Es folgen einige der Wege, wie wir alle anfangen können zu erwachen.

# *Grundlagen*
# Der Finger

# *Hi! Meine Name ist . . .*

... Mel. Ich bin Alkoholiker, überlebendes, mißhandeltes Kind und Zen-Lehrer. Ich wurde bei zornigen Menschen in einem zornigen Haus in einer zornigen Stadt in den Härten einer zornigen Zeit geboren. Einst habe ich mit meinem ganzen, geschädigten Sein geglaubt, ich selbst hätte all den Zorn hervorgerufen, ich sei verantwortlich dafür und nicht einmal wert, getötet zu werden. Heute werde ich nur noch zornig, wenn ich an die gestohlenen Jahre meines Lebens denke. Ich bin dabei, zu lernen, wie ich meinen Zorn in Mitleid umwandeln und den Zorn der anderen als Leiden sehen kann. Ich habe wunderbarerweise gelernt, meinen Zorn nicht in selbstzerstörerische Handlungen und Selbsthaß einmünden zu lassen. Die Dinge, von denen ich gelernt habe, wie man sie *nicht* tut, übertreffen zahlenmäßig die Dinge, von denen ich gelernt habe, wie man sie tut. Seltsamerweise bin ich als Folge all dieses Nichttuns erfüllter und zuversichtlicher als jemals zuvor. Aber zu lernen, wie man etwas *nicht* tut, hat Jahre des Tuns gekostet.

Sogar, daß ich hier bin und diese Worte schreibe, ist ein Wunder und schon an sich eine Geschichte. Daß ich mich einen Zen-Lehrer nennen kann, übertrifft meine wildesten Träume von früher. In den Details mag meine Geschichte sich von der Ihren unterscheiden, aber wir alle sind wie verschiedene

Pflanzen in einem Garten aufgewachsen – verkrümmt vom selben vergifteten Boden des Leidens und begossen vom selben Regen der Zwänge. Wir sind dieselben Menschen, Sie und ich, wir Alkoholiker, Abhängigen, mißhandelten Kinder, zwanghaften Esser, Spieler, Anorektiker und Bulimiker, Sexsüchtigen, Co-Abhängigen* und so weiter.

Die Welt mag uns als den Bodensatz der Menschheit betrachten, aber wir unterscheiden uns nicht so sehr von den ersten Menschen, denen zu dienen Jesus beschloß. Wir sind das gebrochene Herz dieser Welt und werden, ohne es zu wollen, ihr Spiegelbild. Wir stehen an der Front des menschlichen Leidens und sind die Sturmtruppen der spirituellen Raserei und Revolution. Wir sind Menschen und verdienen Liebe und Zärtlichkeit. Was die meisten von uns erhielten, war ein Tritt in den Hintern. Viele von uns würden »The Clash« recht geben, wenn sie singen: »I wasn't born so much as I fell out« (etwa: »Ich bin eher *ins Leben gefallen,* als geboren worden zu sein«).

Ich kenne dich, Leser, und du kennst mich. Ich habe dich bei tausend Meetings gesehen und gehört. Danke, daß du mir das Leben gerettet hast. Dies ist mein Dankesgeschenk. Es mag zuweilen bitter schmecken, aber es ist das einzige, was ich zu vergeben habe, und das einzige, was wirklich von mir kommt. Dies ist meine Geschichte. Jetzt ist es auch deine Geschichte.

Ich fiel am 20. Januar 1953 in dieses Leben – an dem Tag, an dem Eisenhower in sein Amt eingesetzt wurde und das kulturelle Klima der fünfziger Jahre einleitete. Der Weltkrieg lag

---

\* Unter der Co-Abhängigkeit *(co-dependency)* versteht man die Abhängigkeit der Angehörigen von Suchtkranken, die sich in Verhaltensstörungen äußern kann.

hinter uns, die sechziger Jahre lagen vor uns. Es war in dieser scheinbaren Sicherheit, als der eigentliche Krieg auf dem unschuldigen Schlachtfeld meiner jungen Seele von meinen Eltern ausgefochten wurde. Es war in dieser trügerischen Ruhepause, als eine schizophrene Kultur die Saat der Krankheit in mein Leben einpflanzte. Es sollte drei Jahrzehnte dauern, bis ich auch nur anfangen konnte, zu begreifen, wer oder was ich war.

Mein Vater war soeben aus dem Koreakrieg zurückgekehrt und alles andere als erfreut, als der Arzt, der mich auf die Welt brachte, sagte, ich sähe wie ein kleiner Koreaner aus. Ich vermute, der Arzt war weiser, als wir damals wußten. Im Alter von wenigen Minuten konnte ich noch nicht ahnen, daß eine exotische Religion aus Korea mir eines Tages helfen würde, das Selbstwertgefühl zurückzuerlangen, das meine Welt vom Zeitpunkt meiner Geburt an unablässig zu vernichten versucht hatte.

Ebenso wie die meisten von uns, waren meine Eltern beide Produkte gestörter Familien. Mein Vater stammte aus einem zerrissenen Heim, wo er während der grauenhaften Armut der Depression von seinem eigenen Vater heftig geschlagen wurde. Der Vater meiner Mutter, ein Apotheker, war verhältnismäßig jung gestorben, höchstwahrscheinlich an einer Sucht. (Damals wurden Abhängigkeit und Alkoholismus kaum jemals diagnostiziert oder zugegeben.) Die Mutter meiner Mutter ging in psychiatrischen Einrichtungen ein und aus und wurde wiederholt Elektroschockbehandlungen unterzogen. Für meine Eltern wurden verdrehte Rollenmodelle die Norm, und sie wurden fraglos weitergegeben. Die Realitätsvorstellungen von Menschen in Frage zu stellen ist im besten Fall ein Wagnis, besonders wenn es sich um die eigenen Eltern handelt. Doch irgendwie wußte ich, daß etwas ganz und gar nicht richtig war.

Heute, seit Jahren in der Gesundung und außerhalb des Elternhauses, fange ich endlich an, meinen Zorn nach und nach durch ein wenig Mitgefühl für ihre Lage zu ersetzen. Statt Staunen über diese Welt zu empfinden, reagierten meine Eltern mit Bitterkeit und zurückgeschraubten Erwartungen. Jede Andeutung, daß die Dinge nicht so seien, wie sie zu sein schienen, wurde wütend niedergeschrien oder so lange mit Prügeln beantwortet, bis schweigende Ergebenheit eintrat. Das war ihr einziges Vermächtnis an ihre Kinder, aber ihre Kinder wurden auf eine Art und Weise verrückt, die sie letzten Endes von ihrer heißhungrigen, emotionalen Vergangenheit loslöste. Ihre beiden älteren Kinder waren – wie Alan Watts es einmal genannt hat – als menschliche Fallen aufgestellt worden, bereit, sich während der gesamten Gesundung selbst zu fangen.

Wir wuchsen buchstäblich ohne jede Verbindung zu unserem kulturellen Erbe auf. Wir waren im wahrsten Sinne des Wortes eine Kernfamilie, ständig in der Schmelze und radioaktiven Fallout ausspuckend. Alle unsere Verwandten waren wegen eingebildeter Kränkungen und Verstöße in Acht und Bann. Ich kann mich nicht daran erinnern, daß meine Eltern jemals enge Freunde gehabt hätten, und selbst die gelegentlichen Freunde wurden schon bald wieder fortgetrieben, verdammt und der mangelnden Übereinstimmung mit der verdrehten Lebensweise und der verkorksten Weltanschauung meiner Eltern angeklagt. Sie predigten uns wiederholt, wie schrecklich alle seien und daß wir uns nicht mit ihnen einlassen sollten. Später erstreckte sich diese Mahnung sogar auf unsere eigenen gleichaltrigen Freunde, auf unsere hochgeschätzten Lehrer und schließlich – am verheerendsten – auf unsere eigenen, tiefsten Gefühle und Identitäten. Der Bannkreis zog sich immer mehr zu, und immer mehr Optionen und Aussichten wurden ausgeschlossen.

Alles in dieser Welt schien meinen Eltern suspekt, subversiv und verächtlich. Wie konnten ihre Kinder – die reinsten Babys – hoffen, jemals ihren Anforderungen zu entsprechen? Nur auf eine einzige Weise: durch den Tod. Entweder durch den Tod unseres natürlichen Gefühls, wertvolle und einzigartige Menschen zu sein, oder durch einen späteren spirituellen und körperlichen Tod durch die Krankheiten des Alkoholismus, der Abhängigkeit und des Syndroms überlebender, mißhandelter Kinder. Nur durch völlige Selbstverleugnung konnten wir jemals hoffen, die Erwartungen unserer Eltern zu bestätigen, daß alle übrigen zu nichts nutze und sie die alleinigen Inhaber der Wahrheit waren. Heute, als Erwachsener in der Gesundung, kenne ich die schreckliche Wahrheit, an der sie so hartnäckig festhielten, und ich weise sie restlos zurück.

Schließlich, eines furchtbaren Tages, als ich bereits ein Erwachsener in meinen Zwanzigern war, griff mein Vater mich in meiner eigenen Wohnung tätlich an. Ich hatte mich geweigert zu sterben und bemühte mich um Heilung und meine eigene Identität. Es war der letzte Affront, und ich sollte auf dem Altar seiner Vorstellung davon, wie die Welt zu sein hatte, geopfert werden. Wenn ich lebte und glücklich war mit meinem Leben, bedeutete das, daß sein ganzes Leben eine Lüge war, ein Versagen. Als ich ihn zum allerletzten Mal sah und ihn mit der Realität meines Schmerzes konfrontierte, war ich in meinen dreißiger Jahren und in der Gesundung. Er wünschte mir einen frühen Tod, und meine Mutter verfluchte meine Söhne und gab der Hoffnung Ausdruck, daß sie verrückt würden.

Ich kann diese Fakten – wer ich bin und mein furchtbares Erbe – niemals ändern oder auslöschen. Als überlebendes, mißhandeltes Kind unterscheide ich mich auf vielerlei Weise von anderen Menschen. Ich werde immer anders als andere reagieren, und ich werde stets darum kämpfen, die ganze Programmierung abzuwehren, die ich schon so früh erhielt. Bei einem Menschen wächst ein schwer verletztes Glied niemals nach wie der Schwanz einer Eidechse, aber er kann lernen, damit zu leben und Mittel und Wege finden, normal funktionsfähig zu sein. Ich kann mir keine normale Kindheit mehr verschaffen, und ich kann niemals jenen Teil von mir zurückerhalten, der verleugnet und amputiert wurde. Wie ein Körperbehinderter muß ich Mittel und Wege finden, normal zu funktionieren.

Ich war ständig und in nie nachlassender Stärke emotionalen und verbalen Mißhandlungen ausgesetzt. Sie waren die Luft, die ich atmete. Es gab kein Entkommen für einen Jungen, dem niemals gesagt worden war, daß ein Entkommen möglich war. Ich reagierte auf diese geschlossene Welt durch künstlerische Betätigung. Wie ich heute glaube, wußte ich tief in mir, daß meine Welt in Unordnung geraten war und daß ich nur entkommen konnte, indem ich mir mittels der Kunst eine neue Welt schuf. Meine Antwort auf die Destruktion war Kreation. Bill W. sagt, daß wir durch Krankheiten Transzendenz suchen. Das ist der Grund dafür, daß nur eine spirituelle Medizin das Fortschreiten unserer Verleugnungen und Krankheiten aufhalten kann. Zu jung, um zu trinken oder Drogen zu nehmen, suchte ich Transzendenz und Entkommen durch das Mittel meiner Kunst. Ich schreibe alle Talente oder Begabungen, die ich haben mag, nicht irgendeinem Gott oder dem Spiel der Gene zu, sondern meiner Verzweiflung und meiner natürlichen kindlichen Weisheit. Ich mußte mir Luft schaffen und mich selbst ausdrücken: Ich mußte überleben.

In einer meiner frühesten Erinnerungen sitze ich in einer Ecke und starre vor mich hin. Es waren keine zehn Minuten und auch keine halbe Stunde. Ich mußte stundenlang dort sitzen – eine vollkommen unangemessene Bestrafung für jede kindliche Übertretung –, oder ich riskierte Prügel. Ich bin noch heute völlig außerstande, stundenlang still zu sitzen, auf den Boden zu starren und zu meditieren. Ich finde es immer noch schwierig; es ist für mich wie das Einnehmen einer Medizin, nur daß sie diesmal selbst verschrieben ist und mir guttut. Ich vermute, in vielerlei Hinsicht stellte diese frühe Bestrafung meine erste Einführung in die Zen-Praxis dar.

Ich habe eine äußerst lebhafte Erinnerung daran, wie meine Schwester und ich hinter einer niedrigen Steinmauer kauerten, um uns zu verstecken, und voller Furcht auf das Geschrei unserer Eltern und die Geräusche zerbrechender Gegenstände im Haus lauschten. Sie machten uns Kinder für alles verantwortlich. »Es sind deine gottverdammten Kinder!« Und so weiter. Wir waren davon überzeugt, die Urheber des Elends unserer Eltern zu sein. Wir zitterten und bebten. Unsere Welt wurde enger und düsterer. Wir hatten nur einander.

Mir wurde tagtäglich gepredigt, ich sei zu nichts nutze und würde niemals so klug oder ein so harter Arbeiter wie mein Vater werden. Meine Mutter sagte stets, ich hätte sie beide enttäuscht und sie hätten für uns undankbare Kinder alles geopfert. Wir lernten, das Knirschen der Autoreifen auf der kieselbestreuten Einfahrt zu fürchten, das verkündete, daß mein Vater von der Arbeit kam. Statt eines fröhlichen Will-kommens bedeutete dies, meine Mutter würde zur Tür lau-fen, ihm von unserem schrecklichen Benehmen berichten und ihn auffordern, etwas dagegen zu unternehmen. Er ver-säumte es nie.

Ich flüchtete mich tiefer und tiefer in die Kunst. Comic-Bü-cher wurden zu einer eigenständigen Wirklichkeit für mich. Superhelden bildeten meine Ersatzfamilie. Sie lebten in einer Welt, in der das Böse stets verdarb und das Gute stets trium-phierte. Nur die Gewalt und die Kämpfe bereiteten mir Unbe-hagen. Im frühen Alter identifizierte ich mich immer mit den-jenigen, die verletzt oder verwundet wurden, auch wenn sie Schurken waren. Ihre Leiden waren auf eine sehr reale Weise meine eigenen Leiden. Bis heute kann ich nicht einmal einer Stechmücke das Leben nehmen, weil ich tief in meinen Zel-len spüre, daß es das Schlimmste ist, was wir tun können, wenn wir einem Lebewesen Schmerzen zufügen. Das ist kein hochfliegendes oder unrealistisches Ethos, sondern eine sehr reale, körperlich spürbare Abneigung gegen Gewalt jeder Art. Erst später dehnte ich meine Gewaltlosigkeit auf mein eige-nes, verletztes Selbst aus und identifizierte meine eigenen Handlungen, die jene Zerstörungen fortführten, die meine El-tern und meine Kultur begonnen hatten.

Im Jahr 1963 wurde ein Held des wirklichen Lebens ermordet, und eine neue Comic-Serie wurde aus der Taufe gehoben. Ich war zehn Jahre alt und erstand die erste Nummer des Marvel-Comic *Strange Tales*. Darin stand die Geschichte von Dr. Strange, Vertreter einer ganz neuen Superheldenart. Es war Schicksal, Karma oder der glücklichste Zufall, der Dr. Strange in mein Leben einführte. Hier ist seine Geschichte:

Steven Strange war ein hübscher, berühmter und wohlha-

bender Chirurg. Er lebte nur, um Geld zu verdienen, seinen Ruhm zu genießen und sich mit schönen Frauen zu treffen. Konnte sich jemand seine Honorare nicht leisten, weigerte er sich, ihn zu operieren. Er stellte sein Talent niemals in den Dienst der Nächstenliebe, auch wenn er jemanden hätte von einer Krankheit heilen oder ein Leben retten können. Eines Abends hatte Dr. Strange auf der Heimfahrt von einer Party einen Autounfall. Er überlebte, hatte aber eine Verletzung seiner Handnerven davongetragen – mit der Folge, daß er nie wieder würde operieren können. Er war zu stolz, um die Hilfe oder auch nur den Rat anderer anzunehmen. Er sagte: »Ich muß der Beste sein … der Größte … oder … gar nichts!«
Er ließ sich gehen und wurde ein menschliches Treibgut, ein hoffnungsloser Alkoholiker, und zog an den Meeresstrand. Eines Tages hörte er die Unterhaltung zweier Seeleute mit an, die über den »Uralten« sprachen, einen Mystiker, der alle Krankheiten heilen konnte, wie man raunte. Dr. Strange gelangte irgendwie zum Kloster des Uralten hoch oben in den schneebedeckten Gipfeln des tibetischen Himalaja. Der Uralte weigerte sich, ihn zu heilen. Er sagte: »Ich kann dir nicht helfen, weil deine Motive selbstsüchtig sind.« Er sagte, Strange könne die Heilung in sich selbst finden. Strange war natürlich außer sich, aber konnte nicht fort, weil der Winterschnee ihn daran hinderte. Während seines erzwungenen Aufenthalts bemerkte er, daß einer der Schüler des Uralten danach trachtete, den Meister zu töten und dessen Rolle zu übernehmen. Der Schüler belegte Strange mit einem Bann, der ihn immer dann der Stimme beraubte, wenn er versuchte, den Uralten zu warnen. Die einzige Möglichkeit, den boshaften Schüler zu besiegen, bestand darin, daß Strange selbst ein Schüler des Uralten wurde und seine Magie erlernte. Im Verlauf sei-

ner Lehre erlangte Strange Weisheit und Demut sowie große Macht. Er besiegte den bösen Schüler und schwor, die Welt vor den Mächten der Finsternis zu beschützen. Später fand er heraus, daß der Uralte die ganze Zeit über von den Absichten des bösen Schülers gewußt hatte, aber für Steven Strange, den selbstsüchtigen Chirurgen, kam diese Einsicht zu spät. Er war Dr. Strange geworden, Meister der mystischen Künste, der geschworen hatte, die Menschheit zu beschützen, ohne an eine Belohnung zu denken.

Diese Geschichte berührte mich tief. Dr. Strange benutzte keine Gewalt, um seine Feinde zu besiegen, und er tötete nicht. Gewöhnlich zeigte er sogar dem dämonischsten Gegner dessen Irrtümer auf. Obwohl der Buddhismus niemals erwähnt wurde und Stan Lee, der Schöpfer des Comics, in seinem Buch *Origins of Marvel Comics* jede Kenntnis über orientalische Religionen sowie deren Einflüsse auf seine Arbeit leugnet, war es für mich als Kind offensichtlich, daß hier etwas völlig Neues geschah. Dr. Strange war oft in der Meditation im Lotossitz dargestellt, über dem Boden schwebend, während aus einem dritten Auge auf seiner Stirn geheimnisvolle Lichtstrahlen hervorschossen. Auf diese Weise konnte Dr. Strange in andere Dimensionen und Realitäten eintreten.

Angesichts meiner extremen Lebenssituation stellten andere Realitäten eindeutig eine wünschenswerte Alternative dar, also begann ich, wie Dr. Strange zu meditieren, in der Hoffnung, in andere, bessere Wirklichkeiten zu entkommen. Zu meiner großen Enttäuschung geschah nichts dergleichen. Keine Lichtstrahlen. Keine Levitation. Nichts. Aber ich gab nicht auf. Und ich verfolgte weiterhin die monatlichen Abenteuer von Dr. Strange. Bis heute kaufe ich mir seine monatliche Comic-Ration Pop-art-Weisheit.

Jahre später, als ich zuerst Schüler und dann Lehrer der Meditation geworden war, erkannte ich, daß es das Großartigste und die Befreiung von allem bedeutete, wenn nichts geschah. Einfach still sitzen zu können war wirksamer und wunderbarer als alles, was in einem Comic geschehen konnte. Aber dieser spezielle Comic rettete buchstäblich mein junges Leben und verlieh ihm Hoffnung und Sinn. Er pflanzte die Saat der Möglichkeiten in den erkalteten Boden meiner Kindheit. Das war meine erste Begegnung mit etwas, das an Zen erinnert – wenn auch nur entfernt –, und es bleibt die klarste Lehre, die ich jemals empfing: Selbsttransformierung ist möglich, und die Wirklichkeit ist nicht das, was man uns beigebracht hat. Gewalt wendet sich gegen denjenigen, der sie anwendet, und nur Selbstlosigkeit kann sowohl uns selbst als auch unsere blutende Welt retten.

Vor meinen Teenagerjahren klammerte ich mich verzweifelt an diese Ideen. Während meine Eltern schliefen – von ihren Kämpfen erschöpft –, meditierte ich in meinem Schlafzimmer, gelassen und selbstlos, und wartete geduldig darauf, daß sich mein drittes Auge der Weisheit öffnen würde. Meine Eltern hatten versucht, mein Selbst zu zerstören und meine kleine Seele leer zu räumen. Dank Dr. Strange übernahm ich die Kontrolle über diesen Prozeß. Ja, das Sein im Selbst war schmerzhaft, und die Realität bedeutete nichts als Leiden. Ich versuchte, mich von allen Gefühlen und allem Denken zu befreien, um eine Art unspezifische Superheldenhaftigkeit oder Unverletzlichkeit zu erreichen. Auf meine kindliche Weise war ich über grundlegende Begriffe des Zen gestolpert. Und wie in einem Cartoon übte ich sie.

Im folgenden Jahr erblickte ich in unserer Schulbücherei ein Bild von jemandem namens Buddha, der wie Dr. Strange auf dem Umschlag eines schmalen Bändchens dort saß. Es handelte sich um *The Teachings of the Compassionate Buddha* von E. A. Burtt. Ich nahm das Buch mit nach Hause und las es. Es war eine Offenbarung, eine Bestätigung all dessen, was ich glaubte und tief in mir fühlte. Es war Dr. Strange, aber in voller Lebensgröße – durch und durch eine reale Person. Die Ideen waren Tausende von Jahren alt. Ich hängte mich verzweifelt an die Ideen in diesem Buch: daß die Dinge nicht an sich und durch sich selbst existieren, daß diese Welt so etwas wie ein Traum ist, aus dem wir erwachen können. Wenn ich geschlagen oder angeschrien wurde, war mein Verstand entsprechend meinem naiven Verständnis des buddhistischen Dharma damit befaßt, die Realität dessen, was ich erlebte, abzustreiten. Es mag naiv gewesen sein, und es mag ein Mißverständnis gewesen sein, aber es hat mich gerettet.

Buddha hat immer wieder die Existenz und die Rolle des Leidens im menschlichen Leben sowie die Art und Weise betont, wie es durch unseren irrenden Verstand hervorgerufen wird. Das rüttelte mich auf – wie die Schläge meines Vaters. Ich hatte das alles immer schon gewußt. Zum ersten Mal erzählte mir jemand die Wahrheit und lehrte mich einen Ausweg. Ich fühlte mich nicht länger so fremd und einsam. Ich begann, noch ernsthafter zu meditieren. »Kein Lehrer, keine Methode, kein Guru«, wie Van Morrison singt, sondern einfach weil ich es tun mußte. Später boten sich Alkohol, Drogen und Selbsthaß als einfachere Auswege an, und mein früher Funke der Hoffnung erlosch, aber das kam danach.

Die körperlichen Mißhandlungen eskalierten, als ich älter wurde; meine künstlerischen Abenteuer schienen dem Denken meines Vaters unmännlich zu sein. Er hatte unwissentlich mein Talent gefördert, denn es war meine Antwort auf meine von ihm geschaffene Umwelt gewesen. Und jetzt sollte ich wiederum darunter leiden, daß ich Gebrauch von ihm machte. Ich hatte absolut keine Chance, zu gewinnen oder auch nur zu versuchen, zu werden, was auch immer ich werden sollte. Als ich dreizehn oder vierzehn Jahre alt war, entdeckte er eine Schulzeichnung, die ich unter der Matratze versteckt hatte, schlug mich heftig und verpaßte mir ein blaues Auge und schrie: »Du bist nicht mein Scheißsohn!« Und so weiter, und so weiter.

Eines Tages wollte mein Vater mir das Schießen beibringen. Ich bat ihn, davon Abstand zu nehmen. Er zerrte mich in den Garten hinaus und drückte mir das Gewehr in die Hand. Ich weinte und zitterte und bettelte. Ich ließ das Gewehr fallen, da schlug er mich zu Boden und sagte, das sei keine Art und Weise, eine Waffe zu behandeln. Ich nahm an, dies galt nicht für Menschen.

Mein Vater ließ mich stundenlang auf der Couch sitzen, während er mir vors Schienbein trat, und ich mußte immer wieder sagen: »Du bist ein Mann, ich bin ein Junge.« Ich erinnere mich daran, daß er mir stundenlang einen Degen in meinen zitternden Magen drückte und mich anwies, mich nicht zu rühren. Ich erinnere mich an das Klicken von Gewehren, die geladen wurden, und an die tierischen Schreie: »Ich bringe euch alle um!«, während meine Schwester und ich in das schützende Wäldchen hinter unserem Haus rannten. Ich erinnere mich daran, daß er mich besinnungslos schlug, als er herausfand, daß ich hinausging, um zu laufen, statt einen »männlicheren« Sport wie Basketball zu treiben. Aber am deutlichsten erinnere ich mich an eine kalte Herbstnacht – ich war damals fünfzehn Jahre alt –, als er zu mir sagte, ich solle gehen, wenn es mir zu Hause nicht gefalle. Ich verließ das Haus barfuß, in der schwärzesten Nacht meiner Seele, und weinte aus Angst um meine kleine Schwester, die ich schutzlos zurückgelassen hatte. Ich ging mit leeren Händen und einer noch leereren Seele in die kalte Nacht hinaus. Ich schaute nicht ein einziges Mal zurück und verließ endlich und für immer das entsetzliche Haus, das meine Eltern ein »Heim« nannten. Ich lief so schnell wie möglich in Richtung Stadt. Meine Übung im Laufen wurde zu meinem Fluchtmittel und zu einer Metapher für mein Leben. Ich lief aus voller Kraft vor mir selbst fort. Alkohol, Drogen, unbändiger Zorn, Groll gegenüber jeder Autorität und die Verleugnung meiner Talente wurden die Flügel an meinen fliehenden Füßen. Ich sollte nicht eher aufhören zu laufen, als bis ich in die Gesundung eintrat.

Diese Schreie auf der Berg-und-Tal-Bahn meiner Kindheit sind real – die Schreie eines Kindes, das sicherlich verrückt war, das mich übernahm und niemals freigab. Ich bin sicher, daß ich vieles verdrängt habe, um überleben zu können. Manchmal öffnen sich während der Meditation in meinem Geist unerwartet Türen, die lange verschlossen gewesen waren, und enthüllen verborgene Erinnerungen. Sobald sie freigesetzt sind, schaue ich sie mir an, akzeptiere sie als zu dem gehörig, was ich bin, und lasse sie im Äther einer seit langem toten Vergangenheit verdunsten. Ich brauche sie nicht mehr, um zu definieren, wer ich bin. Ich weiß jetzt, daß diese Welt und dieses Leben nicht unbedingt das sind, für das sie zu halten ich gezwungen war.

Mehrere mitleidige Familien nahmen mich für die restliche High-School-Zeit auf und liebten mich, sosehr sie es vermochten. Ich fror die meiste Zeit über und war arm und hungrig, aber verhältnismäßig sicher. Sicher vor Mißhandlungen durch meine Eltern – aber nicht vor dem Gebrauch und dem Mißbrauch des Alkohols. Ich trank zum ersten Mal, als ich sechzehn Jahre alt war, und hatte meinen ersten »Filmriß«. Ich verbrachte den größten Teil einer Augustwoche in Woodstock. Ich war noch ein Kind und erfuhr alles über Drogen und über Musik.

Im selben Jahr entdeckte ich die Schriften von Jack Kerouac, insbesondere sein *Scripture of the Golden Eternity,* in dem er meisterhaft über Buddhismus in einem amerikanischen Kontext schreibt. Ich schleppte das Buch ständig mit mir herum. Ich ahnte damals ebensowenig wie irgend jemand sonst, daß Jack an den Folgen seines Trinkens sterben würde. Ich hatte als Heranwachsender jemanden zu meinem Rollenmodell erkoren, dem Jahre später ähnlich zu werden ich verdammt war: ein trunkener Dharma-Tramper. Trunken oder nicht, Jacks zukunftsträchtige, amerikanisch-buddhistische Schrift hat mich wahrscheinlich Jahre später gerettet, als ihre erste Auflage mir in den Anfängen meiner Gesundung und der Zen-Praxis wieder in die Hände fiel. Jack hatte sehr darum gekämpft, Heilung in seinen Schriften und in seiner Praxis zu finden, und er hat eine ganze Generation von Zen-Schülern herangezogen. Seine persönliche Tragödie sollte zum Grundstein für die Triumphe seiner Nachfolger werden.

Ich selbst verbrachte die folgenden ruhelosen Jahre in Iowa, South Carolina und Rhode Island. Unbewußt war ich auf der Suche nach dem, was man in der Gesundung eine »geographische Kur« nennt. Aber sooft ich meinen Platz auch wechselte – meinen eigentlichen Schaden konnte ich nicht beheben. Ich änderte auch meine Beschäftigungen in dem Versuch zu entkommen. Ich wurde Zimmermann, leitete eine Kombination aus Wohnheim und Schule für behinderte Erwachsene, kellnerte, arbeitete für Zeitungen, verkaufte Ölgemälde und war sogar als Berater für jugendliche Straffällige tätig. Ich war fähig, gute Jobs zu bekommen und eine Zeitlang auch beizubehalten, aber das Trinken und die Drogen fachten die Funken meines Hasses bald zu einem Feuersturm an, der alles verzehrte, was gut war in meinem Leben. Ich warf eine Menge Chancen, Beziehungen und Selbstwertgefühl fort und machte stets Menschen, Orte und Dinge dafür verantwortlich. Tief im Inneren fühlte ich, daß ich nichts Besseres als Versagen, Schmerz und zerschlagene Träume verdiente. So sicher wie das Amen in der Kirche entsprach die Welt meinen pessimistischen Erwartungen und lieferte genau das, was ich bestellt hatte. Ohne mir dessen bewußt zu werden, war ich in das Gefängnis zurückgekehrt, das hinter mir gelassen zu haben ich sicher gewesen war.

Inzwischen war mein Verständnis des Buddhismus »reifer« geworden, und ich schleppte kartonweise Bücher über Zen mit mir herum, übte mich aber kaum noch jemals im Meditieren. Mein Verständnis war rein intellektuell und wurde mit jedem weiteren Schritt in die schlammigen Tiefen des Alkoholismus und des Zwangs seichter. Mein spiritueller Durst hielt nun nicht mehr Schritt mit meinem Durst nach Bier, Drogen und manipulativem Verhalten. Meine Suche nach Transzendenz war durch mein großes Bedürfnis nach Vergessen ersetzt worden.

Bewußtseinsausfälle waren häufig. Ich begann mit »edlen Getränken«, aber am Ende war nicht einmal mehr Kochwein vor meinem monströsen Zwang sicher. Ich zitterte so und trank so gierig, daß ich das meiste aus dem Glas verschüttete, bevor es auch nur meinen Mund erreichte. Ich erinnere mich an

das entsetzliche Gefühl, wenn ich morgens meinen schrott-
reifen Wagen überprüfte und nach Blut an der Stoßstange
und an zerschmetterten Türen suchte, um festzustellen, ob
ich jemanden überfahren hatte. Zum Glück fand ich nie etwas Derartiges. Die Schäden beschränkten sich auf mich
selbst.

Als ich mit meiner neuen Ehefrau in South Carolina lebte,
verkaufte ich oft mein Blut an kommerzielle Blutbanken – zu
betrunken und zu krank, um arbeiten und die geringfügigen Rechnungen bezahlen zu können, und so von meiner
Großartigkeit überzeugt, daß nur die Kunstschule wichtig
war. Es war weniger so, daß die Welt mir ein Leben schuldete – es war eher so, daß ich der Welt nichts schuldete. Das
»Blutgeld« reichte nie für den Lebensunterhalt, aber ein Bar-
besuch oder eine Sechserpackung war immer drin. Die
Krankheit hatte meinen Verstand fast leer gemacht, und jetzt
fing sie an, mein Blut auszuleeren und aufzubrauchen. Diese
Krankheit fraß mich buchstäblich bei lebendigem Leib auf.
Der haarsträubende Irrsinn dieser Vorgehensweise fiel mir
niemals auf. Ich konnte alles rationalisieren – überall, vor
jedermann.

Schließlich hockte ich in unserem Apartment, unfähig und
nicht bereit zu arbeiten. Ich blieb den Tag über allein, sämtliche Vorhänge vorgezogen und alle Lichter aus. Ich ging
nicht ans Telefon und warf die eingehende Post fort. Ich war
von weinerlichem Bedauern darüber erfüllt, daß ich nicht
meditierte, und machte in meiner gewöhnlichen Betäubung
gelegentlich einen Versuch. Diese Versuche endeten bald,
weil ich vom Kissen fiel oder weil der Schlammstrudel des
Selbstabscheus und der Sumpf des Pessimismus und Zynismus, den ich meinen Geist nannte, mich wieder zum Trinken

antrieben. Ich habe nie das Zutrauen in die Ausübung des Zen verloren – ich verlor nur mich selbst.

Einmal ging ich mit den Mitgliedern einer umherziehenden Rockband, mit der ich arbeitete, während einer Pause auf die Straße hinaus. Ich konnte kaum auf den Füßen stehen und wurde wegen Trunkenheit in der Öffentlichkeit verhaftet. Anscheinend hatte ich der Polizei gegenüber den Mund nicht halten können, denn sie schlugen mich und besprühten mich mit Tränengas. Mit wäßrigen Augen und verdreckten Jeans wurde ich mit Handschellen gefesselt und in den Wagen geworfen. Am nächsten Morgen wachte ich in einer kalten Zelle eines Gefängnisses im Süden auf. Es kam zu weiteren Verhaftungen und Auseinandersetzungen mit der Polizei, wohin ich auch ging. Lag die Schuld bei mir? Natürlich nicht. Sie lag natürlich bei den Behörden …!

Ohne Arbeit, meine Ehe in Scherben und nur andere Säufer als Freunde, ging ich wieder in den Norden – zu einer weiteren geographischen Kur, wie ich in den Mittleren Westen geflohen war, als ich vor Jahren vorzeitig von einer Kunstschule abging. Jetzt war auch meine Frau fortgegangen. Ich glaubte, all meine Probleme hinter mir gelassen zu haben. Wieder in meinem Heimatstaat, ging es mir eine Zeitlang besser, und ich bekam einen guten Job als Ausbilder für Holzarbeiten. Aber bald beschleunigte sich das Fortschreiten meiner Krankheit wieder. Ich fuhr kurz hintereinander zwei Autos zu Schrott, ich lebte allein in den kalten Wäldern Neuenglands, und ich verlor unweigerlich meine Arbeit. Ich wußte, wer diesmal an meinem Problem schuld war: mein Heimatstaat! Wieder brach ich auf: zu meiner Frau, die diesmal nach Rhode Island zurückgekehrt war.

Widerwillig nahm sie mich erneut auf, und ich arbeitete im

Nachtclub ihres Vaters. Stellen Sie sich das vor – ein Alkoholiker, der in einer Bar arbeitet! Ich dachte, ich sei im Himmel. Mein Durst, meine Krankheit und mein Ego wurden größer und größer. Ich handelte völlig unvorhersehbar. Ich tat dasjenige, was ich als Kind geschworen hatte, niemals zu tun. Ich wurde gewalttätig, wenn ich getrunken hatte, und zerschmetterte alles, was sich mir in den Weg stellte. Ich war das geworden, was ich am meisten gefürchtet und abgelehnt hatte.

Ich trank jetzt rund um die Uhr. Erbrechen und Alkoholkater gehörten zum normalen Alltag. Dann stellte mich eine lokale alternative Musikzeitung als Art Director ein und plazierte mich auf die Gäste- und Trinklisten aller größeren Clubs in der Stadt. Ich werde mir niemals erklären können, auf welche Weise die Zeitung in den meisten Wochen tatsächlich erscheinen konnte. Ich versteckte Alkohol in der Dunkelkammer, im Archiv, überall. Wohin ich auch ging, bot man mir Drogen an. Anscheinend führte ich zusammenhängende Gespräche mit den Verlegern, obwohl ich meine Augen nicht fokussieren konnte. Alkohol war für mich so notwendig wie die Atemluft geworden.

Meine Stellung brachte mir ein bescheidenes Maß an lokalem Ruhm ein, der wie Benzin auf das nicht zu löschende Feuer meines Egos wirkte. Ich konnte nicht länger in der Mitte stehen. Ich bestand nur noch aus Extremen: Allmachtsgefühle wechselten mit der Überzeugung ab, daß ich wertlos war, Ahnungen des kurz bevorstehenden Untergangs mit utopischen Phantasien. Diese verrückte Wippe war außerhalb meiner Kontrolle, und ich hatte keine Ahnung, wo ich mich im nächsten Augenblick befinden würde.

Der Ehemann meiner Schriftsetzerin (der zugleich mein früherer Barmann war) war vor kurzem in die Gesundung eingetreten. Er gewöhnte sich an, mich am Arbeitsplatz zu besuchen, hinterließ Pamphlete und versuchte, mit mir zu sprechen. Ich haßte ihn dafür. Ich freute mich für ihn, daß er sich um sein Problem kümmerte, aber ich war auf den salbungsvollen Mist, den er verzapfte, nicht angewiesen.

Eines Freitagabends ging ich wie gewöhnlich zur Arbeit. Kurz bevor der Getränkeladen schloß, verließ ich mein Büro, um mir ein paar Sechserpackungen zu holen. Als ich in den Kühlschrank griff, überkam es mich plötzlich. Ich sah mich ganz deutlich als Sklaven, trotz all meines Geredes über Freiheit und Offenheit. Ich sah mich als programmierten Roboter, trotz all meiner vorgetäuschten Spiritualität. Ich spürte, daß ich meine tiefsten Kindheitswünsche beiläufig zerbrochen und fortgeworfen hatte. Ich fühlte mich wie Judas, als er die dreißig Silberlinge in der Hand hielt.

All das dauerte vielleicht eine halbe Sekunde. Ich hatte wohl schon mehrere dramatische Tiefpunkte erreicht, aber dies war die absolute Bankrotterklärung: eine unverlangte Bestandsaufnahme dessen, was die Krankheit mir fortgenommen hatte – und wohin sie mich als Entschädigung geführt hatte. Ich weiß bis heute nicht, was die Krise ausgelöst hatte, und es kümmert mich auch nicht besonders. Irgendwie waren in diesem Sekundenbruchteil die weit verteilten Linien meines Karmas zusammengekommen und hatten sich in einem einzigen, erschütternden, erleuchtenden Punkt getroffen.

O Gott, wie sehr ich mir wünschte, dieses Bier nicht zu kaufen – aber ich wußte, daß ich es kaufen würde und, wenn ich es tat, alles vorbei wäre. Ich beobachtete erstarrt aus der Ferne, wie mein mir plötzlich entfremdeter Körper das Bier an die Kasse trug und es bezahlte. Aus Lichtjahren Entfernung

47

trauerte und weinte und schrie ich: »Nein!«, als mein Körper zur Arbeit zurückkehrte, seinen Meister unter den Arm geklemmt. Die Zeit gefror. Ich war sicher, daß mein ganzes Leben in dieser Sekunde eingestürzt war. Ich hatte ein überwältigendes Bild von meiner vollständigen Ohnmacht und von dem unwiderstehlichen Zwang meiner Krankheit. Ich war gezwungen, mich selbst anzuschauen und voller Entsetzen und Übelkeit zur Kenntnis zu nehmen, was mich aus diesem Spiegel heraus anblickte.

Als ich wieder in meinem Büro und allein war und mich nicht entscheiden konnte, ob ich aus dem Fenster springen oder mich betrinken sollte – ob zwischen den beiden Möglichkeiten ein Unterschied bestand, kümmerte mich nicht –, wurde etwas an seinen Platz gerückt. Wie in einem Traum hob ich den Hörer vom Telefon und rief meinen früheren Barmann an. Er sagte, ich solle den Alkohol fortwerfen und er käme jetzt gleich zu mir, trotz der späten Stunde. Der Augenblick der Krise war vorüber, die Entscheidung gefallen, und die Zeit nahm ihren normalen Verlauf wieder auf, obwohl ich selbst mir vorkam, als sei ich völlig aus dem Takt geraten. Ich konnte es zwar nicht begreifen, aber der Zwang zu trinken war dank eines Vorgangs, der meiner Konditionierung vollständig zuwiderlief, von mir genommen worden.

Am nächsten Morgen nahm mein neuer Freund mich zu meinem ersten Gesundungs-Meeting mit und am Abend desselben Tages noch zu einem weiteren. Während dieses Abend-Meetings wurde der Prozeß meiner Kapitulation abgeschlossen, und ich errang den Sieg, indem ich mein vollständiges Versagen eingestand. Ich weiß nicht mehr viel von diesem Meeting, aber ich erinnere mich daran, gehört zu haben: »Identifiziere, statt zu vergleichen.« Das bedeutete, ich sollte versuchen, mehr die tieferliegenden Ähnlichkeiten als die oberflächlichen Unterschiede zwischen den Menschen in der Gesundung zu sehen. Einer der Redner, ein alter Mann, bei dem ich sicher war, daß ich nichts mit ihm gemeinsam hatte, benutzte die Phrase »bevorstehender Untergang« in seinem Trinkarium (der Geschichte seines Lebens). Es traf mich wie eine Tonne Ziegelsteine: Zum ersten Mal hatte ich meine bisherige Lebensweise mit einem Namen benennen hören. Ich war nicht länger allein. Ich stieß kraftvoll die Luft aus, nachdem ich dreißig Jahre lang den Atem angehalten hatte. Erleichterung und unendliche Dankbarkeit überschwemmten mich wie eine Meereswoge. Ich tauchte in das Wissen ein, daß es andere wie mich gab. Etwas geschah. Ich weiß bis heute nicht genau, was es war. Ich verschwand einfach für eine Sekunde in einer Leere der vollständigen Ergebung, der Ichlosigkeit und der Freiheit vom Leiden.

Vielleicht war es die Ego-Deflation, von der Bill W. spricht, vielleicht aber auch die Erkenntnis der Quelle meines Leidens, die Buddha gelehrt hat. Ich weiß es nicht, aber als ich wieder im Meeting war, fühlte ich mich neu und rein; frei von meinen alten Vorstellungen und Ausflüchten. Ich empfand keine Angst. Ich besaß keine Karten für dieses neue Gebiet, keine Erwartungen oder Meinungen, und sämtliche chemischen, mentalen und emotionalen Krücken waren zerbrochen. Ich war bereit und willens, ohne Frage alles zu glauben und alles zu tun, um nüchtern und anständig zu bleiben. Der Bankrott meiner alten Lebensweise lag in schonungsloser Nacktheit vor mir. Ich war bereit, alles zu geben, um diese dämonische Krankheit und all das Leiden, das sie mir und anderen gebracht hatte, in den Griff zu bekommen. Ich war bereit, jeden Weg zu gehen, um diesen Selbstabscheu und dieses Gefühl, versagt zu haben, mit denen ich mein ganzes Leben verbracht hatte, auszutreiben. Alles, was mir noch geblieben war, bestand in meiner äußersten Verzweiflung, und ich klammerte mich wie ein Ertrinkender daran, der im Begriff stand, zum drittenmal unterzugehen.

Die Zwölf Schritte und die Oldtimer sprachen immer wieder von Gott, höheren Mächten und so weiter. Ich hatte keine Schwierigkeiten, einzugestehen, daß meine Krankheit ebensosehr ein spirituelles wie ein körperliches und emotionales Leiden war. Ich erfuhr, es sei die Sache eines jeden einzelnen von uns, unsere eigene höhere Macht zu definieren. Ein Freund von mir erzählt die Geschichte, wie er seinen Sponsor um eine Definition Gottes gebeten hatte. Sein Sponsor antwortete nur: »Alles, was du über Gott wissen mußt, ist, daß du nicht er bist.« Der anonyme Autor des 14. Jahrhunderts von *The Cloud of Unknowing (Die Wolke des Nichtwissens)* – einem Klassiker der christlichen Meditation – sagte über Gott: »Er ist dein Sein, aber du bist nicht das seine.« Ernest Kurtz hat eine bahnbrechende kluge Geschichte der Anonymen Alkoholiker mit dem Titel *Not-God* geschrieben. Im Prinzip umfassen diese beiden Wörter – nicht Gott – das spirituelle Rüstzeug der Gesundung und der Zen-Praxis. Wenn wir unsere Illusion der Allmacht und unserer persönlichen Wichtigkeit verlieren, steht alles ohne Schleier vor uns, auch jeder Gott und jede höhere Macht, für die wir uns entschieden haben.

Die Notwendigkeit der spirituellen Gesundung stellte für mich als alten Möchtegernbuddhisten kein Problem dar. Zum Glück befand sich in der Nähe ein Zen-Kloster. Da meine Furcht vor Autoritäten verschwunden war, begab ich mich in die Hände der Mönche und begann noch in derselben Woche, in der ich mit dem Trinken aufgehört hatte, ein klassisches Zen-Training. Ich nahm an über neunzig Gesundungs-Meetings an ebenso vielen Tagen teil, tat, was mein Sponsor und die Oldtimer mir sagten, und gab mich der Gesundung mit demselben Eifer hin, mit dem ich mich zuvor dem Alkohol und dem Vergessen hingegeben hatte. Meine Lebensweise hatte todsicher nicht funktioniert. Mir blieb nichts weiter übrig, als anderen Menschen zu trauen und sie vorbehaltlos um ihre Hilfe zu bitten. Es funktionierte. Es funktioniert noch immer.

Ich entwickelte sofort Interesse an den Zwölf Stufen und befaßte mich zugleich mit ihnen und mit meinen neuerlichen Zen-Studien. Wie die Oldtimer glaubte ich stark an unsere Traditionen und daran, einer unter vielen zu sein. Meine Einmaligkeit und mein selbst aufgebürdetes Anderssein hatten stets zu Entfremdung, Zorn und Krankheit geführt. Das Bewußtsein, einer unter vielen zu sein, war hingegen mein Schutz vor dem Wahnsinn dieser Krankheit und meinem eigenen, beleidigten Ego. Meine Erleichterung darüber, mit anderen zusammenzusein, die sich fühlten, wie ich mich fühlte, und die gelitten hatten, was ich litt, war zu groß, um die Überzeugung meiner vermeintlichen Einzigartigkeit noch länger zuzulassen. Die Alternative hatte einfach keinen Wert mehr.

Allmählich gesundete ich im Programm. Ich habe immer noch denselben Sponsor, der sich in jener kalten Winternacht in der Hölle so bereitwillig zur Verfügung stellte – meine erste Begegnung mit einem wirklichen, lebenden Bodhisattva. Meine Zen-Praxis gedieh und verlieh mir zusätzliche Kraft zur Genesung. Ich wurde ein »offizieller« Buddhist, indem ich mich den Regeln unterwarf. Meine Frau und ich lebten – wiedervereinigt – im Zen-Zentrum, bis wir unsere Kinder hatten und ein Grafikbüro eröffneten. Ich qualifizierte mich schließlich als Dharma-Lehrer, befähigt und berechtigt, andere in die Dharma-Praxis einzuführen. Später, als meine persönliche Praxis und Gesundung Fortschritte machten, wurde ich – als Teil meiner Suche nach einer Gemeinschaft, die der Familie freundlich gegenüberstand und offen für spirituelle Systeme westlicher sowie östlicher Prägung war – ein aktives Mitglied der örtlichen Unitarian Universalist Church. Der früher stets betrunkene und zynische Alkoholiker, der diese Welt aufgegeben hatte, unternahm jetzt Schritte, um sie zu retten. Ich hatte den Kreis zu meiner Kindheit geschlossen und lebte auf meine eigene einzigartige Weise die Geschichte von Dr. Strange nach. Der Comic hatte mich nicht belogen.

Der Zen-Meister gab mir den Namen Jeong Mu Poep Sa, der »Klare-Leere-Dharma-Lehrer« bedeutet. Ein sehr passender Name, denn als Alkoholiker muß ich ständig bereit sein, von meinen Ansichten und Charaktermängeln entleert zu werden, um am Leben zu bleiben und anderen helfen zu können. Er fragte mich, was der Name bedeute. Ich gab ihm eine Antwort, die ich für klug und tiefsinnig hielt, in dem Versuch, ihn mit meiner Dharma-»Weisheit« zu beeindrucken. Er schlug mit seinem Zen-Stab auf den Tisch und deutete hinter sich. »Welche Farbe hat diese Wand?« verlangte er zu wissen. »Weiß«, erwiderte ich kläglich. Er lachte und sagte: »Sehr gut. Behalte das im Sinn.« Sehr hart; sehr einfach, wenn wir nur unsere klugen und tiefen Vorstellungen davon loslassen könnten, was diese Welt sein sollte. Die Dinge sind genau so, wie man sie sieht. Die Wand ist weiß. Heute trinke ich nicht. Das ist alles.

Seither habe ich im Zen-Zentrum und auch in der Unitarier-

Kirche viel unterrichtet, formal und formlos. Immer mehr Menschen erlernen die Zen-Praxis, um einen Weg zu finden, den Elften Schritt zu tun. Ich erkenne sie am Aufleuchten ihrer Augen, wenn ich bei meinen Einführungsgesprächen in den Dharma Phrasen wie »Fortschritt, keine Perfektion« oder »Machtlosigkeit« einfließen lasse. Hinterher setzen wir uns zusammen, wie eine Gruppe Verschwörer. »Sind Sie ein Freund von Bill?« fragen sie leise und voller Hoffnung. Man bekommt immer das, was man braucht. Es gibt keine Zufälle. Wir finden einander immer. Zen und die Programme haben einander gefunden, in diesem Land, nach Jahrtausenden der Entwicklung des Buddhismus in anderen Kulturen. Wer weiß, was für ein wundersamer Hybride entstehen wird, wenn die beiden zusammenwachsen und sich miteinander vermischen, was nicht ausbleiben wird? Sie sollten niemals dasselbe werden. Aber sie unterscheiden sich nicht sehr.

Mein Leben ist immer noch schwierig, und ich erschaffe immer noch Leiden für mich selbst. Zen und Gesundung haben mich nicht in einen Heiligen verwandelt. Gott sei Dank. Sie haben mich nur wieder zum Menschen gemacht. Tag für Tag und von Augenblick zu Augenblick geht es mir besser oder vielmehr werde ich besser, entdecke ich, daß es so, wie es ist, immer schon in Ordnung und gerecht war. Ich selbst bin derjenige, der alles durcheinanderbringt, indem er sich entschließt, überall sonst zu sein, nur nicht hier – wach, dankbar und voller Aufmerksamkeit für mein Leben und meine Welt.

Heute bin ich dankbar für meine Krankheit, für mein ganzes Leben, für die Lehren des Zen und der Zwölf Schritte. Aber am meisten bin ich meinen Mitalkoholikern, -abhängigen und -menschen in allen Arten der Gesundung dankbar, die meiner Geschichte in Kirchenkellern, auf Autofahrten und in Cafés Gestalt verliehen. Danke. Dies ist nicht mein Buch. Es ist nicht ihr Buch. Es ist unser Buch, das nur durch unsere gemeinsame Gesundung und unser großes Bedürfnis nach Gemeinsamkeit möglich wurde. Wir wollen die Diskussion darüber eröffnen. Ich habe eine Menge Themen.

# Was ist Zen?

Die unausgesprochene Erfahrung und Haltung des Zen ist ein Geburtsrecht aller Menschen, das an keine Nationalität, Religion oder Trainingsmethode gebunden ist. Zen ist – wie die Luft, die wir atmen, und das Schlagen unserer Herzen – eine Lebensbedingung, und manchmal müssen wir mit der Nase darauf gestoßen werden, wie auf so viele Dinge, die wir im Alltagsleben als selbstverständlich hinnehmen. Wie oft sind wir uns der Farbe des Himmels oder der Gerüche bewußt, die uns umgeben? Wir schlafwandeln durch die Drehbücher und Kulissen unseres Lebens und erinnern uns nur vage an ihre Inhalte und Bedeutungen. Immer leben wir für ein besseres Morgen oder laufen vor einer betäubenden Vergangenheit fort und wohnen in diesem gegenwärtigen Augenblick wie in einem schäbigen Hotel am Weg zu einem anderen Ort. Auf diese Weise werten wir unseren einzigen Besitz ab, der einfach in diesem Augenblick besteht – das Hier und Jetzt. Wenn wir zur Rede gestellt würden, könnten wir wirklich nicht sagen, wo der Ort ist, zu dem zu gelangen wir es so eilig haben. Was ist Zen? Die Frage ist bereits die Antwort.

Wer sind wir *wirklich?* Was ist die wirkliche Bedeutung des Lebens? Wie können wir angesichts unserer scheinbar endlosen Schwierigkeiten ein dauerhaftes Glück erlangen? Diese Fragen betreffen die Grundlagen unseres Lebens, und aus diesen Fragen heraus ist die Zen-Praxis entstanden. Zen kann das mitleidsvolle Schälmesser sein, das die Schichten unserer angesammelten Meinungen, Überzeugungen und erstarrten Erwartungen entfernt, die zwischen uns und der wahren Erfahrung liegen. Zen zeigt uns, daß dasjenige, was wir irrtümlich unser Selbst nennen – das heißt unser »Ich« oder unsere persönliche Identität –, in Wirklichkeit nicht mehr als eine Maske über unserem wahren Selbst, unserem wahren Wesen, ist. Überzeugungen, Meinungen, Vorurteile, unser schulisches und kulturelles Erbe, unsere Familiengeschichte: All das sind rein zufällige Faktoren, wenn man so will. Sie stellen notwendige Werkzeuge zum Überleben und zur Einfügung in die größere Gesellschaft dar, aber sie sind nicht wirklich das, was *Sie* sind. Wer sind Sie wirklich?

Ohne in die bequemen Definitionen anhand der Arbeit, der Religion, des Geschlechts und so weiter zurückzufallen, wer und was sind wir? Wenn Sie Ihre Arbeit verlieren, verlieren Sie dann sich selbst? Wenn Sie zu einer anderen Kirche übertreten, verändern Sie sich Ihrem Wesen nach? Es mag Ihnen so vorkommen, wenn Sie sich übermäßig an diese einengenden Definitionen klammern. Aber etwas bleibt trotz all dieser Veränderungen gleich. Was und wo ist dieses »Ding«, auf dem wir einen so sicheren Stand haben? Wenn die Außenwelt instabil ist und zu Veränderungen neigt, wäre es sinnvoll, nach innen zu schauen – in uns hinein. Aber was sind wir innen? Wer in aller Welt sind wir?

Zen kann uns diese Fragen beantworten helfen, obwohl Zen selbst keine Antwort ist. Zen ist, wenn überhaupt etwas, die größte Frage von allen. Es ist die Frage, die zu einem Keil in der rissigen Schale unseres wahren Selbst wird, die uns zu einer Bedeutung und einer Wahrheit aufbricht, die allein Be-

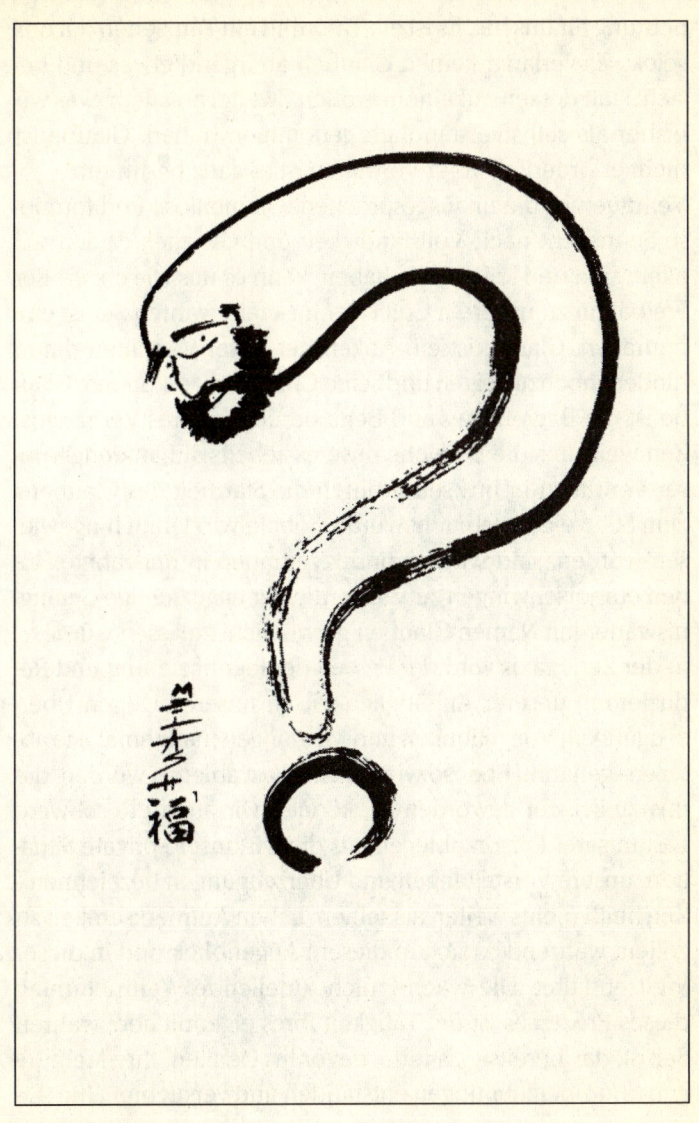

deutung für uns hat. Es ist ein Tanz und ein Tauziehen mit uns selbst. Es verlangt keinen Glauben an irgend etwas und besteht statt dessen auf einem großen Zweifel an allem, was wir bisher als selbstverständlich genommen haben. Glaube ist nicht erforderlich, aber Vertrauen ist es ganz bestimmt.

Vertrauen ist die unausgesprochene, namenlose und formlose Sehnsucht nach Vollständigkeit und Ganzheit. Wenn wir allein sind und keine Hilfe haben, kann es uns wie ein großer Freiballon zu unserem Gott oder unserem wahren Selbst emportragen. Glaube ist ein Anker, der unser Vertrauen daran hindert, hochzusteigen und seine Grenzen zu erkunden. Glaube ist die Begrenzung und Behinderung unseres Vertrauens. Zen weist uns die Bereiche unseres Lebens auf, in denen unser Vertrauen in uns selbst durch die Starrheit des Glaubens zum Schweigen gebracht wurde. Sobald wir darauf hingewiesen wurden, sind wir frei, unser Vertrauen in ungeahnte Höhen emporschwingen zu lassen, die der eifersüchtige Gefängniswärter mit Namen Glauben gewiß nicht zulassen würde.

In der Zen-Praxis wird der Prozeß der Identifizierung und Reduzierung unserer Anhänglichkeit an unsere eigenen Überzeugungen, Vorstellungen und Meinungen manchmal »sie ablegen« genannt. Ebenso wie wir eine Last ablegen würden, die uns zu schwer geworden ist, können wir auch die schwere Last unserer Person ablegen, als die wir unsere private Situation, unsere Vorstellungen und Überzeugungen bezeichnen.

Zen heißt nichts weiter, als seinem Leben Aufmerksamkeit zu zollen, während es sich in diesem Augenblick und in dieser Welt entfaltet. Die wache, nicht urteilende Wahrnehmung dieses Prozesses ist die Tätigkeit Ihres eigentlichen, wahren Selbst, das bereits existierte, bevor Ihr Denken, Ihre Meinungen und Überzeugungen entstanden und versuchten, Ihre Erfahrung zu benennen und einzuteilen. Indem wir für unsere eigentliche Natur wach werden, lockern wir den Griff der Verleugnung, von der unser Leben voll ist, der Verleugnung, die uns von der wahren Erfahrung trennt. Wenn wir in unserer Beziehung zu uns selbst, zu anderen Menschen und zur Welt spontaner und intuitiver werden, handeln die Welt und unser tiefstes Selbst als eines, und wir erkennen allmählich, daß es nie ein Problem gegeben hat – außer in unserem Denken.

Zen ist das wirkliche und eigentliche Gesundungsprogramm. Es zeigt uns, wie wir unser wahres Selbst verleugnet und wie wir unter unseren Krankheiten der Neigung, des Urteils und der Trennung gelitten haben. Es bietet uns ein Programm zur Gesundung unserer eigentlichen Natur und lehrt uns Schritte, die wir sofort tun können. Es zeigt uns, in welcher Weise *all* unsere übrigen Krankheiten und Unzufriedenheiten von unserer grundlegenden Leugnung des Einsseins mit anderen Menschen und dem Universum herrühren.

Zen ist, wenn Sie, ohne sich zu besinnen, einem rasch fahrenden Wagen ausweichen. Es ist da, wenn Sie bei einem Kinofilm weinen, weil Sie tief in sich selbst das Leiden eines anderen fühlen. Es ist in der unbewußten Anmut Ihres Ganges, im eleganten Fluß Ihrer Gedanken und in der automatischen Atmung, die Sie am Leben erhält. Nein, Zen hat Sie niemals im Stich gelassen. Sie sind es, der diesen Augenblick als selbstverständlich nimmt und glaubt, daß Sie von allem, was Sie erblicken, getrennt sind – allein und einzigartig in Ihrem Leiden. Sie sind es, der auf der Suche nach Bedeutung, Zufriedenheit, Erfüllung oder Erlösung nach Hoch und Niedrig Ausschau hält. Der Versuch, Ihre Leere mit Bedeutung außerhalb Ihrer selbst zu füllen, ist, als würden Sie Wasser in den Ozean gießen, um ihn naß zu machen.

Zen ist der Wecker, der uns zum Leben aufweckt und unser Schlafwandeln durch die Wirklichkeit beendet. Es ist die freundliche Landkarte, die sagt: »Genau hier ist der Ort. Du bist immer hier gewesen. Was für einen anderen Ort gibt es?« Es ist der Kalender, der sagt: »Genau jetzt ist die Zeit. Wer könnte sich eine andere Zeit wünschen?« Die Zen-Praxis identifiziert die Lügner und die Diebe in den Tempeln Ihres Herzens und wirft sie hinaus, so daß wir leben können, wie wir sollen: ganz, furchtlos und mit dem wiederverbunden, nach dem wir uns so verzweifelt sehnen.

Ebenso universal wie Zen ist sein Vergessen. Wir Menschen besitzen »eingebaute Vergesser«, wie es im Zwölf-Schritte-Programm genannt wird. Vielleicht ist das die wahre Bedeutung des Lebens: darum zu kämpfen, aufzuwachen und wieder in Besitz zu nehmen, was die ganze Zeit über da war. Der Zweck des Lebens ist, daß wir wirkliche Menschen werden und unsere eigentliche Natur entfalten wie eine Blume im Frühling.

Da wir Menschen allzugern selbstsüchtigen Anführern und abstrakten Konzepten folgen, haben wir einen großen Bedarf an rechtschaffenen Lehrern, die uns in Erinnerung rufen, was wichtig und was wahr ist. Wir müssen aus dem Alptraum geweckt werden, den unser Denken, unsere Konditionierung und unsere Kultur uns aufdrängen. Nur sehr selten einmal öffnet einer von uns die Augen und sieht, was immer dort gewesen ist. Wir erzählen anderen davon und fangen an, Menschen aufzuwecken. Wenn wir Glück haben, werden wir Erretter, Messias oder Buddha genannt. In der Regel werden wir als verrückt bezeichnet und ignoriert. Wenn unsere Stimmen zu laut werden, werden wir entweder verehrt oder getötet. Oft beides. Menschen aus dem warmen und behaglichen

Schlummer ihres Leidens zu wecken ist zumindest riskant. Wir halten die Illusionen und Lügen, mit denen wir leben, in Ehren. Wir sterben sogar für die Phantome, die unser Geist erschaffen hat. Wir verstecken uns lebenslang tief in uns selbst, in der lähmenden Angst, jemand könnte sehen, wie wir wirklich sind, oder – schlimmer noch –, wir könnten uns selbst sehen. Wir brauchen die Erlaubnis, zu sein, was wir sind. Wir sind auf jemanden angewiesen, der uns bei der Hand nimmt und aus dem Labyrinth des Leidens und der Angst herausführt und der uns zeigt, daß die Ungeheuer, die uns gejagt haben, nur unserer Selbstverleugnung entstammten.

Siddharta Gautama war einer der Menschen, die uns geweckt haben. Er wurde vor über 2500 Jahren in einer königlichen Familie im Norden Indiens geboren. Wegen einer Prophezeiung, daß er sein Heim verlassen würde, um ein spirituelles Leben zu führen, zogen ihn seine Eltern in fast vollständiger Abgeschiedenheit auf. Der Prinz – auch als Sakyamuni bekannt – wurde vom Anblick des Leidens, des Verfalls und des Todes ferngehalten. Man erfüllte ihm alle Bedürfnisse und Wünsche, um ihm eine idyllische Zuflucht zu bieten und die Möglichkeit auszuschließen, daß er unglücklich werden und anfangen könnte, Fragen über die Natur seiner Existenz zu stellen. Wenn wir glücklich sind, werfen wir kaum einen tieferen Blick in die Quellen unserer Ängste und Schmerzen. Wenn wir mit den Tatsachen unserer Sterblichkeit und des unausweichlichen Vergehens der Zeit konfrontiert werden, fangen wir an, uns in unserer Umwelt nach Antworten auf diese grundlegenden Fragen umzuschauen. So war es auch bei dem jungen Gautama.

Schließlich bot sich ihm der Anblick des Todes, des Verfalls und des Alters. Stellen Sie sich vor, was für eine Wirkung das auf jemanden haben mußte, der seit fast dreißig Jahren nichts von diesen Dingen gewußt hatte! Tief erschüttert, verließ er sein Elternhaus, um eine Antwort zu finden. Anfangs gesellte er sich zu einer Gruppe Yogis, die einer extremen Form der Askese anhingen, fasteten und jede Art der Selbstverleugnung praktizierten. Er bemühte sich eifrig, ihre Praktiken zu befolgen – aber vergebens. Er erkannte, daß Einschränkungen, Selbstverleugnung und fanatischer Glaube das gleiche waren wie das dekadente und üppige Leben, dem er soeben entflohen war. Beide Lebensweisen waren nur Spiegelbilder zweier Extreme, die nirgendwohin führten. Er brach sein Fasten und wurde natürlich von der Gruppe ausgeschlossen. Ein Zitat des französischen existentialistischen Schriftstellers Albert Camus deutet auf die Entdeckung hin, die Gautama in seiner Zeit bei den Yogis gemacht hatte. Camus schrieb in seinen *Tagebüchern:* »Seine Leidenschaften abzutöten ist eine extreme Tugend. Sie auszugleichen ist eine größere Tugend.« Gautama machte seine größere Tugend zum ersten Schritt seiner Selbstfindung.

Jetzt vollkommen allein und fast verzweifelt, setzte er sich einfach im Wald hin und meditierte. Er gelobte, nicht eher aufzustehen, als bis er zum Kern der Existenz vorgedrungen oder in diesem Versuch gestorben war. Als er eines Abends unter einem Feigenbaum meditierte, erlebte Gautama sein Erwachen oder seine Erleuchtung. Er hatte den Mittleren Weg zwischen den beiden Extremen entdeckt und war ein Buddha oder »der Erwachte« geworden und hatte sein wahres Selbst und seinen wahren Daseinszweck wiedergefunden. Seine Entdeckung wurde als die »Vier Edlen Wahrheiten« formuliert: (1) Existenz heißt Leiden; (2) Leiden wird durch Verlangen geschaffen; (3) durch die restlose Aufhebung des Begehrens kann dem Leiden ein Ende gemacht werden; (4) das Mittel zur Beendigung ist der »Achtfache Pfad«: vollkommene Erkenntnis, vollkommener Entschluß, vollkommene Rede, vollkommenes Handeln, vollkommener Lebenserwerb, vollkommene Anstrengung, vollkommene Achtsamkeit und vollkommene Sammlung.

Nach seiner Erleuchtung saß Buddha sieben Tage lang allein dort und fragte sich, was er als nächstes tun sollte. Sollte er sich mit seinem persönlichen Sieg zufriedengeben oder sich wieder in die Welt begeben und seinen Dharma (die Lehre der universellen Wahrheit) verbreiten? Obwohl er sicher war, daß seine Botschaft auf taube Ohren treffen würde, entschied er sich augenblicklich: Er würde versuchen, seine Entdeckung zu lehren, in der Hoffnung, einige Menschen aus ihrer Selbstverleugnung und ihrem Leiden herausführen zu können. Dieser Entschluß war der Beginn der Bodhisattva-Ethik. Ein Bodhisattva ist ein Mensch, der – nachdem er Erleuchtung oder Gesundung seines wahren Selbst erlangt hat – gelobt, seine endgültige Befreiung von dieser Welt des Leidens aufzuschieben, bis alle Menschen ebenfalls befreit sind. Dieses Element hat zu dem verdienten Ruf des Buddhismus als mitleidig, mitfühlend und selbstlos geführt.

Das Verlangen oder Begehren, das Buddha als die Quelle unseres Leidens identifiziert, wird in der Gesundung als Selbstverleugnung verstanden. Die Menschen verleugnen grundlegend ihre wahre Natur, die – wie Buddha entdeckte – sich nicht von der Welt unterscheidet, wie sie in diesem Augenblick existiert. Diese Verleugnung führt zu der Fehlwahrnehmung und Krankheit unseres Glaubens, wir unterschieden uns von dem, was wir erfahren. Als Ergebnis wünschen wir uns Macht und Kontrolle über unser Leben und die Kräfte, die wir aufgrund einer Fehlwahrnehmung für größer als uns selbst halten. Das Verlangen nach Macht wird bald zu unserer zweiten Natur, und wir erliegen der Illusion, wirklich von der Welt getrennte Lebewesen mit der Macht zu sein, etwas tun zu können.

Unsere Krankheit verlangt ständig größere Befriedigungen, damit wir unseren falschen Eindruck von Allmacht und einem abgegrenzten Selbst aufrechterhalten können. Wir werden tatsächlich von unserem Gefühl der Einzigartigkeit und Macht abhängig. Wir suchen zwanghaft nach Möglichkeiten, unsere Krankheit eines aufgeblähten Egos und eines konditionierten Selbst zu unterhalten. Leiden wie auch Lust bestärken unser Gefühl der Selbstheit und der Getrenntheit und fördern das Fortschreiten unserer Krankheit und die Aufblähung unseres kostbaren Egos. Wenn Welt und die Wirklichkeit mit diesen Wünschen und Illusionen in Konflikt geraten, leiden wir. Todesfälle, Verluste, Altern, nicht zu bekommen, was wir uns wünschen – oder auch zu bekommen, was wir glaubten uns zu wünschen –, dies alles erinnert uns an unsere vergängliche und ohnmächtige Situation. Unser Leiden verwandelt sich in Zorn, Scham, Selbsthaß und Bitterkeit. Aus diesen Gefühlen heraus erwächst dann die Illusion, daß wir der Welt entfremdet und von ihr getrennt sind. Je eifriger wir uns bemühen, in unserem begrenzten Sinn der Selbstheit Glück zu erlangen, desto weiter entfernen wir uns von jeder wahren und dauerhaften Erfüllung.

Nur eine gründliche und dramatische Konfrontation mit den Tiefen unserer Verleugnung und unseres Leidens kann diese scheinbar hoffnungslose Situation ändern. Leiden scheint der einzige Preis zu sein, den wir für die Rückgewinnung unserer wahren Natur bezahlen können. Sobald wir die Ursache unseres Leidens erkannt haben, können wir anfangen, unsere wahre Natur und unsere wahren Ziele mit Hilfe des Programms, das Buddha vorgegeben hat – und das sich nicht so sehr von unseren modernen Zwölf-Schritte-Programmen unterscheidet –, wiederzuentdecken und beizubehalten. Wir haben unsere Verleugnung unseres wahren Selbst klar gesehen und uns eingestanden.

Auch andere Parallelen zur Gesundung in der Geschichte Buddhas sind verblüffend. Buddha hatte die Quellen des Leidens in sich selbst entdeckt, als er äußerst verzweifelt war und eine »gründliche Ego-Deflation« erlebte, die Bill W., der Mitbegründer der Anonymen Alkoholiker, als die Vorbedingung der Genesung bezeichnete. Nachdem er Einblick in die Natur seines eigenen Leidens erhalten hatte, ersann Buddha ein Programm aus körperlichen, emotionalen und spirituellen Komponenten, entworfen, um die Gesundung unserer eigentlichen Natur zu bewirken und die gefährlichen Ausrutscher in Visionen einer persönlichen Kontrolle zu verhindern.

Ähnlich wie die Zwölf Schritte skizziert auch der Achtfache Pfad die Wege, auf denen wir Ganzheit erlangen und unsere natürliche, ausgezeichnete Gesundheit wiedergewinnen können. In der Erkenntnis, daß auch andere Menschen litten und im Netz der Illusionen gefangen waren, trug Buddha diese Botschaft unermüdlich bis zum Ende seines Lebens weiter, verbreitete den Dharma und linderte den Schmerz anderer. Wäre Buddha ein Trinker oder ein Abhängiger gewesen, hätte er wohl den Zwölften Schritt – der besagt, daß man die Botschaft der Gesundung anderen übermittelt, die noch im Griff ihrer Krankheit sind – in sehr großem Maßstab ausgeführt. Buddha hat in der Tat eine universale Krankheit und die Verleugnung diagnostiziert, die ihr Nahrung gibt. Es sieht so aus, als hätten all unsere übrigen Funktionsstörungen und Zwänge ihre Wurzeln in dieser fundamentalen menschlichen Krankheit des Verleugnens unserer eigentlichen Natur.

Wie es auch in den Zwölf-Schritte-Traditionen üblich ist, befaßte Buddha sich nicht akribisch mit der Definition der Götter, höheren Mächte oder unseres Schicksals nach dem Tod. Er betrachtete diese Fragen als irrelevant in bezug auf die vordringliche Arbeit und die Dinge, die uns davon ablenken, daß wir in diesem Augenblick vollkommen leben. Alle übrigen Fragen neigen dazu, den Verstand an größeren Schmerz zu gewöhnen – als Folge des Nachdenkens in Form der Polaritäten des Lebens und des Todes, des Himmels und der Hölle, des Guten und des Bösen. Tatsächlich predigte er, allein schon diese Art zu denken sei die Quelle unserer Leiden. Wir können unmöglich Einheit erlangen, wenn unser Denken ständig damit befaßt ist, die Dinge zu unterteilen. Buddha bemühte sich, diesen grundlegenden Irrtum zu vermeiden, und entschied sich statt dessen für den Mittleren Weg des Wachseins, der Annahme und der Toleranz, der alle Extreme vermeidet.

Der Mittlere Weg ist die Straße, die auch wir in der Gesundung gehen müssen. Zwanghafte Menschen wissen eine Menge über die Extreme im Verhalten und im Denken, aber nur wenig über Mäßigung. Für uns gab es nur entweder die Höhen oder die Tiefen, und an beiden Orten litten wir. Unsere neue Art zu leben bewegt sich zwischen diesen Extremen, und uns wird gesagt: »Die Natürlichkeit macht es.« Als Menschen in der Gesundung haben wir William Blakes Lehre – die wir auf die harte Art gelernt haben – instinktiv begriffen:

»Du weißt nicht, was genug ist, bevor du weißt, was mehr als genug ist.«

Süchte, Zwänge, Co-Abhängigkeiten (siehe Seite 28) und all die zahllosen Funktionsstörungen, die uns plagen, sind entstanden in dem ursprünglichen Leiden und Verleugnen, von dem Buddha in seinen Lehren spricht. Unsere Abhängigkeiten und Funktionsstörungen spiegeln nur die Condicio humana – das Los des Menschseins – wider und machen es um so notwendiger, unsere eigentliche Natur zu heilen, so daß sie nicht länger von den Trennungen befleckt ist, die wir in unseren Köpfen vornehmen. Unsere Abhängigkeiten vergrößern unsere tiefsten Ängste und Sehnsüchte, und in der letztlichen Erkenntnis unserer Hilflosigkeit sind wir gezwungen, um Hilfe zu rufen. In dieser Hinsicht haben Menschen in der Zwölf-Schritte-Gesundung Glück. Wir waren gezwungen, die Beziehung zwischen Leiden, Verlangen, Verleugnung und Leben zu identifizieren – fast in derselben Weise wie Buddha. Auch wir wären bei dem Versuch beinahe gestorben. Auch wir verzweifelten daran, jemals eine Antwort zu finden, und auch wir erfuhren Extreme in der Erfahrung und in den Emotionen. Wie Buddha brachen wir unter dem Gewicht unserer Fragen und des Schmerzes auf und setzten unser wahres Selbst frei – oder zumindest das Versprechen eines wahren Selbst. Wir können uns mit der Geschichte von Buddhas spiritueller Reise identifizieren, und wir können uns mit seinem Bedürfnis identifizieren, die Botschaft zu verbreiten.

Aber noch wichtiger ist die Erkenntnis, daß Genesung eine lebenslange Verpflichtung darstellt: Unsere ausdrückliche Aufgabe als Menschen ist es, unser eigentliches Menschsein wiederzuerlangen. Wenn Sie einen Raum teilweise gesäubert haben, sieht der Rest im Vergleich um so schmutziger aus. Ebenso ist es bei der Gesundungsarbeit. Wenn wir anfangen, uns um unsere Zwänge und Abhängigkeiten zu kümmern, werfen wir auch auf andere Bereiche unseres Lebens, die wir uns vorher niemals angeschaut haben, ein helles Licht. Auch dort ist noch viel zu tun. Wir haben gerade einmal einen Fuß auf diesen Pfad gesetzt, wenn wir eine Substanz, von der wir abhängig sind, fortlassen, oder ein zwanghaftes Verhalten aufgeben. Wir sind noch immer Menschen und Opfer der größeren Krankheit des Verlangens und des Anklammerns an unser kleines Ich. Buddha lehrte eine vollständige Gesundung. Es sieht so aus, als hätten auch wir keine andere Wahl.

Das Erwachen und die Gesundung, die Buddha lehrte, wurden zu seiner Überraschung begierig aufgenommen. Der Sangha – die Schar der gläubigen Anhänger – wurde ständig größer. Während der folgenden vierzig Jahre wanderte Buddha durch Indien und lehrte den Dharma allen und jedem, der zuhören wollte. Er behandelte alle Menschen gleich und gab seine Botschaft ohne Rücksicht auf die Kaste, die Bildung oder das Geschlecht seiner Schüler weiter. Folglich zog er viele Rechtlose an, darunter Mitglieder der unteren Kasten und Frauen. Die Gesellschaft war im damaligen Indien weitgehend gemäß der hinduistischen Tradition aufgebaut. Verehrung der Götter und Bittgebete waren ebenso verbreitet wie Tieropfer. Frauen waren – wie in allen übrigen Kulturen – machtlos und wurden ausgebeutet. Die sozialen Implikationen des Dharma und seine revolutionäre Wirkung auf die zeitgenössischen Sitten waren unmittelbar und tiefgreifend. Buddha hatte eine Philosophie gegründet, die danach trachtete, jede künstliche Trennung zwischen den Menschen und ihren Mitgeschöpfen, zwischen den

Menschen und ihren Göttern und – was am wichtigsten war – die Trennungen zwischen den Menschen selbst aufzuheben. Buddha hatte zu seiner Zeit ein ähnliches Verhältnis, wie viel später Martin Luther zu der seinen stehen sollte, als er die protestantische Reformation begründete. Beide Männer wurden angeklagt, »das Kind mit dem Bade« auszuschütten. In Wahrheit retteten sie »es« vor dem sicheren Ertrinken, wobei das Kind für die reine und ursprüngliche Wahrheit und das Badewasser für die im Verlauf von Jahrhunderten erstarrte Tradition, für die Korruption und Perversion heiliger Lehren zu selbstsüchtigen und weltlichen Zwecken steht. Angeklagt, Häretiker zu sein, errichteten beide Männer unbeirrt ein neues Bewußtsein gegenüber den alten und unfruchtbar gewordenen Dogmen. Jack Kerouac, der amerikanische Schriftsteller der ›Beat generation‹, von dem in den fünfziger und sechziger Jahren ein zukunftsweisender buddhistischer Einfluß ausging, bezeichnete Zen als eine »sanfte, aber süchtigmachende Häresie«.

Für Kerouac hatte Zen nicht mit der Erleuchtung Buddhas begonnen, sondern mit der Weitergabe seiner Autorität und seiner Lehren. Buddha hatte all seine Mönche zusammenkommen lassen, um seinen Nachfolger zu bestimmen. Statt der üblichen Rede hielt er einfach nur eine Blume hoch. Alle Mönche waren erstaunt und verwirrt. Was in aller Welt konnte Buddha mit dieser Geste meinen? Nur einer der Mönche – Kasyapa – zögerte nicht und lächelte, sobald er die Blume erblickte. Buddha gab ihm die Blume und sagte: »Dir übergebe ich meinen Dharma.«

So begann die Zen-Tradition, ohne Worte und jenseits aller Worte zu lehren: von Kopf zu Kopf und von Herz zu Herz. Der Austausch zwischen Kasyapa und Buddha fand statt, bevor das Denken einsetzte und ohne endlose Erklärungen. Er war intuitiv und von fundamentaler Einfachheit: Wenn du eine Blume siehst, lächle! So einfach, daß ein Kind es verstehen würde. In diesem Austausch waren alle Wahrheit und alle Bedeutung enthalten, die wir uns nur wünschen könnten: Er besagte, daß wir in Übereinstimmung mit unserer wahren Natur handeln sollen – voll auf Empfang eingestellt und ohne jede Konditionierung, die uns von der wahren Erfahrung trennt –, den Augenblick betrachten, sobald er sich ereignet, und aus unserem tiefsten Wesen heraus auf ihn reagieren. Statt zu denken und zu analysieren, lächelte Kasyapa einfach. Bodhidharma, der als Begründer des Zen gilt, sollte diese Form, wortlos zu lehren und den gegenwärtigen Augenblick als Verkörperung des Unendlichen zu begreifen, später verfeinern und ausweiten. Er nannte seine Methode »direkt auf die Realität deuten«.

Buddha war in seinen achtziger Jahren, als er den Tod nahen fühlte. Seine Mönche und Nachfolger waren bestürzt und fragten sich, wie sie nach seinem Tod weitermachen sollten. Er sagte ihnen, die Regeln, die er sie gelehrt hätte, würden von nun an ihr Meister sein. Er spielte seine persönliche Wichtigkeit in bezug auf den Dharma herunter und betonte, daß er nur ein Mensch war und daß alles Geborene sterben müsse. Diese gelassene Hinnahme der Wege des Lebens und der Natur ist ein Kennzeichen des Zen, das betont, daß der Weg zu Frieden und Erfüllung nicht in einem vergeblichen Kampf um die Eroberung der Realität liegt und auch nicht in einer ebenso sinnlosen Resignation und Unterwerfung unter das Schicksal. Statt dessen lehrte Buddha den Mittleren Weg, der darin besteht, daß wir unseren Platz im Plan der Dinge finden und uns dadurch wieder in Harmonie mit dem Universum bringen. Geburt, Tod und Leben entstammen alle demselben unveränderlichen und unendlichen Stück Gewebe. Sie alle besitzen außerhalb unseres unterscheidenden Denkens keine wirkliche Existenz. Unberührt von diesen Konzepten gelangt man an seine eigentliche Natur und weiß, daß alles gut ist und immer gut war.

Indem er diesem Grundsatz folgte und seine eigene Bedeutung herabsetzte, nahm Buddha eine der Haupttraditionen der Gesundung vorweg: daß Grundsätze wichtiger als die Persönlichkeit sind. Auf diese Weise lenkte er – ebenso, wie es heute die Gesundung tut – die Verantwortung für unser Wohlbefinden auf uns selbst zurück und übertrug sie nicht einem vergänglichen und irrenden Menschen, Propheten oder Gott. Wir erfahren, daß wir selbst die Quelle unserer Unzufriedenheit sind und daß wir selbst unsere beste Kur sind. Diese Tradition gibt uns die menschliche Würde und das Vermögen zurück, die ein dogmatischer Glaube oder eine charismatische Autorität so gern mit Füßen treten. Wir erfahren ebenfalls, daß wir zu großen Dingen fähig sind, aber auch versagen können. Wir entdecken, daß die Welt, die Menschen, die Orte und die Dinge, die wir verantwortlich zu machen pflegten, gegen die wir ankämpften oder denen wir uns unterwarfen, sich im Grunde nicht von uns unterscheiden und einfach nur unsere eigene Verleugnung und Krankheit widerspiegeln.

Auch Bill W. spielte seine eigene Bedeutung herunter und betonte, daß die Wahrheiten der Gesundung und der Gemeinschaft an erster Stelle kommen müssen. Er gab allen Leidenden Kraft und befreite sie nicht nur aus den Krallen der Abhängigkeit, sondern bewahrte sie auch vor der möglichen spirituellen Verkrüpplung durch Führergestalten. Er betrachtete sich selbst nur als einen unter vielen und suchte und proklamierte den einzigartigen Wert und die intuitive Weisheit eines jeden Menschen.

Buddhas letzte Worte erinnern uns daran, daß jeder einzelne von uns für sich selbst die Wahrheit entdecken kann, die immer dort ist. Götter und spirituelle Erfahrungen aus zweiter Hand sind kein Ersatz für die Wahrheit, die wir selbst erfahren und uns beweisen können. Blindes Vertrauen ohne kritische Überprüfung und praktische Erprobung ist nur eine weitere Sackgasse, eine weitere verschlossene Tür. Buddha sagte, bevor er starb: »Seid selbst Lampen. Verlaßt euch auf euch selbst. Sucht nur in der Wahrheit Erlösung. Alles ist vergänglich. Sucht euch mit Sorgfalt eure eigene Befreiung.«

Der nächste bedeutende Schritt in der Entwicklung des Zen ereignete sich, als Bodhidharma um das Jahr 475 von Indien kommend in China eintraf. Obwohl der Buddhismus bereits seit dem Jahr 65 in China etabliert war, hatte sich nichts Neues entwickelt. Keine neue Synthese war aus dem Zusammentreffen des Dharma mit der chinesischen Philosophie und Kultur hervorgegangen. Bodhidharma, ein buddhistischer Mönch, »erfand« weder das Zen, noch war er dessen erster Lehrer. Er lehrte den Buddhismus nur ein wenig direkter und prägnanter als irgend jemand vor ihm. Er nannte seinen Stil »direkt auf die Realität deuten«, sehr ähnlich der entschiedenen Art, wie das Überreichen der Blume zwischen Buddha und Kasyapa stattgefunden hatte.

Bodhidharma betonte die Schlichtheit der ursprünglichen Erfahrung Buddhas. Er glaubte, daß die Wahrheit jenseits der Worte liegt und daß Meditieren das beste Mittel zur Befreiung ist. Eine apokryphe Legende besagt, daß er sich die Augenlider abschnitt, um während der Meditation wach zu bleiben.

In einem berühmten Gespräch zwischen Bodhidharma und Huiko – dem Mönch, der ihm später als Zweiter Patriarch des Zen nachfolgen sollte – bat der Mönch, nachdem er viele extreme Prüfungen und Leiden überstanden hatte, Bodhidharma, seinem Geist Frieden zu bringen. Bodhidharma sagte: »Bringe deinen Geist zu mir, und ich werde ihm Frieden bringen.« Der Mönch erwiderte: »Ich habe nach meinem Geist gesucht, und ich kann ihn nicht finden.« – »Siehst du«, sagte Bodhidharma, »ich habe ihm Frieden gebracht.«

Diese Dialogform war etwas ganz Neues in der buddhistischen Praxis. Statt seine Lehren auf die alten Sutras und Schriften oder die Interpretation anderer Lehrer zu gründen, bezog Bodhidharma sich stets auf den Augenblick und die Erfahrung, die er bot, als aktuelle Verkörperung der Wahrheit. Er sagte: »Deine wahre Natur sehen ist Zen. Nicht über Dinge nachdenken ist Zen. Alles, was du tust, ist Zen.«

Eine der berühmtesten Zen-Fragen (Kong-an im Koreanischen und Chinesischen, Koan im Japanischen) handelt von Bodhidharma. Ein Lehrer oder Zen-Meister fragt den Schüler, wenn er mit ihm allein ist: »Weshalb ist Bodhidharma aus dem Westen gekommen?« (Bodhidharma kam wie gesagt von Indien nach China.) Die Antwort des Schülers soll spontan und ohne vorheriges Nachdenken kommen. Auf diese Weise zeigt sie die Tiefe des Verständnisses an, die der Schüler erlangt hat. Der erste, dem dieser klassische Koan gestellt wurde, war nach der Überlieferung Joshu (Chao-chou Ts'ung-shen; 778–897). Als er gefragt wurde, weshalb der Erste Patriarch aus dem Westen gekommen war, antwortete er: »Die Eiche dort im Garten.« Wie ein Spiegel reflektierte Joshu nur den Augenblick, in dem er sich befand, als er aus dem Fenster in den Garten schaute. Seine Antwort wäre des Bodhidharma selbst wert gewesen. Und jetzt frage ich *Sie:* »Weshalb kam Bodhidharma auf diese Buchseite, damit Sie über ihn lesen können?« Antworten Sie rasch!

Was Bodhidharma lehrte, wurde Dhyana genannt, der indische Ausdruck für Meditation. Ihm entspricht im Chinesischen das Wort Ch'an. Das koreanische Wort lautet Son, und die Japaner nennen es Zen. Bodhidharma und alle Zen-Lehrer seitdem haben auf der Ausübung der Meditation und der Wachheit als dem besten Weg bestanden, unsere wahre Natur zu erkennen und Gelassenheit zu erlangen. Wer weiß, wie wir es in weiteren tausend Jahren nennen werden? Bodhidharma hätte sich darum ebensowenig Gedanken gemacht, wie wir es tun.

Nach Bodhidharma ging der Buddhismus eine enge Verbindung mit den einheimischen Philosophien Chinas ein, vor allem mit dem Taoismus, und diese Mischform wurde uns überliefert und ist uns heute als Zen bekannt. Der Taoismus wies weitgehende und verblüffende Parallelen zum Buddhismus auf. Er sorgte für einen natürlichen und mühelosen Eintritt des Dharma in das Nationalbewußtsein Chinas. Der Taoismus fußte auf den Lehren Lao-tzus und Chuang-tzus. Er lehrte, daß die Menschen mit der Natur in Einklang stehen und darin ihren Weg finden sollten. Lao-tzu und Chuang-tzu bezeichneten die letzte Wahrheit als das Tao oder den Weg, der sich selbst niemals ändert, obwohl sein Ausdruck die kontinuierliche Veränderung ist. Das Tao, so sagten sie, läßt sich als wirkendes Prinzip in allen Dingen und allen Beziehungen finden. Der richtige Ausgleich in den Beziehungen ist im Taoismus am wichtigsten. Das richtige und natürliche Verhältnis zwischen scheinbaren Gegensätzen macht das harmonische Ganze aus. Diese Urkräfte wurden Yang und Yin genannt, und sie standen für gut und böse, männlich und weiblich, Himmel und Erde, König und Königreich. Lao-tzu sagte im *Tao-te ching* (»Das Buch vom Weg und seiner Kraft«), das Tao, das sich aussprechen läßt, sei nicht das ewige Tao, der Name, der sich nennen läßt, sei nicht der ewige Name.

Das Tao war – ähnlich wie die zentrale Erfahrung des Zen – etwas, das Worte nur andeuten, aber niemals ganz beschreiben konnten. Für die echte, persönliche Erfahrung gab es keinen Ersatz. Bei oberflächlicher Betrachtung mögen die beiden Philosophien ein wenig paradox und mystisch erscheinen, aber in Wirklichkeit sind sie sehr pragmatische, realistische und widerspruchsfreie Ansätze zu einem natürlichen Leben, die sich stets auf die Natur und unsere eigene Erfahrung berufen und hier und jetzt Resultate versprechen statt in einer theoretischen Zukunft oder einer idealisierten, jenseitigen Welt. Beide Philosophien bestehen darauf, daß es keinen anderen Himmel als diesen und auch keine Notwendigkeit gibt, außerhalb von uns selbst nach dem Weg zu suchen.

Die »Hochzeit« zwischen Buddhismus und Taoismus gelang. Das verfeinerte Zen, das sich daraus ergab, wurde in China von Generation zu Generation weitergereicht, durch Patriarchen, die wegen ihrer Weisheit und ihrer Führungsqualitäten ausgesucht wurden. Noch heute lebende buddhistische Lehrer können ihre Übertragungslinie bis auf den eigentlichen Buddha zurückverfolgen, der vor über 2500 Jahren lebte. Auf diese Weise wird die grundlegende Wahrheit des Dharma trotz aller Veränderungen der Zeit, der Menschen und der Orte geschützt und die Lehre rein gehalten.

Die nächste bedeutendere Entwicklung kam mit der Einsetzung Hui-nengs als Sechsten Patriarchen des Ch'an gegen Ende des 7. Jahrhunderts. Hui-nengs Beitrag zum Zen-Denken lag vor allem in seiner Betonung der »plötzlichen Erleuchtung«, jener Auffassung, daß man unvermittelt und spontan aus einem Leben der Bindung und des Leidens erwachen und zu seinem wahren Selbst gesunden kann. Dieses Vertrauen auf ein plötzliches Erwachen und Formen unmittelbaren Lehrens war, so glaubten seine Schüler, mehr in der Tradition Bodhidharmas und des ursprünglichen Buddha als die sogenannte Nördliche Schule des Zen, die sich mehr auf das traditionelle Studium der Sutras stützte und an eine allmähliche Erleuchtung glaubte. Diese tiefe Spaltung im Lehransatz hatte zur Folge, daß Hui-neng zugleich der letzte Patriarch war. Die Debatte wird bis auf den heutigen Tag fortgesetzt, wenn auch in einer weniger trennenden Form, als bloß stilistischer Unterschied. Aber das Zen, das die meisten Menschen heute praktizieren, schuldet dem Ansatz Hui-nengs viel mehr. Die *Liu-tsu-ta-shih fa-pao-t'an-ching*, kurz *T'an-ching* (eine Aufzeichnung von Hui-nengs Lehren, die Wing Tsit-chan unter dem Titel *The Platform Sutra* ins Englische übersetzte [New York, 1963]) gilt unter Zen-Ausübenden als auf einer Stufe mit den Prajnaparamita-Sutras (»Sutra der das andere Ufer erreichenden [das heißt transzendenten oder erlösenden] Weisheit) stehend.

Das Zen breitete sich wie selbstverständlich auch in den Nachbarländern Chinas aus, vor allem in Korea und in Japan. In Japan nahm die Lehre viele der ästhetischen Attribute an, für die sie heute bekannt ist, etwa die Teezeremonie, die Kalligraphie, die Kunst der Blumenarrangements und der Landschaftsgärtnerei. Neben der von Lin-chi und Hakuin gegründeten Rinzai-Schule entstand die Soto-Schule des Zen als einflußreiche Lehre. Das von dem berühmten Mönch und Zen-Philosophen Dogen Zenji (Dogen Kigen oder Eihei Dogen; 1200–1253) gegründete Soto-Zen setzte keine Praxis im Kong-an voraus und verließ sich mehr auf die Meditation, die in Japan Zazen (= »[in] Versunkenheit sitzen«) genannt wird.

Auch in Korea nahm der Zen-Buddhismus – wie in allen übrigen Ländern, in denen er zuvor Fuß gefaßt hatte – viele Attribute der einheimischen Kultur an. Er wurde um Elemente älterer Religionen und der koreanischen Lebens- und Denkweise bereichert. Vor allem durch das Bestreben des Zen-Meisters Chinul und seiner Nachfolger wurden die koreanischen Zen-Gemeinden als die Chogye-Schule vereinigt. Der Zen-Meister T'aego spielte eine Schlüsselrolle bei der endgültigen Beschlußfassung und Integration der Chogye-Tradition.

Zu den einzigartigen Zügen des koreanischen Zen gehört seine Verwendung der Hwadu oder der alles verzehrenden Frage als Brennpunkt des menschlichen Lebens und Handelns. Hwadu bezieht sich sowohl auf die Frage (Kong-an) selbst als auch auf die Einstellung, die durch ihre Verwendung hervorgerufen wird. Der koreanische Zen-Meister Kusan, der im Westen lehrte und 1983 starb, schrieb und sprach ausführlich über die Hwadu-Praxis. Zen-Meister Seung Sahn, ein weiterer, prominenter koreanischer Lehrer, der die auf den Chogye-Prinzipien basierende Kwan-Um-Zen-Schule in den Vereinigten Staaten, in Europa und in Rußland eingerichtet hat, stellt seinen Schülern Fragen wie »Was ist dies?« oder »Wer bin ich?« Personen im Zwölf-Schritte-Programm könnten eine Frage wie »Wer gesundet?« verwenden.

Zen setzte seinen Weg in den Westen unaufhaltsam fort und

fand viele Freunde in England. Dank der Bemühungen von Christmas Humphreys und John Blofeld erreichte Zen ein noch breiteres Publikum, das begierig darauf ist, in einer Welt, die von Krieg, Habgier, Technik und Entpersönlichung aufgezehrt wird, seine tröstliche Stimme zu hören. In einer Zeit, als eherne Doktrinen den größten Teil der Menschheit versklavten, schlich Zen sich unbemerkt durch die Hintertür herein. Albert Einstein sagte: »Wenn es eine Religion gibt, die den modernen, wissenschaftlichen Bedürfnissen angemessen ist, dann ist es der Buddhismus.«

Bereits gegen Ende des 19. Jahrhunderts waren Zen-Meister in die Vereinigten Staaten gekommen. Die Schriften von Ralph Waldo Emerson und Henry David Thoreau – den bedeutendsten Vertretern der transzendentalen Bewegung, die ihre Inspiration aus der Natur und der östlichen Philosophie bezogen – hatten schon früher die Grundlagen für das Verständnis und die Verbreitung asiatischen Denkens gelegt. Auch Walt Whitman, der in seiner Lyrik die Einheit des Selbst mit der gesamten Schöpfung feiert, spielt eine große Rolle als früher Verkünder des amerikanischen Dharma.

Anfang der fünfziger Jahre dieses Jahrhunderts öffneten sich die Schleusen des westlichen Zen. Der japanische Gelehrte Daisetz Teitaro Suzuki schrieb mehrere Bücher, die Zen endlich den westlichen Menschen zugänglich machten und ihm den Anstrich des Exotischen und Unverständlichen nahmen. In seinem Kielwasser folgte der Mann, der vielleicht bis heute am meisten zur Popularität des Zen beitrug: Alan Watts. Watts, ein Engländer und früherer anglikanischer Priester, der den größten Teil seines Lebens in den Vereinigten Staaten verbrachte, schrieb weit über dreißig Bücher, die eine Leserschaft von mehreren Millionen erreichten, in einer inspirierenden und verständlichen Sprache. Er ermutigte die Menschen, Zen für sich selbst auszuprobieren, und er selbst machte dieselben Veränderungen durch, die er in der erweiterten Kultur propagierte, indem er ausgiebig mit Drogen und alternativen Lebensweisen experimentierte. Es ist tragisch und auch bedeutsam, daß Watts 1973 an Alkoholismus starb. Wir in der Gesundung wissen nur zu gut von den gefährlichen Beziehungen zwischen dem Spirituellen und den Spirituosen oder ihren versklavenden Äquivalenten.

Ein unreifes oder mangelhaftes Verständnis des Zen kann die Rechtfertigung für ein selbstzerstörerisches Verhalten liefern. Manche Menschen verstehen die buddhistische Aussage, daß Gut und Böse nicht wirklich existieren, falsch, und nehmen sie als Rechtfertigung für ihre Weigerung, Verantwortung zu übernehmen, als Bestätigung einer privaten »Alles-ist-möglich«-Philosophie oder sogar als Umdeutung von Lastern in Tugenden. Für Menschen in der Gesundung ist dies ein gefährliches Gebiet. In dem Versuch, sich selbst zu rechtfertigen, greift unsere Krankheit nach allem. Zen ist unseren persönlichen Fehlinterpretationen besonders leicht zugänglich. Watts sprach dieses ständig wiederauftauchende Problem 1959 in seinem vielbeachteten Artikel »Beat Zen, Square Zen and Zen« an – also zu einer Zeit, als Zen im Verständnis vieler eine bequeme Rechtfertigung für einen »bohemeartigen« Hedonismus und einen gleichgültigen Nihilismus geworden war.

Die Trennlinie zwischen unserer spirituellen Sehnsucht und unseren Zwängen ist in der Tat dünn. Die Gesundung nimmt es als Tatsache, daß der Durst nach dem einen dem Durst nach dem anderen entspricht. Das ist der Grund dafür, daß bei unseren Krankheiten nur eine spirituelle Medizin zu wirken scheint – in Wirklichkeit ein Ersatz. Wenn wir den Weg des Zen oder einer beliebigen anderen spirituellen Praxis beschreiten, sollten wir für unsere Neigung wachsam bleiben, alles so lange zu verdrehen, bis es sich mit unserer alten Lebensform vereinbaren läßt.

Watts' allesverzehrende Suche nach einem Sinn versagte letztlich darin, ihn zu retten, aber sein Vermächtnis sollte denjenigen von uns, die seinen teuer erkauften Lehren spirituelle Fortschritte und Entdeckungen verdanken, um so mehr bedeuten. Watts ist der unwissentliche Begründer der Zen-Gesundung. Seine grundlegende Botschaft läßt sich aus einem Dialog in Timothy Learys Buch *The Politics of Ecstasy* herauslesen. Leary fragte Watts, worin der Sinn des Lebens bestehe. Watts erwiderte, der Sinn des Lebens sei, die Frage zu stellen: »Worin besteht der Sinn des Lebens?« Watts hat diese Frage besser als irgend jemand sonst gestellt und uns die Freiheit gegeben, unsere eigenen Antworten zu suchen.

Eine ebenso bedeutende Gestalt in der Entwicklung des amerikanischen Zen, die ebenso unwissentlich einen Anstoß zur Zen-Gesundung gab, war wie bereits gesagt ein weiterer Autor, der an Alkoholismus starb: Jack Kerouac. Kerouac war sein ganzes Leben lang ein ergebener Katholik gewesen. Er entdeckte Zen in der Bücherei und machte sich sofort daran, es seine Freunde zu lehren, vor allem den Lyriker Allen Ginsberg, der dem Dharma bereits bei seiner eigenen Lektüre begegnet war. Kerouac schrieb ausführlich, in Prosa und Lyrik, über Zen und das Zen-Denken. Vielleicht sein bedeutendster Beitrag zur Verbreitung des Zen war eine Folge seiner Freundschaft mit dem Lyriker und Zen-Schüler Gary Snyder. Kerouac berichtet über seine Erfahrungen mit Snyder in *The Dharma Bums,* das ein Bestseller wurde und dazu beitrug, das Wort »Zen« bekannt zu machen. Diese als die ›Beat generation‹ bekannte Gruppe von Schriftstellern pflanzte die Saat, die in den sechziger und siebziger Jahren – als junge Leute, die ihre Schriften lasen, Zen-Zentren gründeten und anfingen, bei den asiatischen Lehrern, die damals in Mode kamen, zu lernen – explodieren sollte.

Kerouac starb 1969 mit 47 Jahren am Alkoholismus. In einem Szenario, das jedem in der Gesundung so vertraut ist, daß es ihn frösteln macht, war er einsam, von seinen alten Freunden abgeschnitten und zunehmend verbittert und zynisch geworden – ein weiteres Opfer der unablässig fortschreitenden Krankheit des Verleugnens. Snyder und Ginsberg, jetzt beide in ihren sechziger Jahren, sind dem Buddhismus treu geblieben. Snyder hat eine Zen-Gruppe gegründet und viele Jahre lang in Japan Zen studiert, eine Zeitlang lebte er sogar in einem Kloster. Heute ist er eine machtvolle Stimme bei Fragen zu Umweltproblemen und für die Integration der spirituellen Praxis im Alltagsleben. Ginsberg hat tibetischen Buddhismus studiert und an der Naropa University, einem buddhistischen College in Colorado, gelehrt. Seit neuerer Zeit engagiert er sich als Folge der Gesundung eines geliebten Menschen persönlich in Fragen der Co-Abhängigkeit.

In den sechziger Jahren kamen viele Zen-Meister in die Vereinigten Staaten und nach Europa, was vor allem auf die Autoren im Jahrzehnt zuvor zurückzuführen war. In San Francisco gründete der japanische Zen-Meister Shunryu Suzuki eines der ersten Zen-Zentren des Landes, einen Prototyp für viele Schulen, die folgen sollten. Robert Aitken und Philip Kapleau traten als amerikanische Zen-Meister auf. Inzwischen waren viele unterschiedliche Zen-Traditionen sowie –

dank der Lehrer und Mönche, die vor dem Genozid der chinesischen Kommunisten in ihrem Heimatland geflohen waren – die tibetische Vajrayana-Lehre verfügbar. Auch der Krieg in Vietnam spülte viele fähige Lehrer dieser Tradition an die Gestade der Vereinigten Staaten.

Als Thomas Merton 1968 starb, verstummte eine der einflußreichsten Stimmen im buddhistisch-christlichen Dialog. Dieser in beiden Traditionen außerordentlich beschlagene Mann, der sein Leben lang Trappistenmönch war, schrieb ideenreich und wortgewandt über das Thema Zen und förderte dessen Anziehungskraft und Ansehen. Wo andere vielleicht nur Uneinigkeit und Unvereinbarkeit gesehen hätten, fand er die gemeinsame, namenlose Erfahrung der Kontemplation und der Meditation. Merton war ein Vorläufer im Austausch zwischen beiden Traditionen, der sich heute auf fruchtbare Weise fortsetzt. Die Frage, die uns letztlich retten wird, lautet nicht: »Wie unterscheiden wir uns?«, sondern: »Wo sind wir uns ähnlich?« Merton wagte es, diese Frage zu stellen, und wir in der Gesundung sind gezwungen, sie ständig zu stellen, um zu überleben.

Das westliche Zen gedieh in den siebziger und achtziger Jahren stetig, begleitet von denselben Wachstumsschmerzen, Skandalen und Frontenverschiebungen, denen auch die meisten übrigen Organisationen und Traditionen ausgesetzt waren. Der koreanische Zen-Meister Seung Sahn, der sein erstes Zen-Zentrum in den frühen siebziger Jahren in Providence, Rhode Island, eingerichtet hatte, leitet inzwischen mehr als vierzig Zen-Zentren und -Gruppen weltweit. Früher ein unermüdlicher Reisender in Sachen Umweltschutz und Weltfrieden, ist er heute mehr als Emissär und Stifter tätig, während seine älteren Schüler führende und lehrende Positionen einnehmen. Er deutet oft auf den Altar, auf dem ein asiatisch aussehender, goldener Buddha steht, und fragt: »Wo ist der amerikanische Buddha?« Er ermutigt die Amerikaner, ein eigenes Zen zu machen und zugleich die uralten Traditionen zu ehren, die es bewahrt haben.

Während die ursprünglichen asiatischen Lehrer altern, sich zur Ruhe setzen oder sterben, geht die Verantwortung an die erste echt westliche Generation der Zen-Lehrer über. Schon sind Verwirrung, Teilung und Unsicherheit aufgetreten. Was werden wir mit diesem unschätzbaren Erbe machen? Werden wir es in eine weitere Hierarchie und Orthodoxie verwandeln, oder werden wir den Mut haben, etwas Neues und Dynamisches zu schaffen? Vielleicht sollten wir fragen: »*Was* ist der amerikanische Buddha?«

Während eine totalitäre Politik und rücksichtslose Industrialisierung den Buddhismus in Asien vernichten, wird der Westen rasch zur Zuflucht für einen großen Teil der hart erworbenen Weisheit des Ostens werden. Wie wird das Zen nach seiner Begegnung mit den westlichen Traditionen aussehen? Wir können sicher sein, daß etwas Neues und Lebensfähiges entstehen wird – ebenso, wie es in China und einem Dutzend anderer Kulturen war. In stetem Wandel begriffen und doch stets unverändert, wird das Zen ein neues Gesicht annehmen, das unsere Bedürfnisse freundlich anschaut, ohne seine zeitlose Integrität aufzugeben.

Das explosive Wachstum und die gewaltige Ausbreitung des Gesundungs-Programms in den letzten fünfzig Jahren spiegelte das Reifen des westlichen Zen wider. Mehr und mehr Menschen in der Genesung wenden sich östlichen Traditionen zu, um die spirituelle Kraft zu finden, die sie zu ihrer vollständigen Gesundung brauchen. Andere suchen nach östlichen

Techniken, um ihre eigenen, bereits vorhandenen Traditionen mit neuer Kraft zu erfüllen. Die Programme selbst haben sich bis zu einem Punkt entwickelt und verwandelt, daß ihre Begründer vieles von ihnen nicht wiedererkennen würden, ebenso wie das Zen seit der Zeit Gautama Buddhas einer beträchtlichen Veränderung unterworfen war. Was aber in beiden Traditionen unverändert bestehenblieb, sind die eigentliche Botschaft und das Programm der Hoffnung.

Während immer mehr Menschen in der Gesundung mit dem Denken des Zen Bekanntschaft machen, wird wahrscheinlich eine neue Hochzeit stattfinden – ähnlich der Hochzeit zwischen dem Buddhismus und dem Taoismus vor Jahrtausenden. Wir als Menschen in der Genesung besitzen das Privileg, bei diesem derzeitigen Treffen zugegen zu sein und an ihm teilnehmen zu können. Sowohl die Gesundung als auch das Zen werden jedes für sich bleiben und gedeihen, aber beide werden durch den unvermeidlichen Kontakt bereichert und für immer verändert werden. Keines von beidem steht im Widerspruch zum anderen, und beides kann nur zur großen Arbeit der Gesundung unseres wahren Selbst beitragen.

Einer meiner Freunde im Programm erinnerte mich daran, daß zahllose Menschen mit dem Zen vertraut sind und sich bemühen, das, was sie davon wissen, in ihrem Leben anzuwenden, obwohl sie sich selbst nicht als Buddhisten oder Zen-Schüler betrachten und auch nicht bei offiziellen Lehrern lernen. Das ist wahres Zen. Zen will keine Menschen konvertieren und schachert nicht um Seelen. Man muß keine Karriere darin machen, um von ihm zu profitieren. Zen ist weder eine echte Religion noch eigentlich das, was wir unter einer Philosophie verstehen, sondern eher ein psychologisches und spirituelles Instrument, das geeignet ist, unser Leben erfüllter zu gestalten. Wenn wir uns ihm mit diesen Gedanken nähern, ist Zen weniger furchteinflößend und exotisch.

Dieser Abriß über 2500 Jahre Geschichte und Lehre wurde notwendigerweise knapp und allgemein gehalten. Er nimmt für sich weder eine unantastbare wissenschaftliche Genauigkeit noch philosophische Reinheit in Anspruch. Für diejenigen, die sich weitergehend mit diesem Gegenstand befassen wollen, dürfte die Bibliographie im Anhang nützlich sein.

Nach dieser Untersuchung der Herkunft des Zen wollen wir einen Blick auf die Herkunft der Gesundung werfen. Um zu wissen, wo wir gelandet sind, müssen wir schließlich wissen, wo wir waren. Auf diesem Ausflug können wir die Menschen ehren, die uns den Weg bereiteten, und unsere Füße auf dem festen Fundament ausruhen, das sie geschaffen haben.

# Was ist Gesundung?

Bill W.s Beharren darauf, daß wir anderen helfen müssen, damit uns selbst geholfen werden kann, besitzt eine bemerkenswerte Ähnlichkeit mit dem Gelöbnis eines buddhistischen Bodhisattva. Bill machte unsere persönliche Gesundung von dem Genesen aller Menschen abhängig, die unter verschiedenen Krankheiten der Sucht und des Zwangs leiden. Anders als bei vielen Doktrinen und Therapien früherer Zeiten lag Bills revolutionärer Beitrag in seinem Verzicht auf eine persönliche Rettung oder einen eigennützigen Freikauf. Statt vom »Mich« sprach er vom »Uns« und identifizierte das, was uns einander ähnlich machte, nicht das, was uns unterschied.

Bevor Bill und die Gemeinschaft der Anonymen Alkoholiker im Jahr 1939 die Zwölf Schritte veröffentlichten, wurden Alkoholismus und Abhängigkeit vom moralischen Standpunkt aus betrachtet. Die Gesellschaft verurteilte die »unglückliche« Person als haltlos und willensschwach, als selbstsüchtig oder Schlimmeres. Es wurde von einem erwartet, daß man sich einfach »zusammenriß« und »der Wirklichkeit ins Gesicht schaute«. Abhängigkeiten wurden als sündig betrachtet, und der Abhängige mußte zusätzlich zu den Leiden seiner Krankheit die Bürde der durch diese moralische Verurteilung hervorgerufenen Gefühle der Schuld, der Angst und der Scham tragen. Bill lenkte die Aufmerksamkeit auf den Begriff

der »Krankheit«. Der Alkoholiker und der Süchtige waren ihm zufolge nicht »sündiger« oder für ihr Problem verantwortlicher als ein Diabetiker oder ein Krebsopfer.

In seiner Entdeckung einer gemeinsamen Quelle unserer Leiden und in seiner entschiedenen Widerlegung der moralischen Theorie der Abhängigkeit brachte Bill etwas Neues in die Welt, das schließlich Millionen retten und ein weltweites Phänomen werden sollte, von dem das Leben fast eines jeden Menschen berührt wurde, der heute lebt. Indem er auf dem Vorrang des allumfassenden spirituellen Prinzips vor den einengenden und ausschließenden Religionssystemen bestand, öffnete Bill Menschen aller Glaubensrichtungen und sogar solchen ohne Glauben die Tür zur Genesung. Der Glaube war kein wichtiger Teil seines Programms, wenn er auch sagte, wir würden »zum Glauben gelangen«. Die einzige notwendige Voraussetzung war Vertrauen: eine unbändige und tiefe Sehnsucht nach Gesundheit und Heilsein. Wie der Buddha verkaufte er seine Waren nicht, ohne vom Käufer zu verlangen, daß er sie zuerst prüft. Man hört oft während des Programms, daß – wenn es nicht funktioniert – man sein Elend zurückerstattet bekommt.

Bill kannte das Elend. Er hatte – ebenso wie Buddha – die Dinge, über die er sprach, am eigenen Leib erfahren. Er hatte seine Theorien und Übungen an sich selbst erprobt, bevor er sie vor einem größeren Publikum vortrug. Bis zum Schluß beharrte er darauf, daß er selbst verhältnismäßig unwichtig war, statt zu predigen, jedermann sei fähig, zu tun, was er getan hatte, um sich Erleichterung von seinem Leiden zu verschaffen. Anders als die meisten Anführer oder Lehrer maß Bill jeder einzelnen Person allein Gewicht bei und gab den Menschen dadurch ihre Würde und Einzigartigkeit zurück.

Wer war dieser rätselhafte Mann, den so viele von uns als ihren spirituellen Taufpaten, Freund und Bruder betrachten? Welche Kräfte formten ihn und retteten durch ihn schließlich unser Leben?

Bill Wilson wurde am 26. November 1895 in East Dorset, Vermont, geboren. Er verlebte eine verhältnismäßig normale Kindheit und trank nicht, bis er in die Army eintrat. Er erinnerte sich oft an seine erste, denkwürdige Bekanntschaft mit dem Alkohol, die er sogar als ein wunderbares Gefühl bezeichnete. Bill sagte, es sei ihm so vorgekommen, als habe er sein ganzes bisheriges Leben in Ketten verbracht und sei jetzt befreit worden. Menschen in der Gesundung erinnern sich oft daran, daß ihrem ersten Rausch oder ihrer ersten Zwangshandlung ein Gefühl der Einsamkeit und der Gefangenschaft vorausging. Vielen von uns vermittelte der erste Angriff unserer aktiven Krankheit das Gefühl der »Normalität«. Dieses Gefühl der Zugehörigkeit und des Wohlbehagens ist verführerisch genug, um der Entwicklung unserer Krankheit den Weg zu bereiten – bis zu dem Punkt, an dem wir uns wieder einsam und in Ketten fühlen: allein mit unserem Zwang und versklavt durch unsere Krankheit. Für uns gibt es wirklich keinen »normalen« Weg, kein »normales« Dazugehörigkeitsgefühl.

Bill sagte, er habe Jahre mit dem Versuch verbracht, dieses Gefühl der Freiheit und des Wohlbefindens wiederzuerlangen. Wenn er trank, träumte er anfangs von Macht, Reichtum und Ruhm. Später trank er, um zu vergessen und sein Leiden zu lindern, ohne zu wissen, daß er Trost in genau dem suchte, was ihn zerstörte. Bill strebte eine Karriere an der Wall Street an, aber die konjunkturelle Depression in Verbindung mit seinem Abrutschen in den Alkoholismus ruinierte ihn und machte ihn zum Versager. Irgendwann führte sein Trinken dazu, daß er wegen Trunkenheit festgenommen wurde und das Begräbnis seiner Schwiegermutter versäumte, weil er betrunken war.

Schließlich wurde Bill in das Charles B. Townes Hospital eingeliefert, wo er insgesamt viermal »trocken« wurde. Hier traf er Dr. William Silkworth, der ihn mit dem Konzept vertraut machte, daß Alkoholismus eine Krankheit ist, sehr ähnlich einer Allergie. Dr. Silkworth versuchte, Bill zu helfen, seine Sucht zu kontrollieren, aber am Ende gab er auf und bezeichnete Bills Fall als hoffnungslos. Er sagte zu Bills Frau, sie habe nur drei Möglichkeiten: Bill einzusperren, zuzuschauen, wie er geisteskrank würde, oder ihn einfach sterben zu lassen.

Als Bill Dr. Silkworth' Diagnose hörte, schöpfte er Hoffnung in all seiner Hoffnungslosigkeit. Er beschloß, nie wieder zu trinken. Dieses »Nie« dauerte etwa einen Monat lang. Als ein Freund von ihm sagte: »Du mußt verrückt sein«, erwiderte Bill: »Ich *bin* verrückt.« Nachdem er sich wieder dem Trinken hingegeben hatte, verfiel Bill in eine ständige Sauferei und dachte über seine hoffnungslose Lage und seinen zunehmenden Wahnsinn nach. Ebby, einer seiner Freunde, besuchte Bill während dieses letzten Gelages. Ebby war wegen seines Alkoholismus in eine Einrichtung überwiesen worden, und er trank tatsächlich nicht mehr. Überflüssig, zu sagen, daß Bill unbedingt hören wollte, worin die »Kur« seines Freundes bestand. Als er vernahm, daß Ebby religiös »geworden« war, war Bill enttäuscht. Er dachte, Ebbys Säuferwahnsinn habe sich in einen religiösen Wahn verwandelt.

Bill hatte der organisierten Religion bereits vor langer Zeit den Rücken zugekehrt und konnte wenig anfangen mit den Predigten, die er von ihren Anhängern zu hören bekam. Aber

in seiner Verzweiflung war er bereit, auch nach einem Stroh-
halm zu greifen. Was noch wichtiger war, Bill erinnerte sich
an sein erstes Treffen mit Ebby als an die Ursprünge der Anonymen Alkoholiker: zwei Alkoholiker, die sich über ihr ge-
meinsames Problem unterhielten.

Ebby gehörte zur Oxford Group, einer nichtkonfessionellen
Organisation, die das Beichten persönlicher Schwächen, die
charakterliche Einschätzung, das Gebet, die Bereitschaft,
sich zu bessern, und die Freiheit betonte, die Natur der eigenen höheren Macht oder des eigenen Gottes zu definieren.
Bill nahm an einem Treffen der Gruppe teil, verließ es aber
unbeeindruckt wieder. Trotzdem rührte die Erfahrung etwas
tief in ihm auf, und er begab sich wieder ins Krankenhaus,
um trocken zu werden und zu versuchen, darüber nachzudenken. Dr. Silkworth war in bezug auf Bills Vorsatz und seine Prognose skeptisch, stellte ihm aber trotzdem ein Bett zur
Verfügung. Bill konnte nicht schlafen und litt unter den
Schmerzen seines Entzugs und der medizinischen Behandlung, die Dr. Silkworth ihm verordnet hatte. Man schrieb das
Jahr 1935.

Und hier hatte Bill die Erfahrung, die nicht nur sein Leben,
sondern auch das unsere retten sollte. Bills »Erwachen« – aus
der Tiefe seiner Verzweiflung heraus und von einer elemen-
taren Einsicht geprägt – wies eine verblüffende Ähnlichkeit
mit dem Erwachen Gautamas auf. Vom fachlichen Wissen
seiner Zeit verlassen – das auch er seinerseits verlassen sollte –, war Bill auf das einzige zurückgeworfen, was er verstand: sein eigenes Leiden. Er sagte, seine Niedergeschlagen-
heit sei tiefer und tiefer geworden, bis sie nahezu unerträglich
war. Es kam ihm so vor, als säße er auf dem Boden einer
Grube. Er sagte, er habe immer noch über die Vorstellung

einer Macht lachen müssen, die größer als er selbst war, aber im Augenblick seien sein ganzer Stolz und seine Widerstandskraft am Boden zerstört gewesen. Er schrie: »Wenn es einen Gott gibt, soll er sich zeigen! Ich bin bereit, alles zu tun – alles!«

In diesem Augenblick, so sagt Bill, wurde der Raum von einem intensiven, weißen Licht erfüllt. Bill trat in eine Ekstase ein, die er mit Worten nicht beschreiben konnte. Er fühlte sich, als stünde er auf einem Berggipfel und als bliese ein »Geist-Wind«. Er kniete nieder in der blitzartigen Einsicht, daß er ein freier Mann war. Während er allmählich in seinen normalen Bewußtseinszustand zurückkehrte, fühlte er einen großen Frieden in sich und wußte, daß alles in Ordnung war.

Am Tag darauf las Bill *Varieties of Religious Experience* von William James. Dieses Buch sollte bei der Formulierung von Bills Gesundungstheorie eine entscheidende Rolle spielen. Wie James glaubte, können religiöse Erfahrungen von Mensch zu Mensch und von Kultur zu Kultur große Unterschiede in ihrer Erscheinungsform aufweisen, aber ihnen allen ist gemeinsam, daß ihnen Leiden vorausgeht. Eine gründliche Deflation – in diesem Fall mit der Bedeutung einer Deflation des übermäßig aufgeblasenen Egos und des Gefühls, einmalig zu sein, im Sinne von Selbstüberschätzung –, das war es, was nötig war, um den Empfänger auf die Erfahrung vorzubereiten. Bill verstand sofort, daß ihm genau dies widerfahren war. Er hatte genügend viele von seinen eigenen Vorstellungen und Überzeugungen in bezug auf das Leben über Bord werfen müssen, um bereit zu sein, von etwas Größerem und Universalerem erfüllt zu werden.

Die Idee einer spirituellen Umstimmung ging auf C. G. Jung zurück, den großen Schweizer Psychiater, der sich auch eingehend mit Mythologie, Alchemie, Religion, Okkultismus und Parapsychologie beschäftigte. C. G. Jung hatte der Oxford Group gesagt, nach seinen Beobachtungen könne nur eine gründliche spirituelle Umstimmung das Fortschreiten des Alkoholismus aufhalten. Bill faßte auf seiner Suche nach einem Programm für seine persönliche Gesundung die Ideen von Jung, James und der Oxford Group zusammen. Und in Erinnerung an seine Unterhaltung mit Ebby legte Bill das gleiche Gewicht auf die Notwendigkeit, auch mit anderen Alkoholikern zu sprechen.

Bill fühlte sich in der religiösen Oxford Group nicht wohl, also nahm er aktive Trinker mit zu sich nach Hause, wo er versuchte, sie mit seinen teuer erkauften Methoden trocken zu bekommen. Seine Erfolgsrate war sehr gering, aber Bill stellte fest, daß er selbst nüchtern bleiben konnte, wenn er mit anderen Alkoholikern arbeitete. Er hatte zuvor angekündigt, er wolle alle Trinker der Welt trocken machen, und jetzt drohte er dieses Versprechen einzulösen. Dr. Silkworth sagte zu Bill, er schüchtere die Trinker mit seinen hochtrabenden Doktrinen der Oxford Group ein und solle statt dessen zuerst versuchen, »die Luft aus ihnen herauszulassen«. Dr. Silkworth glaubte, Bill hätte seine eigene Erfahrung vergessen. Zuerst mußten die Trinker eine Deflation oder die unterste Stufe erreichen, von wo aus es ihnen möglich war, Bills Botschaft der Gesundung zu hören.

Bill hatte wieder eine Anstellung in der Wall Street gefunden und befand sich im Mai auf einer Geschäftsreise in Akron, Ohio. Allein im Hotel, überfiel ihn das Verlangen zu trinken mit voller Gewalt. In seiner Panik konnte er nur daran denken, daß er einen anderen Alkoholiker brauchte, mit dem er reden konnte.

Dank einer Reihe glücklicher Umstände geriet Bill an Dr. Robert Smith, einen in Akron ansässigen Chirurgen, der Alkoholiker war und heute als Dr. Bob bekannt ist. Dr. Bob hatte buchstäblich alles ausprobiert, um mit dem Trinken aufzuhören, darunter auch die Oxford Group. Bill war der erste Mensch, dem Dr. Bob jemals mit ganzem Herzen zuzuhören versucht hatte. Dr. Bob war von der Tatsache angetan, daß Bill weder predigte noch Vorlesungen hielt wie so viele vor ihm. Bill erzählte einfach seine eigene Geschichte und teilte nur seine eigenen Erfahrungen und Gefühle mit. Dr. Bob lud Bill ein, für die Dauer seines Aufenthalts in Akron zu seiner Familie zu ziehen. In den folgenden drei Wochen – während Bill und Bob ihre Geschichten austauschten – trank Bob nicht.

Am Ende der drei Wochen mußte Dr. Bob abreisen, um einer medizinischen Tagung in Atlantic City beizuwohnen. Er war voller Angst, daß er trinken würde, sobald er allein war und auf Bills Unterstützung verzichten mußte. Bill erinnerte ihn nur daran, daß sie beide irgendwann einmal lernen mußten, in der realen Welt zu leben. Natürlich war Dr. Bob betrunken, als er nach Hause zurückkehrte. In drei Tagen sollte er operieren. Bill steckte ihn mit Hilfe von Anne, Dr. Bobs Frau, ins Bett und saß die nächsten drei Tage lang bei ihm, während er die Entzugsagonie durchmachte.

Zur Zeit der Operation gingen Bill und Anne alle möglichen Gedanken durch den Kopf, vornehmlich pessimistische. Zu jedermanns Erleichterung verlief die Operation erfolgreich. Dr. Bob verließ das Krankenhaus und begann sofort, bei allen, die er durch sein Trinken verletzt hatte, Abbitte zu leisten. Er sagte zu Bill, daß er es durchstehen würde – er meinte damit seine Entschlossenheit zu gesunden und die Prinzipien, über die er und Bill in ihrer kurzen gemeinsamen Zeit gesprochen hatten. Die Anonymen Alkoholiker betrachten diesen Tag – den 10. Juni 1935 – als den »offiziellen« Tag der Gründung ihrer Vereinigung.

Sobald Bill in sein Heim in New York zurückgekehrt war, begann er, mit Trinkern zu arbeiten. Dr. Bob hielt es in Akron ebenso. In diesen frühen Jahren wurden die ersten Traditionen und Methoden der AA ausgearbeitet. Gruppen wuchsen und gebaren neue Gruppen. Die organisierte Gesundung hatte begonnen – angeführt und geleitet von Menschen, die selbst »Opfer« waren –, unabhängig von jeder Religion, medizinischen Richtung und Regierung. Zugleich mit dem Programm der AA wuchs auch das Bedürfnis nach Literatur, die helfen sollte, die Botschaft weiterzutragen. Bill schrieb und veröffentlichte das als »The Big Book« (»Das blaue Buch«) bekannte Werk, das direkt die Bedürfnisse und Fragen sowohl der aktiven Trinker als auch der Trinker in der Gesundung ansprach. Danach verfaßte er *Twelve Steps and Twelve Traditions,* das die Prinzipien der körperlichen, mentalen, emotionalen und spirituellen Gesundung systematisch aufführte und ausführlich abhandelte. Dieses schmale Bändchen war für die Errettung von Millionen und für die schnelle Verbreitung der Gesundung über die ganze Welt verantwortlich.

Angesichts der ungeheuren Vielfalt der Zwangskrankheiten war es unvermeidlich, daß weitere Gesundungsprogramme auf der Basis der Zwölf Schritte entstanden. All diese auf die speziellen Bedürfnisse ihrer Mitglieder zugeschnittenen Programme haben die Anwendung und die Prinzipien der Zwölf Schritte als universal gültig anerkannt. Heute versuchen auch viele Menschen ohne offenkundigen Zwang, die Schritte in ihr Leben zu integrieren. Es scheint, als sei das Geborenwerden als Mensch mit der Notwendigkeit einer Gesundung von einem Leiden verbunden, das uns allen gemeinsam ist – wie der Buddha es dargelegt hat.

Narcotics Anonymous, Overeaters Anonymous, Sex and Love Addicts Anonymous, Gamblers Anonymous, Cocaine Anonymous, Nar-Anon, Al-Anon, Al-a-Teen, Adult Children of Alcoholics, Co-Abhängigkeits-Gruppen – die Liste wird mit jedem Tag länger, während Bills Gesundungsprinzipien unser Leben und unsere Welt durchdringen und verwandeln. Sogar das Konzept der Selbsthilfegruppen, die für fast jedes vorstellbare Leiden existieren, verdankt seine Entstehung Bills Entdeckung, daß Mit-Leidende einander am besten helfen können. Einige dieser Gruppen, die sich mit den Problemen und den Verletzungen infolge von Kindesmißbrauch, häuslicher Gewalt, Inzest, Scheidung und Depression befassen, haben vieles getan, um die Schuld- und Schamgefühle der Opfer zu erleichtern. Auch hier war es Bills Beharren auf dem Krankheitsbegriff und der Möglichkeit einer Gesundung, dank deren diese uralten Skelette aus dem Schrank hervorgezerrt werden konnten und eine öffentliche Diskussion sowie eine Veränderung in der Art möglich wurde, wie wir diese Probleme und uns selbst sehen.

Es bedeutet nicht länger gesellschaftliche Ächtung, wenn wir unsere Zwänge eingestehen. Wo wir früher nur moralische Entrüstung und Verurteilung erwarten konnten, herrschen jetzt im allgemeinen Bewunderung, Neugier und Unterstützung. Die Gesundung setzt sich über rassische, religiöse, sexuelle und wirtschaftliche Schranken hinweg und zeigt uns, daß wir im Grunde alle gleich sind. Bei Menschen in der Gesundung im besonderen und bei allen Menschen im allgemeinen besteht diese Gleichheit im gemeinsamen Leiden, das eine Folge unserer Körperlichkeit und unseres Denkens ist. Diese Leiden weisen nur äußerlich betrachtet verschiedenen Formen auf, ähnlich wie Kleider. Nennen Sie es Alkoholismus, Sucht, Abhängigkeit oder einfach nur die gute, alte Angst: Kein Mensch ist dagegen gefeit, zu leben. Jeder von uns trägt die Bürde auf eine andere Art, aber wir alle tragen sie. Die Vielfalt der Gesundungsprogramme zeigt dies deutlich.

Die Gesundung weist die folgenden Hauptelemente auf: das Eingeständnis unserer persönlichen Machtlosigkeit über unsere Krankheit; die Bildung einer engen und vertraulichen Beziehung zu einem älteren (zur Zeit der Gesundung) Mitglied der Gemeinschaft, das Sponsor genannt wird; die Mitteilung dieses Eingeständnisses und unserer Erfahrungen auf häufigen Meetings mit anderen, ähnlich Leidenden; unsere Öffnung für ein spirituelles Wachstum nach unserem eigenen Geschmack; die tägliche Anwendung der Prinzipien der Gesundung und des Spirituellen auf unser Leben; und der Versuch, anderen – die noch unter dem aktiven Fortschreiten ihrer Krankheiten leiden – zu helfen.

Wir begreifen allmählich, daß die Gesundung ein lebenslanger Prozeß ist. Wir können niemals vollständig »genesen«, weil unsere Krankheit in Wirklichkeit nur ein Teil von uns selbst ist. Wir wissen auch, daß die Krankheit in unserem innersten Kern unvermindert fortschreitet. Nur ein einziger Ausrutscher ist nötig, und wir gelangen in eine schlimmere Hölle als diejenige, die wir verlassen haben. Dann ist es, als wären wir niemals in die Gesundung, sondern statt dessen in eine neue Größenordnung unserer Krankheit eingetreten. Dies wird uns nur zu lebendig durch die AA-Literatur und durch

97

die Geschichten vor Augen geführt, die wir in der Gemeinschaft hören.

Gregory Bateson, der angesehene Forscher auf den Gebieten Anthropologie, Neurologie und Kybernetik, analysierte die »Theologie« der Anonymen Alkoholiker in seinem Buch *Steps to an Ecology of Mind*. Er schloß, daß die Wirksamkeit des Programms auf seiner Lehre einer »konkurrenzfreien Beziehung zu der größeren Welt« beruht. Seiner Meinung nach besteht die Lehre der beiden ersten Schritte in dem Nachweis, daß allein schon das Vorhandensein einer Abhängigkeit oder einer Funktionsstörung einen soliden Hinweis auf eine größere Macht darstellt. Sich dieser höheren Macht zu ergeben ist nicht die traditionelle Form der Unterwerfung unter eine mächtige Autorität. Vielmehr gilt die Ergebung einer Gottheit oder Kraft, die denselben Beschränkungen wie die Person in der Gesundung unterlegen ist – das heißt einer höheren Macht, die ebenso »demokratisch« ist und alles hinnimmt wie das Programm selbst. Man konnte gar nicht anders, als sich einer solchen höheren Macht zu »ergeben«, wenn diese höhere Macht in Wahrheit ein Aspekt oder eine Manifestation der Natur des Alkoholikers oder Abhängigen selbst war.

Sich seinem eigenen Ordnungssinn und Harmonieempfinden zu ergeben lockert den Zwang. Der Betreffende kämpft nicht länger gegen sich selbst; er ist mit sich selbst vereint und nicht länger den irrationalen Forderungen der Krankheit oder der betreffenden Kultur unterworfen. Wir betrachten in einem sehr realen Sinn unsere Krankheit als unsere persönliche höhere Macht, und statt zu versuchen, sie zu kontrollieren oder zu leugnen, akzeptieren wir sie als Teil von uns selbst. Sie zu beseitigen oder zu besiegen wäre so, als würden wir ein lebenswichtiges Organ entfernen. Vor unserer Gesundung wandten wir uns in unserem Denken nur gegen uns selbst. Eine wettbewerbsfreie Akzeptanz dessen, was wirklich existiert, entschleiert unser wahres Selbst und demaskiert unsere Abhängigkeiten und Zwänge als Manifestationen unserer höheren Macht. Christen nennen diese höhere Macht Gott. Buddhistische Lehren bezeichnen sie als unser eigentliches Wesen oder unsere Buddha-Natur.

Buddha lehrte, daß jeder Mensch seine eigentliche Natur – sein ewiges, unwandelbares Selbst, das schon seit Anbeginn existiert – erreichen kann. Jeder Mensch, so behauptet das Zen, ist bereits vollständig und eins mit seinem wahren Selbst. Nur unser dualistisches Denken verbirgt diese leuchtende Wahrheit vor uns. Ebenso wie ein Abhängiger seine Krankheit vollständig und vorbehaltlos akzeptieren muß, damit sie nachläßt, müssen alle Menschen sich mit der Quelle ihres Leidens arrangieren, um das zu werden, was Taoisten und die amerikanischen Indianer »echte Menschen« nennen.

Echte Menschen werden in dieser Welt immer rarer. Die meisten Religionen und Philosophien sagen im Grunde, daß es unser Daseinszweck und unsere Aufgabe in diesem Leben ist, zu echten Menschen zu werden. Statt uns von unseren eigenen Leiden und Süchten abzuwenden, müssen wir sie aus vollem Herzen als unsere Lehrer und Wege umarmen. Sie verfolgen uns unablässig, und wir laufen vor ihnen davon, aus Angst, von unseren Schmerzen aufgezehrt zu werden. Wenn wir uns ihnen hingegen zuwenden und sie furchtlos willkommen heißen, stellen wir zu unserer Überraschung fest, daß sie uns nur anbieten, uns einen Weg aus unserem eingebildeten Dilemma zu zeigen. In gegenseitiger Akzeptanz mit unserem Leid vereint, leiden wir nicht länger und gelangen zu der Erkenntnis, daß es nur unsere Leugnung war, die unsere Schmerzen entstehen ließ. Wir erblicken von Angesicht zu Angesicht unsere höhere Macht, wo sie schon immer war: genau hier und jetzt.

Bill W. lehrte uns, wie wir unsere geistige Gesundheit, unsere Nüchternheit und unsere Fähigkeiten wiedererlangen können. Zen lehrt uns, wie wir unseren ursprünglichen Frieden des Geistes wiedererlangen können. Wie Zen-Meister gern sagen: »Sind Sie dasselbe oder etwas anderes?« Ich kann nur antworten, daß ich nicht derselbe bin wie früher und daß es sich ganz gewiß anders anfühlt. Es fühlt sich an, als würde ich ein echter Mensch. Das ist Gesundung.

# Das Zen der Gesundung

*Eine Interpretation der Zwölf Schritte*

Die Lektionen, die Zen und Gesundung uns lehren, unterscheiden sich nicht von dem, was wir die ganze Zeit über schon »in den Knochen gespürt« haben. Wenn wir auf den Ruf der Zwölf Schritte oder des Zen hören, beantworten wir in Wahrheit unseren eigenen Hilfeschrei. Wir müssen nicht an die Zwölf Schritte glauben, aber wir müssen Vertrauen in die Güte und Weisheit haben, die zu unserem eigentlichen Wesen gehören.

Ich biete Ihnen die folgende Auslegung der Zwölf Schritte in der Mahayana-Tradition an, die das Fahrzeug der Erlösung geräumig genug für alle macht. Wir müssen uns immer wieder daran erinnern, daß der Gründer der Anonymen Alkoholiker nie einem bestimmten religiösen Standpunkt seinen »Segen gab« und auf dem Recht eines jeden Menschen bestand, seine eigene höhere Macht zu definieren.

Ebenso wie die Gesundung will das Zen niemanden bekehren – es will uns nur helfen, unsere Leiden zu beenden. Wer einer anderen oder auch gar keiner Philosophie anhängt, wird von dieser Betrachtung der Gesundung und der Schritte durch die Augen des Zen profitieren und sich vielleicht sogar als »Außenseiter« verwandt fühlen, weil die Schritte nur von einem bestimmten Blickwinkel aus betrachtet werden.

Was Sie hier lesen, ist meine eigene Interpretation der Schritte, die Deutung jemandes, der Zen als spirituelle Komponente dieses Programms praktiziert. Meine Auslegungen sollen nicht das Original ersetzen oder in Stein gemeißelt werden. Lesen Sie, entnehmen Sie, was Sie können, und dann überprüfen Sie Ihre eigene Gesundung und spirituelle Praxis. Nehmen Sie, wo nötig, eine Feinabstimmung vor. Auf diese Weise helfen Sie nicht nur sich selbst, sondern auch allen übrigen, die leiden und Sie gesund und ganz in dieser Welt brauchen, damit Sie ihnen helfen. Wenn Sie die Gesamtheit der Fehlfunktionen und Schmerzen bei nur einem einzigen Menschen vermindern – nämlich bei sich selbst –, haben Sie bereits einen gewaltigen Schritt zur Rettung der Welt getan. Sie waren schon immer sich selbst der beste Lehrer, aber möglicherweise waren Sie zu streng mit sich. Ihr Verständnis der Schritte wird vielleicht dazu führen, daß Sie auch Ihr eigener, mitfühlender Schüler werden.

Sie können, wenn Sie die Original-Schritte lesen, Ihre eigene Suchtsubstanz, Ihr zwanghaftes Verhalten oder Ihre eigene höhere Macht und Ihr Geschlecht einsetzen. Wichtig bei den Schritten sind nicht die Besonderheiten, sondern die Verallgemeinerungen. Es ist wichtig, daß in allen Schritten »wir« statt »ich« steht. Während wir den Schritten folgen, legen wir unser kleines, aufgeblähtes »Ich« ab, schließen uns wieder der größeren Gemeinschaft des »Wir« an und gestehen ein, daß unser Gefühl der äußersten Einzigartigkeit – während wir in Wirklichkeit eine Gemeinschaft mit allen Menschen bilden – ein Teil unseres Problems war. Nur gemeinsam mit den anderen wird es uns bessergehen.

Darin folgen wir dem Zen, in dem alle Anstrengungen für die Gemeinschaft unternommen werden. Die Aufgaben des Sangha, der Gemeinschaft der Suchenden, bestehen unter

anderem darin, unsere individuellen Unterschiede zu verringern und unsere Ähnlichkeiten zu beleuchten. In der Gesundung nennen wir das die Gemeinschaft, in der Nachnamen verpönt sind und wir uns nur anhand unserer Abhängigkeiten und Zwänge identifizieren.

Wir sagen gern, daß man bei unseren Meetings jedermann von Yale bis *jail* trifft.\* Geteilte Leiden und Gesundung sind weitaus wichtiger als die oberflächlichen Unterschiede, die außerhalb der Hallen der Gesundung so wichtig erschienen. Diese Einstellung macht es uns möglich, einander tief in die Augen zu schauen und den Teil zu sehen, der wir selbst sind. Ich biete meine Auslegungen an, indem ich die Originalschritte zitiere, wie Bill sie in *Twelve Steps and Twelve Traditions* aufgeschrieben hat, gefolgt von meinem Kommentar. Diese »Zen-Schritte« dienen nur als Einführung in die in diesem Buch vorgelegten Ideen, und ich beabsichtige auf keinen Fall, zu verbessern, was nicht verbessert werden kann: das Original.

### Die zwölf Schritte
### der Anonymen Alkoholiker\*\*

1. Wir gaben zu, daß wir dem Alkohol gegenüber machtlos sind – und unser Leben nicht mehr meistern konnten.

2. Wir kamen zu dem Glauben, daß eine Macht, größer als wir selbst, uns unsere geistige Gesundheit wiedergeben kann.

---

\* Die Wörter Yale (Universitätsstadt) und *jail* (Gefängnis) sind phonetisch nicht voneinander zu unterscheiden. (Anm. d. Übers.)

\*\* Zitiert nach der deutschen Ausgabe, siehe Anhang »Bibliographie«. (Anm. d. Übers.)

3. Wir faßten den Entschluß, unseren Willen und unser Leben der Sorge Gottes – wie wir Ihn verstanden – anzuvertrauen.

4. Wir machten eine gründliche und furchtlose Inventur in unserem Inneren.

5. Wir gaben Gott, uns selbst und einem anderen Menschen gegenüber unverhüllt unsere Fehler zu.

6. Wir waren völlig bereit, all diese Charakterfehler von Gott beseitigen zu lassen.

7. Demütig baten wir Ihn, unsere Mängel von uns zu nehmen.

8. Wir machten eine Liste aller Personen, denen wir Schaden zugefügt hatten, und wurden willig, ihn bei allen wiedergutzumachen.

9. Wir machten bei diesen Menschen alles wieder gut – wo immer es möglich war –, es sei denn, wir hätten dadurch sie oder andere verletzt.

10. Wir setzten die Inventur bei uns fort, und wenn wir Unrecht hatten, gaben wir es sofort zu.

11. Wir suchten durch Gebet und Besinnung* die bewußte Verbindung zu Gott – wie wir Ihn verstanden – zu vertiefen. Wir baten Ihn nur, uns Seinen Willen erkennbar werden zu lassen und uns die Kraft zu geben, ihn auszuführen.

12. Nachdem wir durch diese Schritte ein spirituelles Erwachen erlebt hatten, versuchten wir, diese Botschaft an Alkoholiker weiterzugeben und unser tägliches Leben nach diesen Grundsätzen auszurichten.

---

* Im Original steht an dieser Stelle »Meditation«. (Anm. d. Übers.)

## Schritt eins
*»Wir gaben zu, daß wir dem*
*Alkohol gegenüber machtlos sind – und unser*
*Leben nicht mehr meistern konnten«*

»Wir gaben zu, daß wir ... machtlos sind ...« Dieses Zugeständnis ist der Hauptschlüssel für den Eintritt in die Gesundung. Es gibt keine Mitgliederlisten oder Pflichten und keine
anderen Bedingungen als diesen einfachen und zugleich
heroischen Akt. Wie in den meisten großen Weisheitstraditionen ist auch hier das Leiden der Preis für unsere Zulassung.
Indem wir zulassen, werden auch wir zugelassen. Unsere
Ohnmacht zuzugeben mag auf den ersten Blick wie ein Sichergeben wirken, aber bald lernen wir, daß Sieg und Ergebung
nur Konzepte waren, die uns ebenso sicher wie die Krankheit
töteten. In Wirklichkeit hatte es nie etwas zu besiegen oder
zu gewinnen gegeben.
Wenn wir zugeben, daß wir nicht die Macht haben, Gott zu
spielen, erwarten wir auch nicht länger, daß die Welt mit unseren egozentrischen Glaubensvorstellungen und Meinungen übereinstimmt. Die Vorstellungen der Welt und die Richtung, in der sie sich bewegt, werden uns zu eigen, wie sie es
schon immer waren. Das nennt man mit dem Tao überein-
stimmen. Es heißt, daß man sich in seinem falschen Gefühl
der Kontrolle und Kraft verliert, wenn man einen Schritt nach
links oder rechts vom Tao abweicht. Seine Machtlosigkeit
über seine jeweilige Krankheit einzugestehen heißt, zuzuge-
stehen, daß wir in Einklang mit einer höheren Macht handeln
müssen, ob wir sie nun Tao, Buddha-Natur, Allah oder unser
wahres Selbst oder Gott nennen.
Unsere Krankheit gemahnt uns an die Gegenwart unseres

wahren Selbst. Sie nötigt uns, zu einer menschlicheren Art und Weise zurückzukehren, mit dem Universum und mit anderen Menschen umzugehen. Es ist ein Symptom unserer umfassenderen menschlichen Unpäßlichkeit: den stets unpassend kommenden Veränderungen, Verlusten, Todesfällen und all den übrigen Kardinalthemen unseres Lebens. Leiden entsteht nicht aus dem Nichts, und es entwickelt sich auch nicht aus eigenem Vermögen. Es ist eine Folge unserer Weigerung, unsere wahre Natur zur Kenntnis zu nehmen, die ohne Namen, Form oder Verlangen ist. Diese Eigenschaften sind ebenso der Mode unterworfen und willkürlich wie die Kleider, die wir am Morgen anziehen. Das Leiden verlangt von uns, daß wir aufhören, unsere Kleider und unsere vergänglichen Eigenschaften mit unserem wahren Sein zu verwechseln, und den Mut haben, uns nackt im Spiegel der ewigen Gegenwart zu betrachten. Das Zugeständnis unserer Ohnmacht beraubt uns der zerschlissenen Kleider unseres Selbst und stellt unseren eigentlichen Zustand des Wohlbefindens wieder her.

Unser natürlicher Zustand der Gnade, wie Christen es nennen würden, bestand schon lange, bevor unser Verstand durch kritisches Denken Dualitäten schuf. Dies ist der Geist, auf den Zen hinweist, der Geist, der ausschließlich auf die Gegenwart gerichtet ist und keine vergeblichen Versuche unternimmt, die Welt seinen Wünschen anzupassen. Unsere Erfahrungen nach unseren Deutungen aufzuteilen ist unsere Ursünde – der ursprüngliche Irrtum und Akt der Leugnung.

Wenn wir zugeben, daß unser Leben unerträglich geworden ist, wird uns bewußt, daß genau dieser Akt des Zugebens die einzig sichere Methode ist, unser Leben zu verwalten. Indem wir uns täglich darum bemühen, unseren Streit mit der Welt beizulegen, nehmen wir unseren rechtmäßigen Platz wieder ein und spüren, daß Gelassenheit zu unserer Grundhaltung wird anstelle von Furcht und Enttäuschung. Wir können Erfahrungen aushalten, ohne sie zu ersticken, und den gewundenen Fluß unseres Lebens durchschwimmen, ohne an einem Stein in ihm hängenzubleiben.

Einmal erzählte ich meinem fünf Jahre alten Sohn von unserem neuen Computer und von dessen »Klugheit«. Er erwiderte, auch Stöcke seien klug. Er war gerade von einem Spaziergang in den Wald zurückgekehrt. Er erzählte mir, er habe einen Stock in einen Teich geworfen und der Stock sei um einen großen Stein herumgeschwommen, statt an ihm hängenzubleiben. Wenn ich unseren Computer in einen Teich geworfen hätte, so sagte er, wäre dieser wie ein Stein gesunken.

Ich mußte zugeben, daß der Stock vermutlich »klüger« war als unser Computer, wenn es ums einfache Überleben ging. Wie Arens Stock mit seiner angeborenen, natürlichen Weisheit können auch wir Verfahrensprinzipien erlernen, die sogar Stöcke und Kinder verstehen: Es gibt keinen besseren Ort, um zu leben, als genau hier und jetzt, intuitiv, aus spontaner Anmut heraus handelnd, ohne uns mit kalkulierender »Klugheit« zu belasten. Wir können aufgrund unseres schweren, unterscheidenden Verstandes untergehen wie der Computer, oder wir können mit der spontanen Weisheit des Stocks – der sein Stocksein verstand und aus ihm heraus handelte – sicher durch die Gewässer unseres Lebens schwimmen, ohne zu scheitern.

Worin besteht unser natürliches »Stocksein« als Menschen, und wo befindet es sich? Über das Scheitern, und sogar über das Untergehen, wissen wir bereits Bescheid.

Im alten China trugen die Reichen Absätze von bis zu 45 Zentimetern Höhe. Natürlich konnten sie nicht gehen, so daß sie getragen werden mußten. Auf diese Weise betonten sie ihre Macht durch ihre selbst auferlegte Machtlosigkeit. Das gleiche galt für die Mode, sich die Fingernägel entsetzlich lang wachsen zu lassen, weswegen die betreffende Person gefüttert und angekleidet werden mußte und auch bei höchst intimen Verrichtungen auf Hilfe angewiesen war. Indem sie sich absichtlich in einen Zustand der Hilflosigkeit versetzten, demonstrierten diese Menschen eine hohle und manipulative Macht – die Macht eines freiwilligen Opfers, das gerade durch seine Hilflosigkeit angreift. So machen auch wir Opfer aus uns selbst und verfälschen durch unser Zurschaustellen einer vorgetäuschten und unaufrichtigen Machtlosigkeit unsere wahre Natur zu einer Unwahrheit. Die »Reichen«, die uns diesen merkwürdigen Luxus erlauben, sind unsere Meinungen, Überzeugungen und unsere Leiden, die uns auf irgendeine Weise anders und sogar besser als andere machen.

Die wirklich Machtlosen waren die armen Diener, die ihr ganzes Leben mit der Absurdität zubrachten, diesen pervertierten Reichen zur Hand zu gehen. Wir unterscheiden uns in der Verleugnung unseres wahren Selbst nicht von ihnen. Gezwungen, sklavisch den Launen unseres falschen und verwöhnten Ichs in seiner vorgeblichen Hilflosigkeit zu dienen, zwang uns der Versuch, dessen unersättliche Forderungen zu erfüllen, auf die Knie. Sobald wir erkennen, daß das Handicap unserer Verleugnung ebenso real ist wie die Behinderung jener reichen Chinesen, können wir anfangen, uns von den Sklavendiensten gegenüber diesem falschen Meister eines aufgeblasenen Egos zu befreien. Es ist offensichtlich, daß der reiche Nichtstuer und die Sklaven gleichermaßen an der

Aufrechterhaltung der kranken, trügerischen Beziehung schuld sind und in gleichem Umfang die Wahrheit leugnen. Indem er verlangt, daß der Herr beginnt, für sich selbst zu sorgen, wird der Sklave, der unser wahres Selbst war, befreit. So ist es auch mit unseren »behinderten«, falschen »Selbsten«, die das Handicap der Kraftlosigkeit vortäuschen, um unser wahres Selbst zu unterwerfen.

Die Wortwahl im Ersten Schritt zeigt an, daß unser Dilemma nicht seit jeher bestand. Die beiden Wörtchen »nicht mehr [meistern konnten]« deuten auf einen fortlaufenden Prozeß der persönlichen Entwicklung und Entdeckung hin. Als Mensch geboren worden zu sein heißt, akzeptieren, daß man zu etwas wird. Sie sind kein fertiges Produkt Ihrer Schmerzen, Ihrer Beziehungen, Ihrer Arbeit und Ihrer Überzeugungen oder einfach nur die Summe all dessen gewesen. Sie sind zu alldem geworden. Jetzt – dank Zen und den Zwölf Schritten – sind Sie frei, zu etwas anderem zu werden. Was werden Sie mit dieser neuen Freiheit anfangen? Können Sie jemals hoffen, etwas zu *werden*, wenn Sie zugegeben haben, daß Sie machtlos sind – nicht nur in bezug auf Ihre Krankheit, sondern auch in bezug auf Ihr Leben? Und was sollen Sie überhaupt werden? Dies sind Zen-Fragen, und die folgenden elf Schritte helfen uns, den Plan des Werdens zu sehen, der sich bei uns verwirklichen läßt.

## Schritt zwei

*»Wir kamen zu dem Glauben, daß eine*
*Macht, größer als wir selbst, uns unsere geistige*
*Gesundheit wiedergeben kann«*

Zahlreiche Menschen in der Gesundung – darunter auch Bill
W. selbst – fanden die Vorstellung eines Glaubens abschrek-
kend. Viele von uns haben sich widerwillig zu einem Glauben bequemt, weil wir keine freiere Wahl als ein Sterbender
hatten, dem Rettung angeboten wird. Die Gesundung besteht
aus einem spirituellen Tätigwerden als unserem wichtigsten
Heilmittel. Sie verlangt nicht unvernünftigerweise, daß wir
etwas schlucken, an dem wir würgen müßten. Auflehnung
ist ein unabdingbarer Teil unserer Natur und unserer Krankheit, und wir scheuen instinktiv vor dem Müssen und Sollen
zurück.

Vor die Wahl eines Befehls oder eines Vorschlags gestellt,
wird sich jemand in der Gesundung stets für das letztere entscheiden. Ich weiß, daß ich es tat. In den ersten Wörtern dieses Schrittes wird sogar eine noch feinere Linie gezogen. Es
heißt nicht: »Wir glauben …«, sondern: »Wir *kamen zu* dem
Glauben …« Der Unterschied zwischen diesen beiden Aussa-
gen ist gewaltig und für viele von uns regelrecht wunderbar –
es war ein Wunder, daß wir zu etwas kamen!

Sobald wir »angelangt« waren, wurden wir aufgefordert, zu
der Überzeugung zu gelangen. Alles, was von uns verlangt
wird, ist eine Wiederherstellung unseres kindlichen Vertrauens. Wir müssen an gar nichts glauben, nur an die Existenz
einer hypothetischen Macht, die größer ist als wir selbst. Für
den Anfang werden wir nur aufgefordert, einfach Vertrauen
in uns selbst und in unsere Fähigkeit zu haben, zu glauben.

Leicht genug für Menschen, die zuvor so verzweifelt gewesen waren, daß sie fast alles getan hätten, um ihre Krankheiten zu unterhalten, und neuerdings ebenso verzweifelt bemüht waren, diesen Krankheiten Einhalt zu gebieten.

Die Literatur über die Zwölf-Schritte-Programme besagt, daß wir bereit werden müssen, alles zu tun, um den Gesundungsprozeß aufrechtzuerhalten. Vertrauen darauf zu erwerben, daß wir eines Tages vielleicht einen Glauben haben werden, ist für die meisten von uns wenig genug, und es ist das, wofür wir uns entschieden haben.

Wir sind aufgefordert, das zu wagen, was der dänische christliche Denker Søren Kierkegaard »einen Glaubenssprung« nannte. Wenn wir es wagen, können wir wunderbarerweise über den großen See unserer Verleugnung hinwegspringen, während wir uns zuvor zu glauben weigerten, daß er überhaupt ein anderes Ufer aufwies. Wir springen jetzt in die Dunkelheit, verfolgt von den Bluthunden unseres Leidens, ohne die Gewähr, daß das andere Ufer uns Sicherheit bietet. Unser einziger Ansporn ist ein großes und tiefes Vertrauen darauf, daß wir gerettet werden – trotz unserer fehlenden Überzeugung und Gewißheit.

Dieser Vertrauenssprung ist ein weiterer Prozeß des Gelangens – des Zum-Sein-Gelangens –, der Erinnerung daran, daß wir immer in diesem Augenblick sind und immer in der Gegenwart unserer eigentlichen Natur oder höheren Macht. Wir gelangen auf dieselbe Weise zum Sein, wie wir zum Glauben gelangen: indem wir unsere Bindung an unser Leiden aufgeben und indem wir unser Gefühl einer persönlichen Kontrolle aufgeben. Dieser Prozeß macht uns leer – sehr ähnlich der Erfahrung in der Meditation.

Indem wir unsere Machtlosigkeit eingestehen, werden wir

von den schlimmsten Symptomen unserer Krankheit entleert. Es hat viel Ähnlichkeit mit dem Ausschütten des Abfalleimers. Einmal geleert, sind wir bereit, für die Botschaft des Augenblicks empfänglich zu werden, die uns mitteilt, daß alles in Ordnung ist. Dies ist eine positive Leere, nicht wie die quälende Leere, die eine Folge des Selbstabscheus und der Depression ist. Es ist eine klare und von Freude erfüllte Leere. Sie werden wie eine Glocke, die machtvoll ertönt, wenn sie angeschlagen wird.

Wir waren Glocken, in denen die Vögel der Angst und des Schmerzes nisteten, und vor unserer Gesundung und unserer spirituellen Praxis konnten wir nur gedämpfte Protestlaute von uns geben. Als von störenden Inhalten befreite, in ihren Urzustand zurückversetzte Glocken läuten wir auf jeden Fall klar und hallend, ob wir nun mit guten oder weniger guten Erfahrungen angeschlagen werden. Wir halten die Erfahrung nicht so krampfhaft fest, daß wir einen Sprung bekommen und wieder einmal beschädigt werden. Von uns selbst erfüllt, sind wir armselige Glocken des Lebens. Geleert können wir vom Gesang des Universums widerhallen.

Was ist nun diese sogenannte höhere Macht? Wie könnte sie uns wieder gesund machen, da wir davon überzeugt sind, niemals gesund gewesen zu sein? Wie können wir auch nur anfangen, diese Begriffe zu definieren?

Bill bestand nicht auf einer Definition dieser höheren Macht. Hätte er darauf bestanden, wären die Prinzipien der Gesundung verhängnisvoll fehlerhaft gewesen. Wir verbringen unser ganzes Leben mit dem Versuch, uns Mächten zu beugen, die wir für größer als uns selbst halten, oder sie zu besiegen, seien es Götter, Regierungen, Vorgesetzte oder Ehepartner. Als Menschen in der Gesundung sind wir in einer *Double-*

*bind*-Falle* gefangen, in der sowohl Niederlage als auch Sieg zur selben Form der Verrücktheit führen: Wir fühlen uns unvollständig, und die Unvollständigkeit schmerzt uns.

Wenn uns freigestellt ist, die Macht zu definieren, die größer ist als wir selbst, entscheiden wir uns automatisch für eine Bestimmung, die im wesentlichen unsere tiefsten Sehnsüchte und unsere vornehmsten Hoffnungen in überhöhter Form ausdrückt. Es ist eine höhere Macht, zu der gehörig wir uns fühlen statt getrennt von ihr. Es besteht eine natürliche Beziehung zwischen uns und der Quelle unseres Seins, wie auch immer wir sie nennen mögen.

Im Zen wird diese höhere Macht nur selten definiert oder mit menschlichen Eigenschaften versehen. Die Frage wird als grundsätzlich ohne Bedeutung für das, was hier und jetzt geschieht, offengelassen. Der Zen-Buddhismus versichert uns, daß wir nicht vom universalen Geist zu trennen sind und daß wir jetzt in ewiger Form existieren. Himmel und Nirwana unterscheiden sich nicht von dem Ort, an dem wir uns in diesem Augenblick befinden. Wir sind bereits erleuchtet, von Sünden befreit und gerettet. Wenn wir erst zu unserer eigentlichen Natur erwacht sind, wird uns das alles klar.

Wir können unsere höhere Macht nicht suchen oder finden, weil sie niemals verloren oder verborgen war. Man kann niemals zu ihr beten, weil sie sich nicht von dem Betenden unterscheidet. Sie kann nicht strafen oder belohnen, weil diese Dinge nur in unserem Denken existieren. Wir selbst sind es, die wir uns verdammen und in einen Höllenpfuhl werfen

---

* Doppelbindung: Situation, in der man zwei widersprüchlichen Anweisungen gehorchen soll, so daß man auf jeden Fall »ungehorsam« ist. G. Bateson, der diesen Begriff prägte, verstand die *Double-bind*-Situation als schizophrenieerzeugend. (Anm. d. Übers.)

oder endlos wiedergeboren werden und leiden lassen können. Wir sind es, die die Masken Gottes und die Bühnenkulissen der Realität, die wir geschaffen haben, fortnehmen und unserer höheren Macht ins Gesicht schauen können. Welch einen Schock des Wiedererkennens wir fühlen, wenn wir das tun! Aber dies ist, wo und was wir immer gewesen sind!

Für Zen-Übende ließe sich die höhere Macht eher als ein Prozeß definieren statt als Phänomen. Dieser Prozeß ist die Entfaltung des Bewußtseins in jedem Augenblick. Wir können bewußt mit diesem Prozeß Verbindung aufnehmen, indem wir jeden Augenblick unkritisch und ohne Erwartungen – ohne Hoffnungen oder Befürchtungen – erfahren. Lassen Sie ihn einfach nur sein. Wenn wir einfach achtsam werden und unserem Leben Aufmerksamkeit entgegenbringen, werden uns die Muster und der Weg entschleiert.

Jeder Versuch, diese Erfahrung zu bestimmen oder zu benennen, stellt eine Einschränkung unserer Beziehung zum Universum dar. Wörter können nur eine vage Andeutung sein und niemals das wahre, unnennbare Geheimnis betreffen. Wir waren als Menschen und Abhängige Wort- und Begriffssüchtige geworden und haben die Verpackung für die Sache selbst gehalten. Unser Zugeständnis unserer Machtlosigkeit und unser neu gefundenes Vertrauen bringen uns wieder mit dem in Berührung, was wesentlich und bedeutsam ist.

Kurt Vonnegut erzählt in seinem Buch *Hocus Pocus* eine Anekdote über eine Kanone, die jahrelang jeden Mittag abgefeuert worden war. Die Menschen in der Stadt hatten sich so an das Geräusch gewöhnt, daß sie es nicht länger bewußt hörten. An dem Tag, als die Kanone einmal nicht abgefeuert wurde, waren alle Bürger genau zur Mittagszeit unerklärlich aufgeregt. »Was war das?« riefen sie aus. Das Getöse der unvertrauten Stille hatte sie aus Jahren der Erwartung und des Schlafes erweckt.

So ist es mit der wortlosen Erfahrung unserer höheren Macht oder unseres wahren Selbst. Wenn es plötzlich inmitten unseres unablässigen Schwätzens und Meinungenbildens auftaucht, sind wir überrascht. Die Stille war immer dort. Aber das Geräusch der Kanone – unsere ständigen Gedanken – übertönt es. Es ist das ständige Hintergrundrauschen, das wir irrtümlich für das wahre Leben und unseren wahren Daseinszweck halten. In Wirklichkeit ist es nur Lärm. Nur Schüsse aus einer Kanone, die wir nicht mehr hören. Wenn wir zur Stille zurückkehren, kehren wir zu unserem natürlichen und reinen Selbst zurück.

Bis jetzt sind wir zu der Überzeugung gelangt, daß eine höhere Macht als wir selbst existiert: unsere wahre Natur, unser Buddha-Geist, der besteht, bevor unser dualistisches Denken beginnt, viele zu erschaffen, wo in Wirklichkeit nur einer ist. Ein Zen-Spruch besagt, daß die zehntausend Dinge zu dem Einen zurückkehren. Wohin kehrt das Eine zurück? Es kehrt an den Ort zurück, an dem es schon immer war: zu Ihnen.

Sobald wir anfangen, den Urgrund unserer geistigen Gesundheit zurückzuerobern, wird uns bewußt, daß die meisten Menschen unsere Version des Geistig-Gesunden als völlig »abgehoben« und in der Tat geisteskrank betrachten. Auf eine sehr reale Weise haben wir die Welt des Wettbewerbs verlassen und unseren Glauben an unsere persönliche Allmacht aufgegeben. Die meisten Menschen handeln nicht gemäß den Prinzipien, die wir als unerläßlich für unsere Gesundung zu echten Menschen erkennen.

Wir müssen jetzt versuchen, ganz im Heute zu leben, unsere ursprüngliche geistige Gesundheit und Klarheit mit jedem

Augenblick zu bestätigen. In dem Augenblick, da wir der zerstörerischen Verführung nachgeben, andere Menschen zu beurteilen, oder versuchen, dem Universum unsere kleinen Ideen aufzuzwingen, sammeln wir Berge von schlechtem Karma an und werden wieder von unserer höheren Macht getrennt. In dem Augenblick hingegen, da wir unsere alte Illusion der Macht ablegen, steht uns ein echter Zugang zu allem offen, was in unserem Leben Bedeutung hat. Unser schlechtes Karma verschwindet in einem Blitz. Es bestand nur in unserem Kopf. Auch unsere Krankheit und unsere höhere Macht bestanden nur in unserer Vorstellung. Unsere Krankheit rief uns heim zu geistiger Gesundheit und Wiedervereinigung mit unserem wahren Selbst. Nun, da wir zu Hause sind – wie könnten wir uns wirklich wünschen, anderswo zu sein?

Schritt drei
*»Wir faßten den Entschluß, unseren Willen
und unser Leben der Sorge Gottes – wie wir Ihn
verstanden – anzuvertrauen«*

In Wahrheit gibt es keine Entscheidung, die zu treffen wäre. Wir gelangten zu dem Verständnis, daß unser Wille und unser Leben immer schon in der Hand unseres wahren Selbst lagen. Nur unser erkranktes Denken hatte sich vorgestellt, daß es anders wäre. Statt eine Entscheidung gleich welcher Art zu treffen, umarmen wir eine sehr alte und vertraute Wahrheit, die unser eigen ist. Willkommen zu Hause. Sie haben Ihr Zuhause nie wirklich verlassen, außer in dem unruhigen, von Alpträumen erfüllten Schlaf Ihrer Krankheit.

Wir wissen instinktiv und intuitiv, was als nächstes zu tun ist. Ebenso wie wir darauf vertrauen, daß unser Herz ohne eine bewußte Anstrengung unsererseits schlägt, gelangen wir jetzt dazu, unser Leben dem Diktat unseres wahren Selbst anzuvertrauen. Unser Wille, unser Leben und unser Machtgefühl – sie alle haben ihren Ursprung in dieser unerschöpflichen Quelle unseres Seins. Die einzig nötige Entscheidung war unser Zugeständnis, nicht das zu sein, was wir zu sein schienen. Der Wecker für unser Erwachen wurde in den Jahren unseres Kämpfens und Wütens bis zum äußersten aufgezogen.

Das Genie Bills und des Gesundungsprogramms liegt in dem Teil dieses Schrittes, in dem es heißt: »… Gottes – wie wir Ihn verstanden.« Die Wörter »Gott« und »Ihn« sind nur geschickte Fangphrasen, gedacht, um von den Menschen in einer überwiegend christlichen, von Männern beherrschten Kultur und Zeit verstanden zu werden. Der Einschluß der Phrase »… wie wir … verstanden« unterstreicht die vollständige spirituelle Demokratie der Gesundung. Dies überläßt es jedem einzelnen von uns, ein Verständnis seiner wahren Natur, seiner höheren Macht, Gottes oder gar keiner höheren Macht zu erlangen. Dieses Verständnis wird zu dem Fundament für die Wiedereingliederung in ein Leben gemäß den ewigen Mustern.

Die Gesundung wäre niemals erfolgreich gewesen, hätte sie auf einer einseitigen Definition der Spiritualität bestanden. Sie hätte sich schon bald zu einer Religion und einem Persönlichkeitskult zurückgebildet, statt zu dem offenen und jedermann willkommen heißenden Programm zu werden, das wir heute vorfinden. Die Gesundung spricht nur an, was uns allen gemeinsam ist, und lehnt es ab, sich in fruchtlose Diskussionen über das zu verlieren, was jeder von uns persönlich entscheiden muß.

Sure 2, Vers 256 im Koran, dem heiligen Buch des Islam, lautet: »In der Religion gibt es keinen Zwang.« Niemand von uns sollte gezwungen werden, eines anderen Version der Wahrheit zu akzeptieren, und wir sollten ohne Notwendigkeit keine weiteren Zwänge und Abhängigkeiten schaffen. In dieser Hinsicht ist die Gesundung dem Zen ähnlich. Zen zieht unsere Aufmerksamkeit von Dingen ab, die nur dazu dienen, uns von der notwendigen Arbeit abzulenken: voll und ganz am Leben teilzunehmen, statt nur als Zuschauer zu fungieren.

Zen ermutigt die Vielfalt wie die Programme, und es weiß, daß Unterschiede in den Glaubensvorstellungen nur äußerlich sind und verschiedene Gesichter derselben, unveränderlichen Wahrheit darstellen. All die zahllosen Leben und Lebensweisen sind nur unterschiedliche Facetten desselben strahlenden Diamanten, nur verschiedene Zweige desselben mächtigen Baumes. Statt sich von Unterschieden bedroht zu fühlen, sollten wir – die Ausübenden der Gesundung und der Zen-Achtsamkeit – gemeinsam mit William Blake »ewiges Entzücken« in den unzähligen Formen finden, in denen sich die universale Energie zeigt.


Schritt vier
*»Wir machten eine gründliche und furchtlose*
*Inventur in unserem Inneren«*


Um in die Gesundung einzutreten, mußten wir eingestehen, daß wir erstens krank waren und zweitens keine Macht über unsere Krankheit hatten. Danach waren wir bereit, uns unerschrocken anzuschauen, was unsere Krankheit bei uns selbst und bei anderen angerichtet hat. Wenn wir erst einen genaueren Blick auf unsere Krankheit geworfen haben, sollte es uns nicht mehr allzu schwer fallen, auch ihre anderen Aspekte in Augenschein zu nehmen. Und doch schrecken viele Menschen davor zurück, zu tief in die Teile hineinzutauchen, die das Ganze ausmachen, das wir »wir« nennen. Unsere Suche nach Ganzheit wird vergeblich sein, wenn wir uns nicht auch mit den Teilen befassen.

Das Programm nennt diesen Prozeß eine »moralische Inventur«. Allein schon das Wort »moralisch« beschwört bei uns alle möglichen furchterregenden Assoziationen herauf. Immerhin waren wir die meiste Zeit unseres Lebens den »moralischen« Maßstäben unserer Kultur, unserer Religion und unserer Familie unterworfen. Wir haben nach diesen moralischen Maßstäben gehandelt, ohne sie jemals zu erfüllen, und fanden Trost nur in der Ausübung unserer Krankheit. Die Gesundung enthält die unausgesprochene Botschaft, daß wir von nun an unsere eigenen moralischen Maßstäbe setzen werden und daß das, was die Welt als »moralisch« betrachtet, oft genug eine verzerrte und gefährliche Lüge darstellt.

Wenn unser Leben vor der Gesundung eine Lüge war, die sich auf die Leugnung unserer Krankheit gründete, können wir es uns nicht länger leisten, unser wahres Selbst anhand derselben Lügen zu beurteilen, die uns im Schlaf gefangenhielten. Dieser Schritt bringt uns in eine semantische Verlegenheit. Was sollen wir als »moralisch« betrachten, und wie sollen wir »moralisch« definieren?

Die Grundvoraussetzung des Zen, die unmittelbar von den Lehren des Buddha und der Prajnaparamita-Sutras abgeleitet ist, lautet, daß Gut und Böse außerhalb unseres Denkens keine reale Existenz haben. Dies ist allerdings keine Lizenz zu töten oder etwa eine Einladung zum Nihilismus. Buddha identifizierte die Ursache unserer Leiden in den Unterscheidungen unseres Denkens, die unsere Erfahrungen in die Kategorien Gut und Böse einordnen, uns im Gegensatz zu ihnen bringen und so weiter. In diesem Sinne soll die Ausübung des Zen uns helfen, die Folgen unseres polaren Denkens zu mildern, indem sie uns lehrt, ganzheitlich und spontan zu handeln. Auf diese Weise tun wir immer das »Richtige«.

Man sollte nicht Zen ausüben, um ein Buddhist zu »werden«. Dadurch würden Sie sich nur mit einem weiteren »Ismus« infizieren. Buddhismus, Kommunismus, Kapitalismus, Katholizismus, Alkoholismus und so weiter: alle »Ismen«, die von Ihnen verlangen, daß Sie sich selbst anhand ihres exklusiven Vokabulars definieren. Sogar die Gesundung ist gegen diese Gefahr nicht gefeit. Das Ziel der »echten Arbeit«, wie der Lyriker Gary Snyder es nennt, besteht darin, all diese »Ismen« als Instrumente zu benutzen, um unser wahres Selbst zu entdecken. Jack Kornfield, der Lehrer der Insight-Meditation, hat einmal gesagt, die Welt brauche nicht mehr Buddhisten – sie brauche mehr Buddhas.

Jedes religiöse oder moralische System, das wir uns zu eigen machen, ist vollkommen überflüssig, wenn es nicht unsere expansive Natur widerspiegelt. Eine engstirnige Religion ist wie eine beschränkte Form, in die wir unsere Erfahrung und unser Gewahrsein eingießen, um sie für immer auf eine einzige Interpretation und eine einzige Möglichkeit unter einer unendlichen Anzahl zu beschränken, die uns zur Verfügung steht. Statt Befreiung finden wir durch unsere Religion dann eine Sackgasse. Unsere Glaubensvorstellungen bestimmen, wie wir die Wirklichkeit wahrnehmen und wie wir auf sie ansprechen.

Die Gesundung und das Zen zeigen uns, daß wir uns nicht von den Objekten unserer Aufmerksamkeit unterscheiden. Wie auch immer wir diese Objekte definieren, es ist zugleich die Art, wie wir uns selbst definieren. Statt etwas Fremdartiges und Geheimnisvolles zu sein, das zu erklären wir unsere Religion brauchen, stellt sich heraus, daß die Wirklichkeit nur ein Spiegel ist, durch den wir uns selbst erklärt werden. Also seien Sie äußerst vorsichtig im Hinblick auf Ihre Wahl und Ihre Anwendung Ihrer Glaubensvorstellungen. Vergewissern Sie sich, daß es nicht die Religion ist, die Sie erwählt. Der surrealistische Maler Francis Picabia sagte einmal, man müsse ein Nomade sein und diese Ideen durchstreifen, wie man Landschaften und Städte durchstreift. Die Landschaft der Ideen, Überzeugungen und Konzepte ist zu vielfältig und erregend, als daß wir uns an einem Platz fest niederlassen und glauben sollten, daß jenseits unseres Horizontes nichts von Bedeutung existiert.

Wir müssen jetzt in allen Dingen nach unserem wahren Selbst handeln, oder wir fallen buchstäblich in unser Leiden zurück. Moral ist nicht der geeignete Gegenstand für ein Nach-Tisch-Gespräch oder eine Unterhaltung einmal die Woche. Unser neu entdeckter Sinn für eine innere Moral muß automatisch und intuitiv werden und uns bei allem Denken und Tun anleiten. Ich persönlich betrachte alles als unmoralisch, was dazu führt, daß ich unaufmerksam werde, und was die Möglichkeit enthält, daß ich zu meiner aktiven Krankheit zurückkehre. Entsprechend betrachte ich alles als moralisch, was mich im gegenwärtigen Augenblick verankert und mir Gelegenheiten bietet, anderen zu helfen.

Als Folge der Moral, die uns in all den Jahren aufgebürdet wurde, neigen wir dazu, nur in selbstkritischen Begriffen zu denken, wenn wir eine moralische Inventur machen, und nur unsere negativen Eigenschaften aufzulisten. Natürlich ist ein ehrlicher Blick auf unsere sogenannten Charakterfehler wichtig – aber wir müssen auch zur Kenntnis nehmen, was gut und positiv an uns ist. Das Prinzip von Yin und Yang paßt genau auf uns. Wir sind Geschöpfe des Dunklen und des Hellen – ganze Menschen, die zu gleichen Teilen aus Gut und Böse bestehen. Sobald unser Denken auf seine endlose Besessenheit von Gegensätzen verzichtet, können wir unsere Ganzheit zurückerlangen und bereitwillig beide Seiten als Ausdruck derselben Urnatur betrachten.

Ich brauche Ihnen nicht zu erklären, wie Sie die Defizite in Ihrer Inventur identifizieren müssen. Die meisten der sogenannten Mängel waren direkte Folgen Ihrer Krankheit und somit bloße Symptome. Während Ihre Krankheit gelindert und wieder in Ihr wahres Selbst integriert wird, verschwinden auch diese negativen Symptome. Ob zu diesen Mängeln Lügen, Mißhandlung Ihrer selbst oder anderer oder einfach Leugnung gehören; diese Dinge haben keine reale Existenz, außer wenn sie durch Ihre Krankheit aktiviert werden, die ihrerseits durch Ihre Leugnung ihrer Existenz aktiviert wird. Akzeptieren Sie Ihre Krankheit, und Sie haben einen großen Schritt in Richtung der Verminderung Ihrer Charakterdefizite getan.

Andere Defekte sind älter als Ihre Krankheit. Sie sind Folgen Ihrer Erziehung, Ihrer Kultur oder Ihres eigenen Denkens. Diese Mängel lassen sich schwerer identifizieren und akzeptieren als die Symptome Ihrer Krankheit. Sobald man uns gesagt hat, daß wir an einer Krankheit leiden, verschwindet der größte Teil unserer Schuldgefühle sowie die mit ihnen verbundene Selbstabscheu. Bei unserem tieferen und persönlicheren Mängelsortiment ist es anders. Wir müssen die Mängel aus den Tiefen unseres persönlichen Ozeans angeln und sie leidenschaftslos untersuchen – wie ein Meeresbiologe, der sich bemüht, ein bestimmtes Wassertier zu klassifizieren. Diese Bewohner unserer Wasserwelt sind, was wir sind, und sie lassen uns unsere Entwicklung erahnen. Sie geben uns nachdrückliche Hinweise auf den Lehrplan unserer Schulung nach der Art des Universums. Wenn wir sie akzeptieren, akzeptieren wir uns.

Es mag Ihnen nicht gefallen, aber es ist Ihr Denken, das die Konzepte von schön und häßlich schafft. Lassen Sie diese Konzepte los, und schauen Sie sich diese Dinge objektiv an. Sie sind der Spiegel, der nicht lügen kann. »Spiegelein, Spieglein an der Wand, wer ist die Schönste im ganzen Land?« Die lügenden Spiegel unser Leugnung und unserer begrenzten Überzeugungen haben uns am Ende unserer Straße zur Gesundung kein sehr schönes Bild gezeigt. Dieser neue Spiegel – so schonungslos er anfangs auch wirken mag – ist bei weitem freundlicher. Es ist an der Zeit, daß wir die Märchen hinter uns lassen und uns mit der spannenderen und realistischeren Geschichte befassen: Ihrer eigenen Geschichte.

Wir belohnen uns kaum jemals für unsere guten Taten und Gedanken. Wir haben den Eindruck, als seien diese Dinge irgendwie unreal und entsprächen nicht unserer wirklichen Natur, als seien sie eine Maske, die wir tragen, um eine Welt zu täuschen, die nur darauf wartet, uns zu Fall zu bringen. Die Ausübung des Zen zeigt uns, daß diese Welt nur in unserer Vorstellung existierte. Wir sind genau so wie die Welt, die wir fürchteten. Wenn wir unsere private Inventur machen, wird uns gesagt, daß wir ebenso kritisch wie furchtlos sein sollen. Können wir ebenso gründlich und furchtlos sein, wenn wir mit unserer natürlichen, guten Natur konfrontiert werden?

Schritt fünf
## »Wir gaben Gott, uns selbst
*und einem anderen Menschen gegenüber*
*unverhüllt unsere Fehler zu«*

Nachdem wir im Schritt vier mit den Ergebnissen unserer privaten Inventur bekannt gemacht wurden, müssen wir jetzt etwas in dieser Sache unternehmen. Sowohl die Gesundung als auch Zen sind in spiritueller Hinsicht sehr brauchbar. Wie wir uns von Augenblick zu Augenblick auszudrücken entscheiden, das hängt davon ab, ob wir unsere höhere Macht tätig werden lassen oder nicht. Unser spirituelles Erwachen ist bedeutungslos, wenn es sich nicht in unserem realen Leben in realen Handlungen ausdrückt.

Eine Möglichkeit, unser Unrecht zu sehen, ist das Zugeständnis, daß es unrecht von uns war, unser wahres Selbst zu verleugnen. Wir taten unrecht, uns nicht mit derselben Freundlichkeit und demselben Mitgefühl zu behandeln, wie wir sie anderen gegenüber gezeigt haben. Wir taten unrecht, unsere positiven Eigenschaften unter einer Decke aus Scham und Schuldgefühlen zu verbergen. Unrecht tun kann viele Formen annehmen, nicht nur die der Mißhandlung anderer. In der Gesundung neigen wir dazu, die schlimmsten Schlüsse als erste zu ziehen. Die Schmerzen, die wir der größeren Welt zugefügt haben mögen, stellten nur eine Widerspiegelung des sehr realen Schmerzes dar, in dem wir selbst zu vergehen drohten.

Als erstes müssen wir unser Unrecht uns selbst gegenüber zugeben. Wir müssen zugeben, daß vor allem wir selbst die Hauptleidtragenden der schlimmsten Auswirkungen unserer Krankheit waren und daß wir uns selbst einen beinahe nicht wiedergutzumachenden Schaden zugefügt haben, indem wir unser wahres, eigentliches Wesen verleugneten. Was wir sonst noch taten, war nichts weiter als ein sinnloses Schlagen eines verwundeten Tieres – weder bösartig noch vorsätzlich. Nun müssen wir uns die Natur dessen, was wir bei der Inventur gefunden haben, und seine Auswirkungen auf unser Leben ebenso furchtlos eingestehen, wie wir es angesichts unserer Inventur selbst waren. Zugestehen ist die linke Seite dieser Aufgabe. Akzeptanz ist die rechte. Das eine führt zum anderen, und gemeinsam führen sie uns durch das Labyrinth unserer Leugnung zurück zu unserem wahren Selbst.

Das Unrecht, das wir anderen zugefügt haben, besteht aus Taten, Worten und Absichten, die uns nur zu geläufig sind. Das Geld, das wir stahlen, um »Stoff« kaufen oder spielen zu können, die Lügen, die wir vorbrachten, um unsere Anfälle von Fressen und Erbrechen zu vertuschen, der sehr reale Schaden einer Verletzung oder sogar eines Totschlags als direkte Folge unserer Abhängigkeiten – es ist gewiß nicht leicht, anderen davon zu berichten, und nicht weniger, uns selbst, aber wir müssen uns damit auseinandersetzen. Diese Dinge sind Krebsgeschwüre, die trotz unserer Gesundung und Zen-Praxis weiterwuchern, bis wir uns ihnen stellen und sie neutralisieren.

Sie neutralisieren bedeutet nicht, daß wir uns ihrer entledigen sollen, nur, daß wir Vorsichtsmaßnahmen treffen müssen. Dies gehört zu dem Entleerungsprozeß, den sowohl die Gesundung als auch das Zen darstellt. Wir müssen uns sogar unserer übelsten Sekrete entleeren, um unser Potential auffüllen zu können. Im anderen Fall bleiben wir verdorbene Gefäße, die jede neue Erfahrung mit ihrer Leugnung vergiften.

Dieser Schritt der Gesundung weist uns an, das Unrecht, das wir taten, Gott, uns selbst und einem anderen Menschen gegenüber, zuzugeben. Der Zen-Buddhismus lehrt uns, daß wir jede höhere Macht in uns selbst finden. Wenn wir wirklich mit diesen Dingen in uns selbst umgehen können, haben wir sie auch unserer höheren Macht gegenüber zugegeben. Dies ist ein großer Schritt in Richtung der Erkenntnis unseres ganzen Selbst.

Das ist ja alles schön und gut, aber warum können wir es nicht dabei belassen? Weshalb müssen wir so weit gehen, tatsächlich jemandem davon zu erzählen? Wenn unser wahres Selbst bereits von diesen Dingen weiß, weshalb sollten wir uns dann dem Schmerz aussetzen, den eine Selbstentblößung einem anderen Menschen gegenüber mit sich bringen würde?

Wir selbst wissen, wie tief unsere Verleugnung geht. Wir wissen auch, wie überzeugend wir uns selbst belügen können. Allein schon der Akt, es einer anderen Person gegenüber in Worte zu fassen, ist mit der Anstrengung verbunden, der wir uns unterziehen müssen, um anzufangen, aufzuwachen. Darüber zu sprechen holt alles aus dem Bereich der Vermutungen hervor und verleiht ihm eine konkrete Form.

Was einmal gesagt wurde, besitzt eine tiefere Realität. Es wurde von einem anderen Menschen bezeugt. Es fällt uns schwerer, etwas zu leugnen, wenn jemand anders davon weiß. Unsere Furcht vor dieser Tat verschwindet gewöhnlich, wenn wir erfahren, daß die Person, der wir »beichten«, dasselbe in noch schlimmerem Maße getan, gefühlt oder gedacht hat.

Wir sind nicht länger allein. Wir sind nicht länger äußerst einzigartig, weder in unserem Leiden noch in unserem Unrechttun. Wir stellen fest, daß andere ebenso wie wir fühlen und daß wir keine Ungeheuer sind. Die Gesundung betont die gemeinsame Heilung. Man sagt uns, daß wir nur eine oder einer unter vielen sind und daß die Geheimnisse, die wir zu verbergen suchten, nur Ausdruck unserer Ichbezogenheit und unseres stolzen Willens waren. Wir schulden es anderen, aufrichtig zu sein, auch wenn es weh tut.

Zen betont das gemeinsame Gute vor dem individuellen Wünschen. Indem wir unsere Mängel anderen Menschen offenbaren, geben wir unsere wechselseitige Abhängigkeit zu. Es war unsere Leugnung dieser Interdependenz, die zu unserer ursprünglichen Fehlfunktion führte. Unser Unrechttun anderen gegenüber zuzugeben erlaubt uns, wieder in die Welt einzutreten, wie sie ist, nicht, wie wir sie vielleicht erträumt haben. Das ist die vollständige Akzeptanz unseres Lebenszweckes: einander aufzuwecken und Erleichterung in unserem gemeinsamen Leiden zu finden.

Schritt sechs
*»Wir waren völlig bereit,
all diese Charakterfehler von Gott
beseitigen zu lassen«*

Auch dieser Schritt handelt von Bereitschaft und Akzeptanz. Wie tief ist unser Vertrauen in unser wahres Potential? Wie weit sind wir bereit zu gehen, um unser ursprüngliches Selbst wiederherzustellen? Das ist es, was mit völlig bereit sein gemeint ist.

Wenn Zen uns lehrt, daß in Wahrheit keine Veränderung möglich ist, weil im Grunde nichts zu ändern ist, bedeutet das eigentlich, daß wir alle unsere alten funktionsgestörten Gewohnheiten ablegen und werden sollen, was wir immer schon waren: freie, vollständige, heile Menschen, deren Bewußtheit ein Ausdruck der universalen Natur ist. Unsere Veränderung ist eher eine Rückkehr und ein Wieder-wir-selbst-Werden als ein grundlegender Wechsel. Sie ist eine unumgängliche und sanfte Entwicklung und keine plötzliche und gewaltsame Revolution, obwohl sie uns genau so vorkommen mag.

Gott diese Mängel beseitigen zu lassen bedeutet – im Sinne des Zen ausgedrückt –, bereit zu werden, daß Ihr wahres Selbst sich in dieser Welt wieder geltend macht. Wenn Sie dazu bereit sind, werden in dieser wiederhergestellten Sicht der Dinge, wie sie wirklich sind, Ihre alten Gewohnheiten und Ihre verdrehten Wahrnehmungsarten wieder geradegerückt. Die Mängel wurden nicht so sehr beseitigt, sondern vielmehr einer besseren Verwendung zugeführt und wieder in das Ganze integriert. Fragen Sie irgend jemanden, der in seine aktive Krankheit zurückgekehrt ist. Er wird Ihnen sagen, daß die Mängel wieder erscheinen wie Pilze nach einem Regen.

Ihr wahres Selbst ist ohne Makel. Ihr wahres Selbst verändert sich nie, und man kann nichts von ihm abziehen und nichts hinzufügen. Nur ein Wiedereintauchen in Ihren leugnenden und urteilenden Verstand kann die Mängel wiederauftauchen lassen.

Wenn wir großes Vertrauen in unsere eigentliche Natur und das haben, was Buddhisten einen »großen Zweifel« in bezug auf unser kleines, leugnendes Ich nennen, hat unsere wahre Natur eine faire Chance zu gesunden. Bereitschaft setzt nur voraus, daß wir die Dinge so akzeptieren, wie sie wirklich sind. Allein schon unsere Bereitschaft, unsere aktive Krankheit zu besiegen, bedeutet, daß wir bereit sind, die Dinge so zu akzeptieren, wie sie wirklich sind. Unsere Krankheit war nichts weiter als unser wahres Selbst, das uns an den ihm rechtmäßig zustehenden Platz erinnern wollte.

## Schritt sieben
### »Demütig baten wir Ihn, unsere Mängel von uns zu nehmen«

Schritt sechs machte uns für die transformative Erfahrung des Erwachens bereit. Dieser Schritt führt ein wenig weiter. Nachdem wir uns sowohl für unser wahres als auch für unser bedingtes Selbst geöffnet haben, stellt dieser Schritt ein Heilmittel für das angesammelte Karma dar, das wir mit uns herumtragen. Dieses Karma ist das Ergebnis der Reibung zwischen den Bruchstücken unseres gespaltenen Selbst. Seine Verringerung oder regelrechte Vernichtung ist das Resultat ihrer Wiedervereinigung.

Die Ergebnisse unserer Taten und Gedanken – »richtig« und »falsch« – sind in unserem kleinen Ich als spirituelle Energie gespeichert, die wir Karma nennen. So betrachtet ist Karma nichts weiter als der Schwung, der dazu führt, daß wir unsere früheren Verhaltensmuster auch künftig beibehalten. Es hat keine Ähnlichkeit mit einem Computerprogramm oder dem christlichen Konzept des Erntens dessen, was man gesät hat.

Es ist äußerst wichtig, daß wir unserem Karma keine »moralische« Bedeutung unterlegen. Obwohl Karma auf den ersten

Blick an die Vorstellung der Sünde erinnern mag, ist es in Wirklichkeit ein viel neutraleres Konzept. In der herkömmlichen Religion suchen wir Vergebung für unsere Sünden durch eine Macht außerhalb von uns, zum Beispiel durch Gott. Wenn wir aufrichtig »bereuen«, sollen unsere Sünden uns vergeben und die Tafel, auf der unsere Schuld aufgezeichnet wurde, ausgewischt sein.

Nur wir selbst können unser Karma und unsere Mängel beheben. Wir waren persönlich für ihre Entstehung verantwortlich, und wir sind ebenso für ihre Beseitigung verantwortlich. Als wir irrtümlich glaubten, unser kleines Ich sei der einzige Maßstab für Wirklichkeit, haben wir die Verantwortung für die gesamte Schöpfung auf uns genommen. Im Zuge dieses Aktes haben wir uns auch die zusätzliche Bürde des Karma aufgeladen – in dem Glauben, wir seien gottgleich oder zumindest befähigt, über alles eine Meinung zu haben.

Im Zen versuchen wir, unser wirkliches Wesen gesund zu machen, indem wir uns in Meditation, Achtsamkeit und Mitleid üben. Allein schon diese Übungen beenden unser Gefühl des Getrenntseins und gestatten uns einen Blick auf unsere wahre Natur. Bei dieser Praxis verbrennen wir unser Karma in dem Umfang, in dem wir begreifen, daß es nur ein Nebenprodukt unserer tiefen Teilungen war.

Während wir eins mit unserer Erfahrung werden, lassen die Auswirkungen unseres Karmas nach. Die psychischen Rückstände unserer früheren Taten beginnen sich aufzulösen, und wir können in diesem Augenblick funktionieren, befreit vom Schwung unseres Karmas. Zen-Meister sagen oft, daß wir all unser Karma in einem einzigen Auflodern verbrennen können wie trockenes Laub in einem großen Feuer des Erwachens. Sie sind bereits erleuchtet und vom Karma befreit. Das

Wissen um diese Tatsache liegt nur unter Ihrer Verzweiflung und Ihren Überzeugungen verborgen. Werden Sie Ihrem verletzten Selbst erlauben, heil und glücklich zu sein? Werden Sie sich selbst endlich vergeben, daß Sie nur ein Mensch und ein Erbe all dessen sind, was damit Hand in Hand geht?

Mit unserem eigentlichen Selbst wiedervereinigt, werden wir immer im Einklang mit ihm handeln und das Leben so erfahren, wie es wirklich ist. Wir werden eine bessere Elle gefunden haben, an der wir unseren Lebenssinn und -zweck ermessen können. Unsere Mängel und unser Karma kauern immer noch draußen vor der Tür unseres Bewußtseins, bereit, in dem Augenblick zurückzuschlüpfen, in dem wir darin nachlassen, achtsam, dankbar und vollständig präsent in unserem Leben zu sein. Sie sind die substanzlosen Gespenster, die in dem verfallenen Schloß unseres dualistischen Denkens spuken. Unser wahres Heil liegt anderswo.

Schritt acht
*»Wir machten eine Liste aller Personen,*
*denen wir Schaden zugefügt hatten, und wurden*
*willig, ihn bei allen wiedergutzumachen«*

Vielleicht die tragischste Folge unserer Verleugnung war der Schaden, den sie anderen zufügte. Dieser Schritt verlangt, daß wir uns bewußt an die Menschen erinnern, die Opfer des Wütens unserer Krankheit wurden, und sie auflisten. Das erfordert absolute Furchtlosigkeit. Als Tenzin Gyatso, der vierzehnte Dalai Lama, einmal gebeten wurde, den Buddhismus mit wenigen Worten zu erklären, sagte er, im besten Fall könnten wir anderen Menschen helfen, aber zumindest sollten wir versuchen, sie nicht zu verletzen.

Das »Rezept« des Dalai Lama für richtiges Verhalten ist äußerst einfach. Aber wie oft sehen wir, daß wir allein durch Unwissenheit und Gedankenlosigkeit anderen schaden? Häufig war der Schaden unbeabsichtigt. Er war nur eine unerwartete Nebenwirkung unseres gedankenlosen Handelns. Wir können die Schäden, die wir anrichten, begrenzen, indem wir uns die Folgen unserer Taten vergegenwärtigen. Wenn wir in Einklang mit unserem eigentlichen Selbst handeln, sollte es uns nicht schwerfallen, Mitgefühl aufzubringen.

Solange wir nicht diese Wiedergutmachungen gegenüber den Menschen leisten, denen wir Schaden zugefügt haben, können wir den Schwung unseres Karmas niemals abbremsen. Da wir im Grunde mit allen übrigen Menschen eins sind, können wir sehen, daß unsere Taten auch auf uns selbst tiefgehende Auswirkungen hatten. Solange wir nicht gegenüber den Menschen und Einrichtungen, denen wir Schaden zugefügt haben, Wiedergutmachung leisten, können wir niemals hoffen, frei zu sein. Es ist beinahe so, als hätten wir Ungeheuer erschaffen und sie auf die Welt losgelassen. Nun haben wir vielleicht unser früheres Verhalten bereut, aber diese Ungeheuer sind immer noch dort draußen und verursachen emotionelle und spirituelle Schäden in den Seelen und in den Erinnerungen der Menschen. Am besten wäre es, wenn wir diesen Menschen zu helfen versuchten, indem wir bereit werden, Verantwortung für diese Ungeheuer zu übernehmen. Zumindest aber können wir versuchen, ihnen nicht länger zu schaden, indem wir unser Programm ausführen, ein besserer Mensch zu werden.

Ich hoffe, Sie haben sich selbst an die erste Stelle der Liste der

Personen gesetzt, denen Sie Schaden zugefügt haben. Ihr wahres Selbst oben auf die Liste zu setzen ist, als hätten Sie die Welt an die erste Stelle gesetzt. Jetzt müssen wir die Liste erweitern, um die übrigen Ausformungen der Welt zu erfassen – die Menschen, mit denen wir während unserer aktiven Krankheit Umgang pflogen. Indem wir uns den sehr realen Auswirkungen unseres Leugnens stellen, nähern wir uns der Schwelle unserer wahren Natur. Neuerlich mit Mitgefühl und dem Durst ausgestattet, unser Leben voll auszuschöpfen, sollten wir begierig darauf werden, anderen die wahre Natur unserer Krankheit verstehen zu helfen, und bereit, Wiedergutmachung zu leisten. Dadurch gleichen wir die Folgen unseres Karmas weiter aus und neutralisieren sie. Dieser Schritt, der uns so schmerzlich erscheinen mag, ist der erste Schritt eines Bodhisattva, der gelobt hat, alle Menschen vor dem Leiden zu erretten. In der Gesundung müssen wir die große Aufgabe in Angriff nehmen, die Menschen zu retten, deren Leiden wir selbst verursacht haben – darunter uns selbst. Es ist das mindeste, was wir tun können. Das Beste liegt noch vor uns.

Schritt neun
*»Wir machten bei diesen Menschen alles wieder gut – wo immer es möglich war –, es sei denn, wir hätten dadurch sie oder andere verletzt«*

Wieder werden wir aufgefordert, die Wahrheit unserer Worte durch Taten zu beweisen. Schritt neun wendet die Lektionen der vorangegangenen Schritte direkt auf die wirkliche Welt an. Aber diesmal werden wir angewiesen, tatsächlich den

Opfern unserer gedankenlosen Taten gegenüberzutreten und zu versuchen, Wiedergutmachung zu leisten.

Manchmal genügt eine Wiedergutmachung in Form einer Entschuldigung, einer Erklärung und des Eingeständnisses unserer Krankheit. In anderen Fällen ist eine umfassendere Rückerstattung nötig, etwa eine finanzielle Rückzahlung oder eine Entschuldigung in materieller Form. In welcher Form unsere Wiedergutmachung auch geschehen mag, wir sollten sie als zu einem größeren Heilungsprozeß gehörig betrachten. Wir hoffen, zugleich mit der Wiederherstellung unserer geistigen Gesundheit und unserer wahren Natur auch unsere geschädigten Beziehungen und Freundschaften wiederherzustellen.

Wir alle wünschen uns, daß die anderen gut von uns denken. Schritt neun gibt uns ein Mittel zur Hand, um sicherzustellen, daß es so sein wird. Oft werden die Menschen, die wir glauben verletzt zu haben, sich gar nicht an unsere Taten erinnern. Anderen wird alles wieder gegenwärtig, und sie sind rasch bereit, uns zu vergeben: sie empfinden wahrscheinlich sogar Achtung für unsere Aufrichtigkeit und Offenheit. Wieder andere haben unwiderrufliche Schäden oder böse Erinnerungen an uns davongetragen und wollen nichts mehr mit uns zu tun haben, obwohl wir uns bemühen, die Dinge ins rechte Licht zu rücken. In diesem Fall haben wir keine andere Wahl, als die Bitterkeit und Ablehnung zu ertragen. Wo wir nicht helfen können, sollten wir wenigstens versprechen, daß wir keinen weiteren Schaden zufügen. Selbst einem verletzten Menschen zu erlauben, daß er uns seinen Ärger zeigt, hilft uns, die karmische Bilanz unseres Lebens auszugleichen.

In den seltenen Fällen, in denen eine Wiedergutmachung durch die Einstellung eines Menschen unmöglich scheint, oder wenn der oder die Betreffende weit fort oder sogar tot ist, können wir nur Wiedergutmachung geloben, indem wir anderen helfen oder unsere eigene Gesundung fortsetzen. Die Welt könnte sich damit zufriedengeben. Unsere wahre Natur will uns nicht bestrafen, und sie fordert keine Vergeltung für unsere Taten. Sie verlangt nur, daß wir versuchen, uns zu bessern. Allein schon der Versuch, zu unserem wahren Sein zurückzukehren, reicht gewöhnlich aus, um unser schlechtes Karma zu neutralisieren und ein wenig mehr Mitleid in die Welt einzubringen.

Manchmal dienen unsere beabsichtigten Wiedergutmachungen als schmerzliche Erinnerungen an Ereignisse, die besser dem Vergessen und dem Vergehen der Zeit überlassen worden wären. Unsere Wiedergutmachungsversuche könnten sogar die Menschen gefährden, denen sie hatten helfen sollen, indem sie ihnen Verlegenheit bereiten oder vor anderen, die nichts davon geahnt hatten, Teile ihrer Vergangenheit enthüllen. Oft ist die Beziehung derart emotionell belastet und heikel, daß es besser und heilsamer ist, keinen Wiedergutmachungsversuch zu unternehmen. In solchen Fällen tut man besser daran, die schlafenden Hunde nicht zu wecken. Wir können uns nur vornehmen, es in Zukunft besser zu machen, und unsere Wiedergutmachung auf eine andere, direktere Art ausführen, indem wir zum Beispiel anderen Menschen helfen oder einfach die Qualität unserer Achtsamkeit verbessern. Es ist viel besser, keinen weiteren Schaden durch einen zum Scheitern verurteilten Wiedergutmachungsversuch anzurichten, als sich an ein starres Programm zu klammern und uns aufzudrängen, wo wir nicht mehr willkommen sind.

In solchen Fallen könnten wir selbst verletzt oder geschädigt werden. Das Programm fordert Aufrichtigkeit von uns, aber es verlangt nicht, daß wir auch dumm sein müssen. Wenn die Möglichkeit besteht, daß Ihre Wiedergutmachung Ihnen auf irgendeine Weise schadet, bleibt sie am besten unausgesprochen. Das buddhistische Verbot, Lebewesen zu verletzen, gilt an erster Stelle und vor allem für uns selbst. Wie können wir hoffen, anderen zu helfen, wenn wir nicht selbst Gesundheit und Ganzheit erlangen? Also seien Sie aufrichtig, aber auch klug.

Diese Taten helfen, den verstaubten Spiegel zu säubern, der unsere wahre, reflektive Natur ist. Wenn wir Verantwortung für unsere Taten als Kranke übernehmen, gestehen wir uns auch die Verantwortlichkeit für unsere Gesundung und unser Erwachen ein. Wenn wir uns auch machtlos fühlen mögen, während wir Wiedergutmachung leisten, entdecken wir, daß wir stets die reale Macht hatten, uns zu bessern und aufzuwachen. Wir sind für unsere eigene spirituelle Entwicklung verantwortlich geworden. Wir können nicht länger Menschen, Orte und Dinge für das Ausbleiben unseres »Fortschritts« verantwortlich machen. Indem wir die Chance nutzen und Wiedergutmachung leisten, stellen wir sicher, daß unsere Krankheit vollständig in den ganzen, wirklichen Menschen integriert wird, zu dem wir werden.

Im Zen müssen wir auch der Welt gegenüber Wiedergutmachung leisten. Wenn wir begreifen, daß wir alle Ausdruck des eigentlichen Selbst sind, sollten wir sehen, daß unsere Wiedergutmachungen über das begrenzte Gewebe unserer Beziehungen und unsere persönliche Geschichte hinausreichen und die Welt und das Universum selbst umspannen. Wir leisten dieser Totalität gegenüber Wiedergutmachung, indem wir zu unserer wahren Natur erwachen, die durch die

Tat unserer Verleugnung betrogen wurde. Die einzige Wiedergutmachung, die das Universum akzeptiert, ist Ihr Einverständnis, ein wirklicher Mensch zu werden und Ihre eigentliche Aufgabe wahrzunehmen, für diesen Augenblick aufmerksam zu sein. Darunter wird nichts funktionieren. Sie müssen es nur versuchen.

Es ist mit Angst verbunden, Wiedergutmachung zu leisten, und sogar mit noch mehr Angst, ein wirklicher Mensch zu werden. Aus dem zweifachen Griff unserer Leugnung und unseres Denkens in Kategorien befreit, müssen wir wie wahrhaft Erwachsene handeln. Wir müssen uns selbst und die Welt zum Nennwert akzeptieren und ernten, was wir gesät haben. Wir können niemanden außer uns verantwortlich machen. Und wir können niemanden außer uns selbst loben.

## Schritt zehn
*»Wir setzten die Inventur bei uns fort, und wenn wir Unrecht hatten, gaben wir es sofort zu«*

Dies ist eine höhere Stufe des Vierten Schrittes, in dem wir eine persönliche Bestandsaufnahme durchgeführt haben. Jetzt sollen wir diesen Schritt in ein ständiges Motiv übergehen lassen. Die Fortführung unserer privaten Inventur bedeutet nichts weiter, als daß wir beständig achtsam und aufmerksam unseren Taten und Gedanken gegenüber sein sollen. Es geht nicht um ein zwanghaftes Lauern auf Aussetzer in unserem Denken oder eine strafende Selbstkasteiung. Davon haben wir genug getan, als wir aktiv waren. Unsere Achtsamkeit sollte kritiklos und vorurteilsfrei sein.

Dieser Schritt wird sozusagen unser spirituelles Zähneputzen. Er ist ein Beibehalten – ebenso unverzichtbar, wie das Beibehalten des Trinkens, des Drogennehmens und so weiter in der Vergangenheit für uns war. Wir wissen aus eigener und aus den Erfahrungen der übrigen Mitglieder der Gemeinschaft, daß ein Nachlassen unmittelbar zu Ausrutschern oder zu einem Aufgeben unseres bisherigen Fortschritts führt. So ist es auch mit dem spirituellen Fortschritt, den wir erreicht haben. Es ist nicht wie beim Geld auf der Bank. Wir können keine Gelassenheit oder Achtsamkeit für schlechte Zeiten zurücklegen, aber wir können es alles verschwenden, wenn wir in unserem übersteigerten Gefühl der Einzigartigkeit schwelgen.

Eine fortgesetzte Bestandsaufnahme ist unsere Versicherung für die Gesundung und das Erwachen. Bis jetzt haben wir durch die Krankheit und die Gesundung eine neue und tiefe Achtsamkeit erlangt. Wenn wir diese Achtsamkeit in unserem Alltagsleben walten lassen, wird sie zu einem Licht, das uns die Gefahren zeigt, die in unserem kleinen Ich und unserer jetzt schlummernden Verleugnung lauern.

Es ist wichtig, daß der Schritt von *uns* spricht. Unsere frühere Art und Weise, mit der Welt umzugehen, ist auf den Kopf gestellt. Die unausgesprochene Botschaft lautet hier: Kümmere dich um deinen eigenen Kram. Wir können nicht länger umherspazieren und eine Inventur von allem und jedem machen. Als Jesus sagte: »Richtet nicht, auf daß ihr nicht selbst gerichtet werdet«, hat er nicht nur eine Predigt halten wollen. Er hat ein klares Rezept für die spirituelle Gesundung ausgesprochen. Im Zen heißt es, daß diese Welt unser Spiegel ist. Was sehen Sie, wenn Sie in diesem Spiegel auf andere Menschen deuten?

Eine bekannte Zen-Geschichte handelt von zwei Mönchen, die gelobt hatten, sich nicht mit Frauen einzulassen. Als sie eines Tages spazierengingen, kamen sie an einen Fluß, den sie überqueren mußten. Am Ufer stand eine Frau, die ebenfalls über den Fluß gelangen mußte, aber allein nicht dazu fähig war. Einer der Mönche trug sie auf seinem Rücken hinüber. Sobald sie das gegenüberliegende Ufer erreicht hatten, setzte er die Frau ab, und er und sein Gefährte wanderten weiter. Etwa zehn Meilen später sagte der andere Mönch ärgerlich: »Du hättest diese Frau nicht hinübertragen sollen.« Der erste Mönch lächelte nur und erwiderte: »Ich habe sie bereits vor zehn Meilen abgesetzt. Weshalb trägst du sie immer noch?«

Werden wir wie der erste Mönch sein, der einfach, ohne sich zu bedenken, tut, was zu tun ist, oder werden wir dem zweiten Mönch ähnlicher sein, der nicht nur das Gewicht seines eigenen Urteils trägt, sondern zusätzlich noch die Bürden anderer? Dieser Schritt teilt uns die Technik mit, wie wir klar und spontan werden können. Er versetzt uns in die Lage, in demselben Geist und mit denselben Ergebnissen aufzuheben und abzusetzen.

Teile des Achtfachen Pfades heißen vollkommene Achtsamkeit, vollkommene Anstrengung und vollkommene Erkenntnis. Die gewissenhafte Ausübung des Zehnten Schrittes wird diesen Anforderungen mehr als gerecht. Wenn wir diesen Schritt voll in unser Alltagsleben einbauen, wird Achtsamkeit zu unserer zweiten Natur – oder vielleicht sollte ich sagen: zu einer Gesundung unserer eigentlichen Natur.

Schritt elf

*»Wir suchten durch Gebet und Besinnung*
*die bewußte Verbindung zu Gott – wie wir Ihn*
*verstanden – zu vertiefen. Wir baten Ihn nur, uns*
*Seinen Willen erkennbar werden zu lassen*
*und uns die Kraft zu geben, ihn auszuführen«*

Dieses Buch wurde hauptsächlich geschrieben, um Fragen zu beantworten, die bei diesem Schritt auftreten: Was ist ein bewußter Kontakt? Wie ist unser Gottverständnis? Was ist Besinnung (Meditation)? Diese Fragen werden eingehend in dem Kapitel *Herumsitzen, nichts tun und auf den Boden schauen: Die spirituellen Techniken der Meditation* besprochen.

Eines meiner Lieblings-Cartoons stammt von Gahan Wilson. Es zeigt zwei Zen-Mönche – einen alten und einen jungen –, die in der Meditation einander gegenübersitzen. Der junge Mönch sieht zugleich erwartungsvoll und verwundert aus. Der ältere Mönch sagt verdrossen: »Weiter passiert nichts. Das war's.«

Das *war's* wirklich. Nichts mehr, nichts weniger. Willkommen in Ihrem Leben. Es ist genau so, wie es aussieht. Die Botschaft sowohl des Zen als auch der Gesundung läuft auf diesen lächerlichen, kleinen Ausdruck hinaus: *Das war's.* Wir wissen aber aus den Erfahrungen unserer Krankheit und unserer menschlichen Natur, daß unser kleiner Verstand mit diesem »Nur das« nicht zufrieden sein wird. Er denkt sich alle möglichen Geschichten aus, um unsere Aufmerksamkeit von der eigentlichen Arbeit abzulenken. Sowohl das Zen als auch die Gesundung bestehen darauf, daß die eigentliche Arbeit auf der Hand liegt und daß die Antworten auf unsere tiefsten Fragen nicht weiter von uns entfernt sind als unsere Nasenspitze.

Wir waren immer in Kontakt mit unserer höheren Macht; wir wissen genau, was sie ist; und wir haben immer ihren Willen gekannt. Es ist nicht wirklich unser Fehler, daß wir unsere wahre Natur und unsere eigentliche Arbeit vergessen haben. Dieses Vergessen gehört zu den Regeln dieses Spieles, das »Menschsein« heißt. Um dieses Spiel richtig spielen zu können, müssen wir lernen, daß unser Ziel als Spieler darin besteht, Wissen über uns selbst wiederzuerlangen und uns dabei nicht von den Strategien unserer alten Gewohnheiten ablenken zu lassen.

Zen und das Zwölf-Schritte-Programm zeigen uns, wie man die Antworten auf diese Fragen wiederfinden kann. Sie geben uns keine Liste in die Hand, aber sie gewähren uns die Freiheit, unsere eigenen, bedeutungsvollen Definitionen zu finden, Definitionen, die für uns die richtigen sind. Es ist lächerlich und anmaßend, anzunehmen, daß wir alle dasselbe glauben oder denselben Maßstäben im Leben anhängen würden. Es ist diese Art von »Logik«, die uns in unsere Krankheit hineingebracht hat und uns alle in eine größere Verfremdung hineinmanövriert. Alles Unbeugsame – sei es in der Gesundung, in der Religion oder in der Politik – kann uns nur zerbrechen, weil es sich nicht den Kurven unseres Wesens anpaßt. Leider sind diese starren Überzeugungen sehr zählebig, und wir sind es, die an ihren blinden Versprechen von Sicherheit und Erfüllung zerbrechen.

Um wahre Menschen zu werden, müssen wir wiederentdekken, was an uns selbst und an unserer Beziehung zum Universum von Bedeutung ist. Zu diesem Zweck müssen wir unsere eigenen Fragen stellen und uns unsere eigenen Antworten verdienen. Es hat niemals eine andere Instanz gegeben, an die wir uns wegen Antworten hätten wenden können, auch wenn noch so viele Menschen oder Systeme Ihnen etwas anderes weismachen wollen. Wenn Sie irgend jemandem außer Ihnen selbst oder irgendeiner Schule erlauben, in diesen überaus persönlichen Fragen Entscheidungen für Sie zu treffen, verraten Sie nur Ihre ureigensten Bedürfnisse. Folgen Sie Ihrem eigenen Trommler, wie Thoreau gesagt hat, und Sie werden niemals von Ihrem Weg abweichen und schließlich Ihr Ziel erreichen: Ihr eigentliches Selbst, vom Leiden befreit. Die Antworten auf unsere Fragen über Gott und seinen Willen in bezug auf uns sind überall zu finden. Zen und Gesundung sind nur Werkzeuge, die uns bei der Suche helfen können. Sie haben keinen Wert in sich selbst und verdienen weder unsere Verehrung noch unsere bedenkenlose Treue. Und sie fordern diese Dinge in keiner Weise. Zum ersten Mal in Ihrem Leben werden Sie nicht angelogen oder von jemandem zu eigennützigen Zwecken mißbraucht.

Wie wir in den vorangegangenen Schritten sahen, kann ein bewußter Kontakt zu Gott einfach Aufmerksamkeit für Ihr eigenes Leben bedeuten. Wenn unsere höhere Macht zugegen und in jedem Augenblick enthalten ist, dann können wir bewußten Kontakt zu Gott herstellen, indem wir uns unseren Platz im Universum bewußtmachen. Es ist die Wiederherstellung einer Verbindung, etwa so, als würden wir unsere ausstehende »spirituelle Telefonrechnung« mit Achtsamkeit bezahlen. Sobald die Verbindung wiederhergestellt wurde, können wir den Klang Gottes auf jedem unserer Wege und bei jeder unserer Taten hören.

Gebet und Meditation haben mehr mit den Eigenschaften und Einstellungen eines gesundenden Geistes als mit körperlichen Verrichtungen zu tun. Die Verrichtungen des Gebets und der Meditation sind eine Intensivierung der achtsamen und dankbaren Haltung, die wir in jedem Augenblick kultivieren sollten. Wenn sie auf die Zeiten des Gebets und der Meditation begrenzt sind, werden sie bedeutungslos. Sie nehmen denselben Status wie eine körperliche Funktion ein und verlassen den Bereich des bewußten Kontakts. Die Verrichtungen des Gebets und der Meditation können wie Markierungssteine am Beginn und am Ende Ihrer Tage stehen und zu wirksamen Erinnerungen an Ihre Suche werden. Wichtig ist, daß sie zu einer Lebens- und Seinsweise werden.

Wenn wir uns darin üben, werden wir feststellen, daß unser Denken mühelos und unmerklich gebetsmäßige und meditative Züge annimmt und die Gewohnheiten der Angst und des Zornes ablegt. Gebet und Meditation werden unsere Wahrnehmung der Realität von Augenblick zu Augenblick. Sie schenken uns eine klare Sicht und Gelassenheit sowie die Fähigkeit, unser Leben ungetrübt – ohne die Brille der Erwartung und der vorgefaßten Meinung – zu erfahren.

## Schritt zwölf

*»Nachdem wir durch diese Schritte
ein spirituelles Erwachen erlebt hatten,
versuchten wir, diese Botschaft an Alkoholiker
weiterzugeben und unser tägliches Leben
nach diesen Grundsätzen auszurichten«*

Schritt zwölf geht von der Annahme aus, daß wir einen gewissen Fortschritt in der Befreiung unseres wahren Selbst von der Leugnung erfahren haben. Als Ergebnis dieser Entwicklung sagt dieser Schritt, daß wir ein spirituelles Erwachen erfahren haben sollten. Mit anderen Worten: Der Kuchen ist gebacken. Dies ist der letzte Teil des Rezepts. Zeit, unsere Schöpfung zu servieren. Man könnte diesen Schritt als den Bodhisattva-Schritt in der Gesundung bezeichnen. Im Zen wird unsere Verpflichtung betont, die Botschaft zu verbreiten und alle Menschen von Leiden zu befreien. Daß es uns bessergeht, darf sich nicht auf uns beschränken.

Dies ist das erste Mal, daß in den Schritten das Wort »Erwachen« verwandt wird. Man sollte dieses Erwachen nicht zu sehr dramatisieren. Schließlich haben wir gesehen, daß wir tatsächlich an dem Ort wiedererwachen, an dem wir immer gewesen sind – genau hier und jetzt. Das ist es.

Das Erwachen bezieht sich darauf, daß wir eine Art zu leben erlangt haben, die mit den tiefsten Geboten unseres Seins übereinstimmt. Der Preis, den wir für diese Gesundung bezahlt haben, ist unsagbar hoch. Der Preis, den wir immer noch für ein fortgesetztes Erwachen bezahlen, ist nicht so hoch, und diesmal sollten wir dankbar dafür sein. Wir haben auf die harte Tour herausgefunden, daß unser wahres Wesen tatsächlich dasselbe ist wie alles, was wir erfahren. Als Teil eines gestörten Ganzen dient es unserem kleinen, selbstsüchtigen Interesse, Wohlbefinden verbreiten zu helfen. Im anderen Fall sind auch unsere eigenen Chancen gering.

Sowohl Zen als auch die Gesundung erkennen die spirituelle Regel an, daß man nichts behalten kann, es sei denn, man gibt es fort. Diese Aussage steht im Widerspruch zu allem, was uns als wahr zu glauben gelehrt wurde. Unsere Verleugnung und unsere Konditionierung ließen uns glauben, daß das Universum so nicht funktioniert. Einer meiner ersten amerikanischen Zen-Lehrer trug ein T-Shirt mit dem Aufdruck: »Wer mit den meisten Spielsachen stirbt, gewinnt.«

Die Tatsache, daß er es trug, machte aus diesem T-Shirt einen Spaß und aus seiner Aufschrift eine Lehre. Aber wenn man sie ernst nimmt, ist dies die Einstellung, die den meisten säkularen und religiösen Philosophien zugrunde liegt: Der Himmel ist für einige wenige Menschen reserviert; Glück ist das Äquivalent von materiellem Wohlstand; nur die Anhänger einer bestimmten Ideologie haben recht – und so weiter, und so fort: die Ausstreuung eines spirituellen Gifts.

Kein Wunder, wenn wir mit uns selbst uneins sind. Bei solchen Regeln kann man einfach nicht gewinnen. Nicht nur, daß wir all die falschen Fähigkeiten und Besitztümer anhäufen, wir achten auch noch eifersüchtig darauf, Schmerzen und Verfremdung anzusammeln, weil wir glauben, diese Dinge würden uns und uns allein gehören. Selbst auf dem Sterbebett weigern sich die meisten von uns, mit ihrer Verleugnung aufzuhören und aufzuwachen. Hartnäckig halten sie an ihrem Groll und ihrem Leiden fest, als handele es sich um einen großen Schatz, um ihren eigenen Verdienst und ein einmaliges Schicksal. Der Bluessänger Joe Turner sang einmal: »Du bist so schön, aber eines Tages wirst du sterben.« Wo gehen dann all deine geschätzten Wünsche und Bedürfnisse hin? Wer wird dann mit deinem Spielzeug spielen?

Das Universum funktioniert einfach nicht so. Das Universum verlangt Bezahlung für unser Bewußtsein. Das Universum will, daß Sie ihren Aufgaben nachkommen. Das Universum verlangt nichts von Ihnen, was Ihre Fähigkeiten übersteigt. Das Universum sagt, wenn wir in unserer Illusion beharren, ziehen wir uns nur Schmerzen zu. Wir sind durch unser Leben schlafgewandelt, haben uns an der Realität gestoßen und uns verletzt. Es gibt einen sanfteren Weg – den Weg, wie er sein soll. Wachen Sie auf!

Das Universum ist nur, was Sie erfahren, wenn Sie keine Erwartungen haben. Es ist Ihr wahres, unveränderliches Selbst, ohne Beschränkungen oder Definitionen. Haß, Zorn und Gier führen zur Spaltung und versenken uns in Schlaf. Liebe und gegenseitige Hilfe sind die heilkräftigen Salben, die uns aufwecken und uns unseren wahren Daseinszweck enthüllen. Das Universum verlangt nur Liebe als Bezahlung für das große Privileg, ein Mensch zu werden. Das Universum verlangt Liebe.

Wir müssen sie fortgeben, um sie zu behalten. Das ist das einzige Gesetz. Das ist die einzige Moral. Das ist der einzige Befehl Ihrer höheren Macht. Nichts weiter verbirgt sich dahinter. Keine geheimen Beschwörungen, keine mysteriöse Initiierung, keine besonderen Bittgebete. Das ist alles, was es gibt. Das ist es.

# Das Herz-Sutra
## des Zen der Gesundung

Meine Version vom *Herz-Sutra*, dem zenbuddhistischen Kerntext, stellt eine freie Interpretation dar, die auf den Lektionen in diesem Buch und meinen eigenen Erfahrungen in der Gesundung und der Zen-Praxis basiert. Diese Version hält sich zwar getreu ans Original, aber ihre Absicht besteht nur darin, Sie in die grundlegenden Prajnaparamita-Konzepte einzuführen, soweit sie bei der Zen-Gesundung bedeutsam sind. Ich habe den Text hier eingeführt, weil er von unschätzbarer Bedeutung für Denken und Praxis des Zen ist und weil im Buch so oft auf ihn verwiesen wird.

Es gibt in fast jeder Sprache gute Übersetzungen vom *Herz-Sutra*. Diejenige, von der ich ausgegangen bin, stammt von D. T. Suzuki, die wahrscheinlich bis heute bekannteste, maßgebliche Übersetzung. Sie können sie in Suzukis *Manual of Zen Buddhism* oder in einer der vielen Anthologien buddhistischer Schriften nachlesen. Wer sich näher mit den philosophischen Grundlagen des Zen befassen möchte, kann sich mit großem Gewinn an diese und andere, wortgetreuere Übersetzungen halten.

Wenn unser wahres Selbst
sich furchtlos prüft und Achtsamkeit übt,
entdeckt es, daß unsere Überzeugungen, Charaktermängel und Krankheiten
leer und ohne wirkliche Existenz sind.

Unser wahres Selbst, das diese Wahrheit kennt,
erinnert unser kleines Ich durch Leiden und Deflation
daran,
daß die Formen, die diese Dinge annehmen, sich
nicht von ihrer Leere unterscheiden
und daß ihre Leere sich nicht von ihren Formen
unterscheidet.
Nur unser Verstand, der Erfahrungen in dies und das
unterteilt,
in gut und böse, gesund und krank, leer und nicht leer,
läßt es anders erscheinen.

Alle Dinge sind klar und existieren wie der Raum,
sie sind Versprechungen, die nur unser Geist einlösen
kann.
Sie können nicht geschaffen werden, und sie können
nicht zerstört werden,
sie sind weder gut noch böse, und
sie nehmen nicht zu, und sie nehmen nicht ab.

Es gibt kein Nicht-Wissen zu verlieren und kein Wissen
zu erlangen,
keinen Zwang und keine Ganzheit, und es gibt kein
Ende von beidem,
bis wir unsere Machtlosigkeit eingestehen.

Es gibt keinen Weg, kein Programm und keine Praxis,
    denen man folgen müßte.

Es gibt kein Erreichen, weil wirklich nichts zu
    erreichen ist.

In unserem wahren Selbst existieren keine
    Hindernisse und keine Ängste.
Wenn wir alle dualistischen Überzeugungen unseres
    kleinen Ichs,
unser Verleugnen und unsere Krankheit
    transzendieren,
gesundet unser wahres Selbst, und wir entdecken,
    daß es immer schon heil war,
und wissen, daß es niemals wirklich etwas zu
    gesunden gab.

Alles ist gut.

Deshalb solltest du die Wahrheit
über die Gesundung des wahren Selbst kennen,
die Wahrheit, die lehrt, daß niemals eine Wahrheit
    zu finden war,
die Wahrheit, die lehrt, daß niemals eine Wahrheit
    zu verlieren war,
die transzendente und weltliche Wahrheit,
die Wahrheit, die allein bestätigt,
gegen die alles andere Leugnung ist.
Die Wahrheit, die du so lange vor dir selbst verborgen
    hast
und die du jetzt eingestehen kannst:

»Wahres Selbst!
Ich kenne dich jetzt!
Fort, fort, fort,
ans andere Ufer des Einsseins, der Ganzheit und der
   Liebe.
Fort, fort, fort,
vom jenseitigen Ufer der See des Leugnens und der
   Krankheit.
Erwache an dem Ort, den du niemals verlassen hast!
Vollständig gesundet und fort vom Leiden.
Vollständig fort!«

Auf den ersten Blick kann das *Herz-Sutra* im höchsten Maß widersprüchlich, selbstgefällig-beschränkt und völlig paradox wirken. Für jemanden, der gewohnt ist, zu glauben, daß er sich von der Welt unterscheidet, ist es all das. Aber in dem Maß, in dem man Fortschritte in der Zen-Praxis oder in der Gesundung macht – oder leidet –, werden die Worte klarer. So kurz es auch ist, das *Herz-Sutra* stellt eine brauchbare Kurzfassung aller buddhistischen Lehren dar und ist als solche unglaublich kompakt und vollständig. Es hat große Ähnlichkeit mit einem Computerchip, der ungeheure Mengen an Wissen enthält, in Bedeutungsebenen angeordnet und in einem Code verschlüsselt, den nur jemand knacken kann, der eine gewisse Erfahrung in der dazu erforderlichen Arbeit hat: furchtlose Selbstprüfung.
Die meisten formalen Zen-Schüler lernen dieses Sutra auswendig und rezitieren es häufig. Ich habe nie aufgehört, darüber zu staunen, wie sehr sich mein Verständnis dieses Sutras bei jedem Lesen, jedem Darüber-Nachdenken und jedem

Rezitieren verändert. Manchmal nehmen Textteile ganz neue Bedeutungen an, an die ich vorher nicht im Traum gedacht hätte, und entpuppen sich unerwartet als Anreiz zu mehr Arbeit an mir selbst. Vorher spitzfindig und unergründlich wirkende Nuancen werden zu einfachen und offensichtlichen Wahrheiten, und ich möchte mir mit der flachen Hand vor die Stirn schlagen und ausrufen: »Natürlich!« Das *Herz-Sutra* ist vermutlich der einzige Text, den Sie wirklich brauchen, der einzige Lehrer, auf den Sie zählen können, und der beste und aufrichtigste Freund, den Sie sich nur wünschen können. Es ist der Schlüssel zu einer Tür, die niemals verschlossen war. Es ist die Karte eines Ortes, den Sie niemals verlassen haben. Es bedeutet nur zu sagen: »Alles ist gut.«

# Du bist bereits erleuchtet

Wenn wir aufhörten, in unseren Krankheiten aktiv zu sein, erführen viele von uns das, was Bill W. als eine Voraussetzung für die Gesundung nannte: »Gründliche und vollständige Ego-Deflation.« Dieses Konzept, das Bill wie bereits gesagt von C. G. Jung übernommen hatte, scheint der Prüfstein einer bedeutungsvollen Transformation in unserem Leben zu sein. Bei Bill nahm diese intensive spirituelle Erfahrung eine nichttheistische Form an. Was ist eine gründliche Ego-Deflation? Alles, was ich persönlich weiß, ist, daß mein »Ich«, das trank und sich auch in anderen Formen des selbstzerstörerischen Verhaltens erging, einfach für eine Sekunde – die mir wie die Dauer eines Lebens vorkam – verschwand. Im einen Augenblick war ich leidend und aktiv, im nächsten Moment war ich es nicht mehr. Menschen in der Gesundung haben das Gefühl, buchstäblich »wiedergeboren« zu werden – ohne jeden christlichen oder buddhistischen Unterton. Wir sind wahrlich wiedergeboren und neue Menschen geworden.

Im Augenblick einer echten Ego-Deflation fliegt unsere tiefe Verbundenheit mit unserem Denken, unserer Krankheit und ihrem Fortschreiten davon wie trockene Blätter in einem kräftigen Dharma-Wind. Wir stehen nackt dort, ohne auch nur die Reste einer persönlichen Identität. Das Joch unserer Krankheit ist zerbrochen. Die lebenslange Sklaverei des Verlangens, der Abhängigkeit und der Selbstzerstörung ist einfach verschwunden. Es ist nicht auf logische Weise geschehen, nicht auf rationale Weise. Es geschieht in einem großen, intuitiven Sprung, der durch unsere reine und äußerste Verzweiflung ausgelöst wurde. Wir sind wie ein Topf voll Wasser, der durch die Intensität unseres Leidens zum Kochen gebracht wird – und durch unsere plötzliche Erkenntnis, daß wir selbst die Ursache unseres Leidens sind und es selbst in der Hand haben, das Leiden zu beenden. Wir sind wie eine Frucht, die allmählich reift, bis sie verfault zu Boden fällt, um Zen-Meister Seung Sahn zu paraphrasieren. Was durch und durch verfault und nicht mehr verwendbar schien, enthüllt nun einen Keim der Erneuerung und der Hoffnung.

Scheinbar unbedeutende Dinge können dieses Kochen und Reifen auslösen. Ein dahingesagtes Wort, der Geruch eines Getränks, ein Stück Literatur – einfach alles. Wer weiß es? Es spielt wirklich keine Rolle, worin der Auslöser besteht. Was eine Rolle spielt, ist, daß es geschieht und daß es Wirklichkeit ist. Wir sind der hundertprozentige, lebende Beweis dafür.

Die Erleuchtungserfahrung im Zen weist viele Ähnlichkeiten mit der gründlichen Ego-Deflation auf, die Menschen beim Eintritt in die Gesundung erfahren. Diese Erfahrung und die Bereitschaft, die sie zur Folge hat, macht oft den ganzen Unterschied zwischen einer ernsthaften und einer krampfhaft gewollten Gesundung aus. Jahre der Zen-Praxis, der Meditation und des Studierens erhöhen die Hitze, und plötzlich macht es »Peng!« …

Berühmt ist der Fall eines Mönchs, der Erleuchtung erlangte, als er einen Kieselstein auf einem Bambusrohr auftreffen hörte. Hui-neng, der Sechste Patriarch des Ch'an-Buddhismus in China, wurde spontan erleuchtet, als er »zufällig« hörte, wie

folgender Satz des *Diamant-Sutras* von einem Mann rezitiert wurde: »Laß deinen Geist frei fließen, ohne bei irgend etwas zu verweilen.«

In der Zen-Praxis suchen wir die vollständige Erkenntnis, daß wir weder unser Ego noch unser denkender Verstand sind. Beide sind nur Werkzeuge und Spielzeuge. Wenn wir diese Erkenntnis erlangen, verbinden wir uns wieder mit der Welt, wie sie wirklich ist, und erfahren unsere wahre Natur. Unsere Schutzwände stürzen ein, und wir unterscheiden uns nicht länger von anderen. Ein Taoist der Antike sagte, wenn wir diese Welt nicht verstünden, sei die Welt, wie sie ist. Wenn wir diese Welt verstünden, sei die Welt noch immer, wie sie ist. Ein oft zitierter Zen-Ausdruck in bezug auf das Erwachen lautet, daß vor der Erleuchtung die Berge einfach Berge sind. Während der Erleuchtung sind die Berge nicht länger Berge. Nach der Erleuchtung sind die Berge einfach Berge. Sie sehen, diese Erfahrung ist wirklich nichts Besonderes – nur eine Wiederkehr unserer angeborenen Weisheit und klaren Wahrnehmung, die immer bei uns gewesen sind. Menschen in der Gesundung wissen intuitiv um diese Grundwahrheit des Einsseins, des Einer-unter-vielen-Werdens, des Wiedererscheinens der Grundmuster des Lebens. Es ist weder etwas Mystisches noch etwas Ungewöhnliches, aber zugleich ist es tiefgreifender und bewegender, als man es beschreiben könnte.

Die Zen-Erfahrung öffnet unsere Herzen und verlegt unsere Nerven gleich unter die Haut, und sie verbindet uns enger mit dem Universum, bis wir auf eine sehr reale und buchstäbliche Weise verstehen, daß wir einander brauchen: alle Menschen, Tiere, Pflanzen, Felsen, Sterne und sogar Bazillen. Jeder Mensch vervollständigt den anderen, und das ist die einzige Bedeutung, nach der wir suchen müssen, um wahre Gelassenheit und Zufriedenheit zu erlangen. Wir leben, und unsere wahre Bedeutung besteht nur in Beziehung zu den Gegenständen unseres Denkens und Fühlens. Nicht länger allein und an den schäbigen, gemieteten Raum eines kleinen »Ichs« gebunden, steht es uns frei, in der Villa des Wir umherzuwandern und die übrigen schlafenden, leidenden Menschen aufzuwecken. Der Zwölfte Schritt unserer Gemeinschaft stellt diese Bodhisattva-Tätigkeit sicher.

Mit anderen Worten, es ist nicht nur unsere eigene Gesundung. Um unsere Gesundheit aufrechtzuerhalten, müssen wir sie fortgeben und anderen Menschen, die noch in ihre aktive Krankheit verstrickt sind, helfen. Diese Zusatzsicherung sorgt dafür, daß das Programm selbstlos bleibt, weil es in unserem höchst eigenen Interesse liegt, anderen zu helfen, denn dies bedeutet, daß unsere eigene Gesundheit erhalten bleibt. Der Dalai Lama hat diese Form der Motivierung das Merkmal eines weisen, egoistischen Menschen genannt. Törichte, egoistische Menschen jagen nur hinter ihrem persönlichen Gewinn her und sichern sich dadurch eine Fortsetzung ihres Leidens und schlechtes Karma. Möglich, wenn nicht sogar wahrscheinlich, ist auch, daß sie zum aktiven Fortschreiten ihrer Krankheit zurückkehren.

Im Zen legen wir das Bodhisattva-Gelöbnis jeden Morgen ab: »Überall sind fühlende Wesen, und wir geloben, sie alle zu retten.« Somit können wir sehen, daß wir aus der Sicht der Gesundung – wenn wir angefangen haben, selbst gesund zu werden – mit dem großen Werk begonnen haben, weil die Welt für uns nicht länger ein so schrecklicher Ort ist. Wir haben bereits die Welt gerettet, indem wir nur unsere Sicht der Dinge änderten. Diese Welt wird immer unseren Erwartun-

161

gen entsprechen – sei es zum Guten oder zum Schlechten –, das ist neben der Gravitation das einzige Gesetz, auf das man sich verlassen kann. Es ist, als hätte Ihr Wagen einen Schaden und Sie fühlten sich, als sei die ganze Welt eingestürzt. Es ist Ihr Denken, das »eingestürzt« ist und alles in diesem Kontext sieht. Bringen Sie sich selbst in Ordnung, und Sie bringen die Welt in Ordnung. Ihr Wagen kann warten – können Sie ebenfalls warten?

Die Welt ist nichts anderes als das, was jeder von uns auf seine Weise erfährt. Erfahren Sie die Welt haßerfüllt oder furchterfüllt, wird die Welt ein hassenswerter und fürchterlicher Ort. Erfahren Sie sie mit einem mitleidigen Herzen, werden Sie ständig überrascht und erfreut sein. Ihre Welt wurde in einem sehr realen Sinn vollständig verändert und gerettet. Handelt es sich um eine andere als die sogenannte reale Welt? Nein. Es ist die einzige Welt, die Sie kennen, die Sie erfahren. Ihre Vorstellungen von und Meinungen über diese Welt *sind* die Welt. Das ist nicht nur eine hübsche Metapher oder ein poetisches Bild. Sie *sind* die Welt. Ändern Sie sich. Lassen Sie los von sich; lassen Sie ihre Ideen davon los, wie dieses Leben und die Welt sein sollten, und die Welt wird sich ändern und Sie loslassen. Sehr einfach. Sehr hart.

Wie macht man das? Wie bei dem Mann, der stundenlang nach seiner verlorenen Brille suchte, um dann zu entdecken, daß sie die ganze Zeit über auf seiner Nase saß, so lehrt Zen, daß wir bereits erleuchtet sind, bereits Buddhas und bereits vollkommen sind. Wir haben es nur irgendwie vergessen, oder wir sind in Schlaf gefallen. Wir sind wie Spiegel, die nicht wissen, daß sie Spiegel sind, weil der Staub des Karmas, der Charakterfehler und des Leidens sie bedeckt. Als wir in die Gesundung eintraten, war es das gleiche. Wir hörten einfach auf, in Ordnung? So einfach, so verdammt schwer. Plötzlich geschah es einfach. Aber wie diesen Geist der Ego-Deflation von Augenblick zu Augenblick und von Tag zu Tag beibehalten? In der Gesundung ist es eine Selbstverständlichkeit, daß wir ständig wachsam und auf der Hut sein müssen. Das ist kein Spiel. Wenn wir zu unseren alten Denkweisen zurückkehren, sterben wir wahrscheinlich. Jetzt verstehen Sie, wieso Menschen in der Gesundung gute Zen-Schüler abgeben. Uns muß man nicht erzählen, wie dringlich Buddhas Erste Edle Wahrheit ist, daß Leben Leiden bedeutet.

Wir verstehen auch die Zweite Edle Wahrheit, daß Begehren die Ursache des Leidens ist. Wir mußten, um überleben zu können, dieses Begehren in jedem einzelnen Augenblick und an jedem einzelnen Tag bekämpfen. Buddhas Dritte Edle Wahrheit lautet, daß es einen Weg gibt, das Leiden zu beenden. Auch das haben wir dank der Beendung des aktiven Fortschreitens unserer Krankheit und ihrer unvermeidbaren Nebenwirkungen erfahren. Der Eintritt in ein Zwölf-Stufen-Gesundungsprogramm zündete für die meisten von uns ein Licht in unserem dunklen Raum an, und wir konnten den Ausgang sehen. Nach der Vierten Edlen Wahrheit, in der es heißt, daß es einen genau beschriebenen Weg zur Beendigung des Leidens gibt (den Achtfachen Pfad), handeln wir bereits durch unsere Zwölf Stufen. Ebenso, wie die Buddhisten sich bemühen, den Achtfachen Pfad in ihr Leben zu integrieren, versuchen wir in der Gesundung, »diese Prinzipien in allen Angelegenheiten unseres täglichen Lebens zu praktizieren«.

Wir in der Gesundung bemühen uns ständig, diese Erfahrung, unsere alten Meinungen, Lebensgewohnheiten und Vorstellungen abzulegen oder loszulassen, zu erneuern, in dem ständigen, deutlichen Bewußtsein, daß sie noch präsent sind – jederzeit bereit, hervorzuschnellen und uns wieder zu Sklaven in den Ketten des Begehrens und der Krankheit zu machen. Die Meditationspraxis verdeutlicht diesen Zustand. Wir mögen geglaubt haben, längere Zeit hindurch still dagesessen zu haben. Doch plötzlich erkennen wir, daß wir in Wirklichkeit über die Hypothek, die Kinder, unseren Ärger und über »Was-wäre-wenn«-Szenarien nachdachten – wir waren alles andere als in der Gegenwart präsent und achtsam. Die heimtückische und verführerische Art des Verstandes und unserer Krankheit ist derart, daß wir sie kaum jemals als Verstand oder Krankheit wahrnehmen. Tatsächlich nehmen wir sie überhaupt nicht wahr. Sie sind einfach wir – oder vielleicht nicht?

In der Meditation bemühen wir uns, diese Ausrutscher der Identifizierung unserer selbst mit unserem Denken nicht zu überwachen, zu beurteilen oder festzuhalten (immerhin üben wir). Wir fahren nur damit fort, auf unseren Atem, unser Mantra oder unsere Frage zu achten, und versuchen, wieder in diesem Augenblick präsent zu sein. Wiederholte Meditationssitzungen lehren uns, den Verstand als das zu sehen, was er ist, all diese Gedanken und Empfindungen kommen und gehen zu lassen, wie Wolken über einen klaren Himmel ziehen. Der Himmel ist immer dort. Manchmal ziehen Sturmwolken auf, manchmal erscheinen Regenbögen – genau wie gute oder schlechte Gedanken in unseren Köpfen. Seien Sie wie ein Berg aus uraltem und unverrückbarem Gestein. Die Wolken der Gedanken und Empfindungen können ihm weder schaden noch ihn bewegen. Ob sie kommen oder gehen, ob es stürmt oder die Sonne scheint – der Berg bleibt der Berg.

Vor meinem alten Seminarraum im Zen-Zentrum sitzt ein

massiver Steinbuddha, das Werk meines ersten amerikanischen Zen-Lehrers. Ich habe ihn im Winter mit Schnee bedeckt gesehen und im Sommer gefühlt, wie heiß er war. In allen Jahreszeiten und Situationen sitzt er dort unter der hohen Pinie. Eines Tages sah ich einen Vogel auf seinem Kopf landen. Was für ein hübsches Bild, dachte ich. Dann schiß der Vogel dem Buddha den ganzen Kopf voll und flog davon. Noch am selben Nachmittag wusch der Regen die Verunreinigung wieder fort. Ich frage mich, wie viele von uns so gelassen und geduldig hätten sein können? Wir sind nicht aus Stein gemacht, aber die Lektion ist klar. Dinge geschehen – Dinge gehen vorbei.

Was bleibt klar und unveränderlich? Wenn wir zentriert sind und durch Gut und Böse nicht berührt werden, gibt es keine Probleme. Alles ist uns eine Lehre, wenn wir nur für sie offen sind. Ich hatte von dem Steinbuddha oder dem Vogel keine Lehre erwartet. Die unerwartete Weisheit, die ich an jenem Tag erhielt, war ein Geschenk. Ich denke oft daran, wenn ich das Gefühl habe, daß ein Mensch oder ein Ort »auf mich scheißt« oder sogar ich selbst es tue. Die Eigenschaft eines Buddhas – unseres wahren Selbst – ist die Nabe dieses sich ständig drehenden Rades der Aufmerksamkeit und der Gefühle; im wahrsten Sinne des Wortes unser Zentrum.

Diese Eigenschaft der Steinbuddha-Gelassenheit kann man nur durch achtsames Üben erlangen. Auf die Weise lernen wir, einen Geist beizubehalten, der klar wie die Weite des Raumes und gelassen wie der blaue Himmel ist. Unberührt von den Wechselfällen des Lebens weilen wir beständig an dem Ort, an dem das Ego sich nicht aufplustern darf, nicht seine falschen Ansprüche stellen und uns ärgerlich, gierig oder aktiv in unserer Krankheit machen darf. Durch wiederholtes Arbeiten mit den Zwölf Stufen und regelmäßiges Üben der Zen-Meditation lernen wir sehen, wie irrig unsere Vorstellung des Getrenntseins ist. Unsere Wünsche, unsere Neigungen und unser leidiges Denken verlieren allmählich ihren Einfluß auf uns, und wir wissen instinktiv, wie man auf elegante und mühelose Weise in jeder Situation und in jedem emotionalen Zustand das Richtige tut.

Es geht hier buchstäblich um Leben oder Tod. Wir können nicht zulassen, daß unsere krankhaften Denkmuster ihre Herrschaft über unser Leben und unser Karma erneuern. Wir müssen etwas unternehmen, um das zu verhindern. Meiner Erfahrung nach gehört die Zen-Meditation zu den besten Methoden. Von Augenblick zu Augenblick. Einen Tag nach dem anderen. Achtsam. Nicht ergreifen. Nicht festhalten. Öffne deinen Geist. Öffne dein Herz. Öffne dich allem. Du bist bereits erleuchtet!

# Du bist bereits tot

Unsere Meinungen sind die Schaufeln, mit denen wir uns unser eigenes Grab ausheben. Die lebenden Tode, die wir erfuhren, als wir aktiv waren, unterscheiden sich nur graduell von den lebenden Toden der Gesundung. Das Denken, das trank oder Drogen nahm, ist auch das Denken, das Gut und Böse schafft: alle Arten von Diskriminierungen und Unterschieden. Wir in der Gesundung kennen die Gefahren aus erster Hand, die es bedeutet, grundlos Meinungen zu hegen. Als wir aktiv waren, hatten wir eine Meinung zu allem und jedem, und gewöhnlich war sie negativ, zynisch oder abgrundtief pessimistisch. Oder wir schwelgten in Wunschvorstellungen und unterhielten Meinungen, die so weit von der Realität und unserem Leben entfernt waren, daß nur Enttäuschung und Bitterkeit folgen konnten.

Immer wenn wir glauben, daß eine Person, ein Ort oder eine Situation schlecht oder gut ist, berauben wir uns zur Hälfte der wahren Erfahrung. Wir haben buchstäblich die Hälfte der Gleichung entfernt: die deutliche Wahrnehmung unseres wahren Selbst. Wir treten unser Recht auf die Hälfte unseres Lebens ab, indem wir das eliminieren, was auch immer wir als gut oder böse betrachten. Wir halten das Böse auf Armlänge von uns entfernt und zerdrücken das Gute in unserer sehnsuchtsvollen Umarmung. Wir können die übriggebliebene Hälfte nie so erleben, wie sie ist, in ihrer Fülle und ihrer wahren Natur, weil wir sie nur aus unseren Meinungen, Gedanken und Erwartungen kennen. Wir halten uns durch die Verbotsschilder unserer Meinung selbst von einer echten, ungeschminkten Erfahrung ab. Wir können den Gegenstand unserer Aufmerksamkeit nicht kennenlernen, wie er wirklich ist, wenn wir ihn durch die getönte Brille unseres Ichs betrachten. Er wird zu dem, als das wir uns ihn vorstellen. Wir erfahren eine unechte Wirklichkeit, eine Lüge und einen Traum. Wir könnten ebensogut trinken wie denken. Wir sind bereits so gut wie tot.

Wir verfahren auf diese Art mit so geringfügigen Dingen wie dem Essen, das wir mögen oder nicht mögen, und mit so riesigen Gebilden wie ganzen Nationen, die wir unterstützen oder am liebsten vom Angesicht der Erde gefegt sähen. Das Denken, das Gut und Böse schafft, ist das Denken, das Sie selbst und andere versklavt, Waffen schmiedet und letztlich krank wird, weil es einfach keinen anderen Ausweg sieht. Sie werden immer feststellen, daß Ihre Meinung falsch ist, ganz gleich, wie sie lautet oder was sie zum Gegenstand hat. Sie sind nichts weiter als Gedanken – zufällige elektrische und chemische Entladungen in Ihrem Kopf –, nicht wirklicher als ein Traum, und sei er auch noch so lebendig. Wir verleihen diesen Gedanken dieselbe falsche Realität, die wir unseren Träumen geben. Die Ungeheuer in Ihren Träumen werden Sie nicht bei lebendigem Leib auffressen, aber die kleinen Ungeheuer in Ihrem Kopf werden es ganz gewiß tun – es sei denn, Sie wachen auf und kehren zum Leben zurück.

Wie können wir in unserem eigenen Leben voll und dankbar präsent werden? Nur indem wir uns bemühen, unsere Meinungen aufzugeben. Wir müssen unseren urteilenden Ver-

stand sterben lassen, um lebendig zu werden. Der urteilende Verstand wird sterben, wie jedes Lebewesen sterben kann: indem wir ihn weder mit unserer Aufmerksamkeit noch mit unserem Groll oder unserer Zuneigung füttern. Wenn wir aufhören, den endlos Meinungen produzierenden Verstand zu ernähren, können wir spüren, wie er allmählich dahinsiecht. Und während sein unablässiges Schnattern schwächer wird, können wir mit zunehmender Lautstärke unsere wahre Natur hören – den Laut, der die meiste Zeit unseres Lebens hindurch übertönt wurde.

Falls Sie jetzt glauben, ich wolle mit diesem Abschnitt meine Meinung zum Ausdruck bringen, daß Meinungen schlecht sind, sind Sie nur in eine weitere Falle getappt. Wir müssen sogar unsere Meinungen übers Meinungenhaben loslassen. Sie sehen, wie schwierig die vor uns liegende Arbeit ist. Unsere Ansichten und Bestandsaufnahmen bedeuten letztlich Leiden. Und was noch schlimmer ist, sie verursachen auch anderen Leid. Unsere Vorstellungen von Gut und Böse setzen häufig Kräfte frei, die wir nicht mehr kontrollieren können. Besser, wir fangen gar nicht erst mit solchen Vorstellungen an.

Um zu einem Leben in der Gesundung zurückzukehren, müssen wir erkennen, auf welche Weise unser Verstand im Verhältnis zu dieser Welt funktioniert. Einige unserer Meinungen machen die Dinge nicht so sehr gut oder böse – sie »machen« einfach nur. Was ist dieses »Machen«? Es ist dermaßen Teil unserer menschlichen Natur, daß der Versuch seiner Entdeckung dem Versuch gleichen würde, unsere eigenen Augen zu sehen. Zum Beispiel hat der Himmel sich nie selbst Himmel genannt; die Farbe Blau bezeichnete sich nie als Blau. Wir haben das getan. Wir machen es immer. Es sieht vielleicht nicht wie eine große Sache aus, aber durch unser ständiges Namengeben, Definieren, Quantifizieren und Qualifizieren distanzieren wir uns wieder einmal von der eigentlichen Natur, oder von Gott, und erfahren nur das, was zu erfahren wir erwarten.

Offensichtlich müssen wir unsere Erfahrungen die meiste Zeit über definieren und benennen, um zu überleben, aber wir sollten uns bemühen, eine Eigenschaft des Denkens und ein Bewußtsein für den Augenblick ohne vorgefaßte Vorstellungen zu kultivieren. Ansonsten stehen wir mit einem Fuß im Grab, und wir könnten ebensogut Roboter sein, die programmiert sind, nur akzeptable Daten anzunehmen oder sich selbst zu zerstören, um keine neuen und vielseitigeren Programme empfangen zu müssen. Dann sind Spontaneität und Überraschung fort und hinterlassen die Welt und unser Leben noch trister und vorhersagbarer. In dieser Richtung liegt der Tod.

Indem wir dieses Ding Himmel, diese Qualität des Lichts blau oder jene Person böse nennen, leugnen wir den Reichtum unseres und fremden Potentials. Wenn wir diese Ideen oder zumindest unsere Neigung zu ihnen ablegen, treten wir in einen Zustand der Gnade ein, in dem wir und die Welt buchstäblich eins sind, ohne daß Vorstellungen dazwischenträten. Der Himmel und ich selbst sind nicht länger zwei Phänomene, sondern eines. Die Erfahrung, die ich mache, macht ihrerseits mich. So ist es immer gewesen. Nur unsere ständige Meinungsbildung und Bestandsaufnahme hat dazu geführt, daß es anders zu sein schien.

Indem wir die Zen-Praxis und das Zwölf-Schritte-Programm gewissermaßen als Brechstange benutzen, um die Rüstung, die wir tragen, aufzubrechen, kehren wir allmählich in das

Leben zurück, wie es wirklich ist – nicht, wie wir es gern hätten, sondern wie es wahrhaft verläuft und immer schon verlief. Wir können beginnen, unsere Meinungen als reine Werkzeuge zu betrachten – die mit Vorsicht zu handhaben sind –, und aufhören, derart in sie verliebt zu sein. Wir können sehen, wie wir sie ständig benutzen – wie ein Kind, das von einem neuen Spielzeug angetan ist. Mißbrauchen Sie Ihr Werkzeug nicht, damit Sie es nicht zerbrechen und nicht sich selbst oder andere verletzen. Lernen Sie, wie und wann Sie Ihr Werkzeug gebrauchen müssen. Lernen Sie, wie und wann Sie es *nicht* brauchen. Legen Sie Ihr Werkzeug fort, wenn Sie mit Ihrer Arbeit fertig sind.

Irgendwie hat uns Menschen unsere Fähigkeit, zu denken und uns Meinungen zu bilden, so fasziniert, daß wir von der Welt, von unserer höheren Macht und – am tragischsten von allem – von unserem wahren Selbst getrennt wurden. Diese mentalen Fähigkeiten helfen uns zwar, aber sie berauben uns auch des Lebens. Unser Verstand wird zu einem Vampir, der uns die Fähigkeit zu erfahren aussaugt und als Denkmuster verdaut. Wenn wir unsere denkende Vernunft als das sehen können, was sie ist – weder besser noch anders als andere »Organe« –, können wir die Vorrangstellung des Augenblicks wiederherstellen und König Verstand von seinem angemaßten Thron jagen.

Die Aufgabe des Verstandes ist es, Gedanken zu erzeugen, so wie es die Aufgabe der Lunge ist, zu atmen, die des Herzens, zu schlagen, und die des Magens, Säuren zur Verdauung der Nahrung auszuscheiden. Aber der Verstand, der Gedanken ausscheidet, um unsere Erfahrung zu verdauen, hält sich für mehr als Lunge, Magen oder Herz, und er besteht darauf, daß er wichtiger und ein getreueres Meßinstrument der Wirklichkeit ist als sie. Der Kopf weigert sich, ein Organ unter vielen zu sein, und wir – seine ahnungslosen Vehikel – müssen unter den Folgen seiner Gedanken leiden, weil wir die zerebrale Hybris mit unseren wahren Lebenszielen verwechseln.

Wenn wir uns den ganzen Tag über jedes Herzschlags und jedes Atemzugs unserer Lunge bewußt wären, würden wir bald verrückt. Aber tun wir nicht genau dies mit jedem Gedanken, den unser Kopf erzeugt? Natürlich tun wir es, und sind wir nicht die meiste Zeit über verrückt? Verrückt gemacht durch Meinungen, Bestandsaufnahmen und durch das Vergessen dieses gegenwärtigen Augenblicks? Natürlich sind wir das – wir sind nur zu verrückt, um es zuzugeben; das ist alles. Wir folgen den Gedanken und Meinungen unseres Verstandes, wohin sie uns auch führen mögen. Aber wir müssen es nicht tun. Wir können uns kaum dessen bewußt werden, daß wir denken – ebenso, wie wir atmen –, und es dabei belassen. Ein Gedanke kommt, ein Gedanke geht. Genau wie der Schlag unseres Herzens. Ihr Herz wird Sie vermutlich weit seltener enttäuschen als Ihr Denken. Daß dies bei Ihnen zutrifft, wissen Sie bereits.

Machen Sie sich einfach nur die Aktivität Ihres Verstandes bewußt, und Sie werden feststellen, daß Sie sich zentrieren, sich selbst zum Trotz. Bald wird die Macht der Meinungen und des Denkens sich verringern, ebenso wie unser dringendes Bedürfnis nach Alkohol, Drogen, Essen oder anderen Substanzen und Verhaltensweisen mit der Zeit und mit wachsendem Vertrauen und Sichergeben schwächer wird. Vertrauen Sie auf Ihre eigentliche Natur, ebenso, wie Sie den Programmen vertraut haben, und ein weiteres, großes Gewicht wird von Ihnen genommen werden. Ihre Gesundung wird mit Achtsamkeit begnadet, und Sie werden in den

Reichtum des menschlichen Bewußtseins eintreten – entblößt von den Waffen des Ichs, des Egos –, das immer unser Potential unterdrückt hat, in unserem eigenen Leben präsent zu sein.

In einem meiner ersten Gespräche als neuer Zen-Schüler unterbrach meine Lehrerin plötzlich meine lange Litanei der Entschuldigungen, des Selbstbedauerns und meiner Ansichten. Sie sagte: »Wie lange schleppen Sie diese Leichen schon mit sich herum? Legen Sie sie ab! Legen Sie alles ab!« Ich war vollkommen überrumpelt und erschrocken und zum ersten Mal in meinem Leben sprachlos. Sie wollte das traurige Drama meines Lebens nicht hören; sie wollte mich nicht meinem Selbstmitleid überlassen. Sie hielt es für unwichtig! Was tat ich genau jetzt? Wo war ich genau jetzt? Alle Übungen des Zen und der Zwölf Schritte deuten in Richtung dieser Erfahrung. Meine Lehrerin bezog sich natürlich auf den schweren Leichnam meiner persönlichen Geschichte, die ich bereits seit dreißig Jahren mit mir herumtrug und ständig wiederbelebte, durch Erzählen, die zwanghaften Erinnerungen, oder indem ich immer wieder dieselben alten Muster mit immer denselben traurigen Resultaten auf mein Leben anwandte. Wie hatte ich glauben können, daß die Dinge sich jemals ändern würden, wenn ich immer noch derselbe war?
Sie bezog sich auf das tote Gewicht meines konditionierten Denkens, auf den Sarg in meinem Kopf, in dem meine gehüteten Meinungen und meine Erwartungen in bezug auf mich selbst und die Welt ruhten. Meine Vorstellung von mir selbst als einem ungewöhnlich freien und befreiten Menschen war das Gefängnis, das ich mir selbst erbaut hatte – Ziegel für leidvollen Ziegel.

»Legen Sie alles ab!« wies sie mich an, und einen Augenblick lang tat ich es tatsächlich! Ich spürte, daß ich aus einem langen Alptraum erwacht war und das Gewicht der Welt selbst von meinen Schultern gehoben worden war. Es geschah unerwartet und mir selbst zum Trotz, ebenso, wie die Gesundung Besitz von mir ergriffen hatte, als ich es am wenigsten erwartet und jeden Versuch, sie zu erlangen, aufgegeben hatte.

Dieser Körper, wie wir alle ihn besitzen, ist – wenn wir ihn uns aufrichtig anschauen – nur ein zukünftiger Leichnam. Jack Kerouac sagte, man solle in einen Spiegel schauen und sich fragen, wer diesen Körper zuvor getragen hat. Bob Dylan sang: »He not busy born is busy dying.« (»Er, der nicht fleißig zur Welt kam, stirbt fleißig.«) Weshalb sollten wir diesen Prozeß des Zerfalls und des Todes unterstützen? Weshalb sollten wir einen Leichnam mit uns herumtragen, während wir noch leben? Wir alle wurden mit Todesstrafe geboren; der Tod ist unser Los als Lebewesen. Ohne den Tod könnte es kein Leben geben.

Aber Sie können sich von Leben und Tod befreien, indem Sie Ihre Meinungen darüber ablegen. Indem wir Gott spielen und uns für das Universum verantwortlich fühlen, werden wir zu Leichnamen; wir sind bereits tot. Wenn ich meinen Leichnam ablege, lege ich auch mein »Gottsein« ab, meinen Glauben daran, daß ich diese Show leite oder daß ich meinen Erwartungen entsprechen sollte. Ich lege meinen Glauben daran ab, daß ich mein Leben verwalten kann, daß ich allmächtig bin. Indem ich den Leichnam meiner Geschichte und meines Ichs ablegte, befand ich mich auf dem Rückweg auf die Straße zum Leben und zur vollständigen Gesundung meines wahren Selbst.

Im Zwölf-Schritte-Programm tun wir weitgehend dasselbe.

Wir geben unsere Machtlosigkeit über unsere Krankheit oder unseren Zwang zu. Im weiteren Sinn geben wir auch unsere Machtlosigkeit über die Welt zu. Wenn wir den Schritten des Programms folgen, haben wir angefangen, das Fortschreiten unserer Krankheit zu stoppen und der Mensch zu werden, der wir sein sollten. In derselben Weise, wie meine Lehrerin mich aufgefordert hatte, alles abzulegen, hatten die Oldtimer mir oft gesagt, ich würde vor Selbstmitleid fast vergehen. Sie hatten gesagt, ich solle die Watte aus den Ohren nehmen und sie mir in den Mund stecken und nach den Meetings sauber-machen helfen, weil Gott sich unter jedem Stuhl und jedem Aschenbecher verstecke. Lehrer sind überall. Einige von ih-nen haben rasierte Köpfe, Roben und exotische Namen. An-dere haben Bürstenhaarschnitt, rauchen unablässig und wol-len Ihnen ihre Nachnamen nicht nennen. Es spielt keine Rolle. Wichtig ist nur, daß wir den Ratschlägen jener folgen, die schon vor uns dort waren. Wichtig ist nur, daß wir es einfach nur versuchen. Daß wir nur die Bereitschaft entwik-keln, es zu versuchen.

Den Leichnam abzulegen ist keine einmalige Aktion, nach der wir uns die Hände waschen und nach Hause gehen kön-nen. Ebensowenig, wie es keine einmalige Aktion ist, unser Verleugnen oder unser selbstzerstörerisches Verhalten abzu-legen. Es muß Tag für Tag und von Augenblick zu Augen-blick getan werden, in einem Prozeß, der erst dann endet, wenn wir selbst enden. Ebenso, wie ständige Wachsamkeit in bezug auf unsere Krankheiten nötig ist, müssen wir uns stän-dig vor Augen halten, daß wir in einem Augenblick unseren Leichnam aufheben und dorthin zurückkehren können, wo wir angefangen haben, zerschmettert durch das Gewicht un-serer selbst und unserer Krankheiten.

Wenn Sie in der Gesundung Fortschritte machen, bekommen Sie allmählich ein Gespür für das kranke, üble Denken, das einem Ausrutscher in die Leugnung vorausgeht. Wir können sein Kommen ebensogut vorhersagen, wie wir einen Eisenbahnzug auf die Kreuzung zukommen hören. In der Gesundung sind wir aufmerksam genug, um den Zug zu hören und ihm auszuweichen. Wir nehmen das nachlassende Gefühl der Dankbarkeit und der Gemeinschaft mit den übrigen Mitgliedern wahr. Wir können die Neuaktivierung unserer Krankheit mittels einiger einfacher Techniken abwenden, indem wir zum Beispiel einen Sponsor anrufen, an mehr Meetings teilnehmen oder die Bücher lesen.

Es ist dasselbe beim Nichtaufheben unserer Leichen. Bevor es geschieht, können wir meditieren oder auf unseren Atem oder ein Mantra achten, um den Leichnam wieder hinzulegen. Werfen Sie den Leichnam nicht zornig auf den Boden, sondern begraben Sie ihn voller Mitgefühl aufs neue. Er ist kein anderer als Sie selbst, und er wird immer Sie sein, ebenso, wie Ihre Krankheit stets ein Teil von Ihnen sein wird. Leugnen Sie diese Dinge, und Sie leugnen die Gesamtheit dessen, was Sie in Wahrheit sind, und Sie leugnen den einzigen Treibstoff, der Ihnen für diese Fahrt in Richtung Freiheit zur Verfügung steht. Es darf keinen Fehler geben. Sie haben bereits Ihre Wahl getroffen. Ihr Leichnam hat es ebenfalls getan.

Wenn wir unserem Denken die Kontrolle über unser Leben zugestehen, fangen wir an, uns unser wahres Selbst als allein in unseren Köpfen befindlich vorzustellen – als einen Ort, an dem wir sitzen und zuschauen und glauben können, daß wir die Regisseure dieses Schauspiels sind. Wir nehmen alles von diesem Regiesessel aus wahr und verlieren völlig den Kontakt mit unserem restlichen Körper und mit der Welt. Wir können kaum zentriert sein, wenn wir nur hinter unseren Augen leben. Durch dieses übertriebene Ich-Gefühl kopflastig gemacht, geraten wir immer wieder ins Wanken und verlieren beim geringsten Anzeichen von Widerstand das Gleichgewicht. In der Zen-Meditation versuchen wir tatsächlich, uns einen bestimmten Bereich unseres Unterleibs bewußtzumachen – das geographische und anatomische Zentrum unseres Körpers. Indem wir mehr Energie in diesen Mittelpunkt lenken, werden wir wahrhaft ausgeglichen und zentriert – fähig, alle möglichen emotionellen und spirituellen Landschaften zu durchqueren. Wir können unseren ganzen Körper benutzen und bewohnen, statt sein Gefangener zu sein.

Wenn Sie nur durch Ihre Meinungen und Ihren denkenden Verstand leben, ist der Rest von Ihnen bereits tot – ein werdender Leichnam –, den der vermeintlich allwissende Steuermann in Ihrem Kopf nach Gutdünken manövriert. Wir könnten ebensogut wie diese Aliens sein, die man in Comics der fünfziger Jahre sieht, mit ihren riesigen Köpfen und den zurückgebildeten Körpern, die sich hauptsächlich auf ihre allmächtige Technik verlassen.

Ich wußte, daß ich tot war, als ich trank. Es war für jedermann offensichtlich – besonders für mich selbst –, sosehr ich mich auch bemühte, es zu verbergen. Zum Glück versäumte jemand, es meinem gebrochenen Herzen zu sagen, das einfach nur weiterschlug, gegen jede Logik, und hoffend bei aller Hoffnungslosigkeit. Jemand versäumte, es meinem gebrochenen Herzen zu sagen, das diese Welt so sehr geliebt hatte, als ich noch jung und unwissend war. Jemand versäumte, es meinem gebrochenen Herzen zu sagen, das sich nur wünschte, von dieser Welt wiedergeliebt zu werden. Ich

178

gehörte zu den Glücklicheren. Ich hatte Glück, daß jemand mein Herz vergaß, denn es war schließlich die große und aufrichtige Sehnsucht meines Herzens, die mich rettete, nicht die haßerfüllte Jauchegrube meines Denkens in meinem Kopf.

Eine Freundin, die an mehreren Programmen teilnimmt, erinnert sich oft daran, wie sie sich gefühlt hatte, als ihr Bewußtsein nur hinter ihren Augen und ihren Händen saß und sie durch das Durcheinander ihres Lebens steuerte, als wäre sie ein Hummer. Die Zen-Praxis und die Zwölf Schritte halfen ihr, ihre Gesamtpersönlichkeit wiederherzustellen, zuerst in ihrem Körper, dann in der Welt. Unterscheidet Ihr Körper sich von der Welt? Wenn Sie das glauben, sind Sie bereits tot. Ihr Körper ist ein Mikrokosmos im Makrokosmos, und Ihr Bewußtsein und Ihr Geist gleichen einem Wassertropfen, der danach strebt, sich mit dem Ozean wiederzuvereinigen. Die Art und Weise, wie Sie zu diesem kostbaren Körper stehen und wie Sie ihn behandeln, entspricht der Art, wie Sie die Welt und Ihre Mitmenschen behandeln.

Gerade dann, wenn Sie glauben, Sie hätten Ihren Leichnam endlich für alle Zeiten – oder wenigstens für den Augenblick – unter die Erde gebracht, schauen Sie in den Spiegel der Zwölf Schritte oder des Zen, und Sie sehen, daß die verwesende Leiche Sie daraus angrinst. Gerade dann, wenn Sie glauben, endlich den frischen Geruch Ihres wahren, unbesudelten Wesens wahrnehmen zu können, sticht Ihnen der Gestank verrottender Meinungen in die Nase. Gerade dann, wenn Sie anfangen, die unendliche Freiheit der Achtsamkeit genießen zu können, setzt der Rigor mortis der Selbstüberschätzung ein und läßt Ihr Leben auf der Stelle erstarren. Immer dann, wenn wir uns für sicher und allwissend halten, setzen wir uns der Gefahr aus, daß der Leichnam wieder seine Herrschaft antritt. Oldtimer pflegen zu sagen: Je weiter du deiner Meinung nach von einem Ausrutscher entfernt bist, desto näher bist du ihm. Geben Sie sich niemals der Illusion hin, das Ziel der Gesundung oder des Zen erreicht zu haben. Sie sollten überhaupt keine Meinung in diesen Dingen haben. Tun Sie beides nur von Augenblick zu Augenblick. Sie können nicht fallen, wenn Sie sich nicht aufrichten. Alles, was Sie jemals haben werden, ist dieser Augenblick, in dem Sie nicht aus Ihrer Krankheit heraus handeln, in dem Sie keine positiven oder negativen Urteile fällen, die Sie von Ihrem wahren Leben trennen.

Bevor ich mit der Gesundung begann, hatte ich entschiedene Meinungen zu fast allem. Nehmen wir zum Beispiel die Musik. In den letzten Jahren hörte ich mir vor allem laute Punk-Musik an, die mein Leben und meine Arbeit war. In der Gesundung öffnete sich mein Geist weit genug, um der Liebe meines sterbenden Schwiegervaters zur Oper Gehör zu verschaffen. An meinem nächsten Geburtstag fand ich mich als Zuschauer bei einer Vorstellung von *Madame Butterfly*. Meine Schwester hatte mich mit einer der teuren Eintrittskarten überrascht. Es war eine bewegende Erfahrung für uns beide, als wir in unseren besten Kleidern dort saßen und nicht einmal versuchten, das italienische Libretto zu verstehen. Es war ungefähr so weit von unserer unterdrückten Kindheit und unserem bedrückten Selbst entfernt wie nur möglich. Ich empfand eine große Erleichterung und Befreiung.

Wenn ich heute meine Musiksammlung betrachte, sehe ich eine Menge Titel von Puccini, Verdi und Wagner neben The Clash, X, Hüsker, Dü, Patti Smith, The Doors, Frank Sinatra,

Ravi Shankar, Captain Beefheart, Howlin' Wolf und Hank Williams. Die ganze Welt der Musik ist mein, nicht nur eine kleine Insel davon. Als ich aufhörte, die Musik in Gut und Böse aufzuteilen, konnte ich genießen, was in *aller* Musik wahrhaft gut war. Musikalische Erlebnisse, wie ich sie mir vorher nicht hätte träumen lassen, waren mir erreichbar, sobald ich hinter dem Schild meiner Meinungen hervortrat. Statt klanglicher Feinde entdeckte ich Freunde. Stellen Sie sich nur vor, was uns alles möglich wäre, wenn wir so mit allen Überzeugungen verfahren könnten. Wir erwachen nicht nur wieder zum Leben – das Leben wird darüber hinaus immer umfassender und vielfältiger. Wir können es niemals ganz ausfüllen. Es weitet sich entsprechend unserer Bereitschaft aus oder zieht sich zusammen.

Als wir in die Gesundung eintraten und vorbehaltlos am Zwölf-Schritte-Programm teilnahmen, brachten wir die Krankheiten zum Stillstand, die drohten, uns in regelrechte Leichname zu verwandeln. Vorher waren wir die ganze Zeit über mehr tot als lebendig gewesen, Sklaven suchtbildender Substanzen oder verleugnender Verhaltensweisen. Wenn wir uns in der Achtsamkeit des Zen üben, können wir noch voller ins Leben zurückkehren und unsere Verteidigungen gegen den nächsten Ausrutscher oder den nächsten urteilenden, bestandsaufnehmenden Gedanken verdoppeln, der die Büchse der Pandora des kranken Denkens öffnet. Durch den Eintritt in die Gesundung wurden wir so normal, wie zu werden wir hoffen können.

Wir in der Gesundung haben die einzigartige und ehrenvolle Verpflichtung, unsere Genesung auf jede nur erdenkliche und für uns erreichbare Art fortzusetzen. Wir wissen, was Leiden bedeutet und woher es stammt. Wir wissen, daß wir sterben werden, wenn wir zulassen, daß sich das Leiden ungehindert fortsetzt. Wir wissen, daß wir – ins Leben zurückgekehrt – verpflichtet sind, andere davor retten zu helfen, daß sie zu lebendigen Leichnamen werden. Der Friedhof ist immer genau dort, wo wir sind. Es liegt ganz bei uns selbst, ob wir ihn statt dessen zu einem Garten des Lebens machen.

Denken Sie daran: Sie sind bereits tot. Was haben Sie bei einem Versuch zu verlieren? Wir in der Gesundung kennen das Wunder einer zweiten Chance zum Leben; wir haben unsere eigene Auferstehung erlebt. Es hat einmal funktioniert. Es wird wieder funktionieren: Augenblick um Augenblick, Tag um Tag, Leben um Leben. Ebenso, wie Sie Gut und Böse kreieren, erschaffen Sie Leben und Tod. Wählen Sie das Leben. Sie sind bereits lebendig.

# Diese Welt ist Traum genug

Meine Schwester Karin erzählte mir von einem Freund, der den allesverzehrenden Traum hatte, eines Tages ein Buch zu veröffentlichen. Das Buch kam schließlich heraus, und der Freund meiner Schwester wurde »verrückt«. Er mußte für eine Zeitlang in eine Anstalt eingesperrt werden, weil sein Traum so übermächtig gewesen war. Daß sein Buch Wirklichkeit wurde – so wundervoll es auch sein mochte –, raubte ihm den Grund zu leben, löschte seinen Traum aus, und er war gezwungen, in die Alltagswelt zurückzukehren. Er würde einen neuen Traum finden müssen. Er wollte immer noch den alten zurückhaben.

Ein Collegelehrer sagte einmal zu Karin, er habe sie immer bewundert, weil sie keine »Träume« habe. Sie wußte im Augenblick nicht, was sie antworten sollte, bis sie erkannte, daß er ihr wirklich ein Kompliment hatte machen wollen – darüber, daß sie die Welt so nahm, wie sie wirklich war, und dabei geistig gesund blieb. Kein Leben, das auf einen allesverzehrenden Traum gegründet war, und kein Bedauern. Bedeutete das, daß sie ihre »Träume« aufgegeben hatte, wie so viele Menschen es tun, wenn sie älter und »weiser« werden; oder bedeutete es, daß sie niemals einen Traum genährt hatte – eine Vision?

Meine Schwester war immer eine Träumerin gewesen, eine

Visionärin. Kein Grund zur Sorge. Hatte ihre brutale Kindheit dazu geführt, daß sie sich vor der Möglichkeit der Magie in der Welt, der Schönheit der Sprache und der wahnsinnigen Alchemie der Träume verschloß? Ganz und gar nicht. Tatsächlich hatte ihre Kindheit ihr Herz und ihren Kopf weit für die Welten des Möglichen geöffnet und sie zu einer besessenen Jasagerin gemacht. Nein, Karin hatte sich nicht in ein Schneckenhaus zurückgezogen, die Rolladen dichtgemacht oder zu einer Sache ja und zu allem übrigen nein gesagt. Tatsache war, daß sie ihre Träume lebte, wenn sie ihr Alltagsleben lebte.

Was aber ist dann der wirkliche Traum? Die Erwartungen und Phantasien, die wir auf die Welt projizieren? Der rückwärts gerichtete Traum des »Wenn nur« oder »Es hätte sein können«? Dienen Träume dieser Art nicht nur dazu, die Qualität unseres Lebens und unserer Gesundung herabzusetzen, uns vom eigentlichen Leben zu entfernen und uns dem Tannenholzsarg oder der Anstalt näher zu bringen? Der Raum dieses kleinen, träumenden »Ichs« ist in der Tat nicht größer als jenes Gemach aus Tannenholz, sechs Fuß tief unter der Erde. Schauen Sie sich nur um! Leichname überall! Gehend! Redend! Kriege führend! Sogar träumend, daß sie sich lieben! Ein Halbleben führend, träumend, daß sie anderswo oder jemand anders sind, daß ihr wahres Leben irgendwie irgendwo in einer verschwommenen Zukunft liegt, in der schließlich alles zusammenkommen wird!

Während einer meiner ersten Unterhaltungen mit Bobby Rhodes, einer älteren Zen-Lehrerin, schwätzte ich weiter und immer weiter über meine Erfahrungen mit psychedelischen Drogen und darüber, wie sie sich zur »Realität« verhielten, zur Erleuchtung, bla, bla, bla … Nachdem sie mir eine Weile

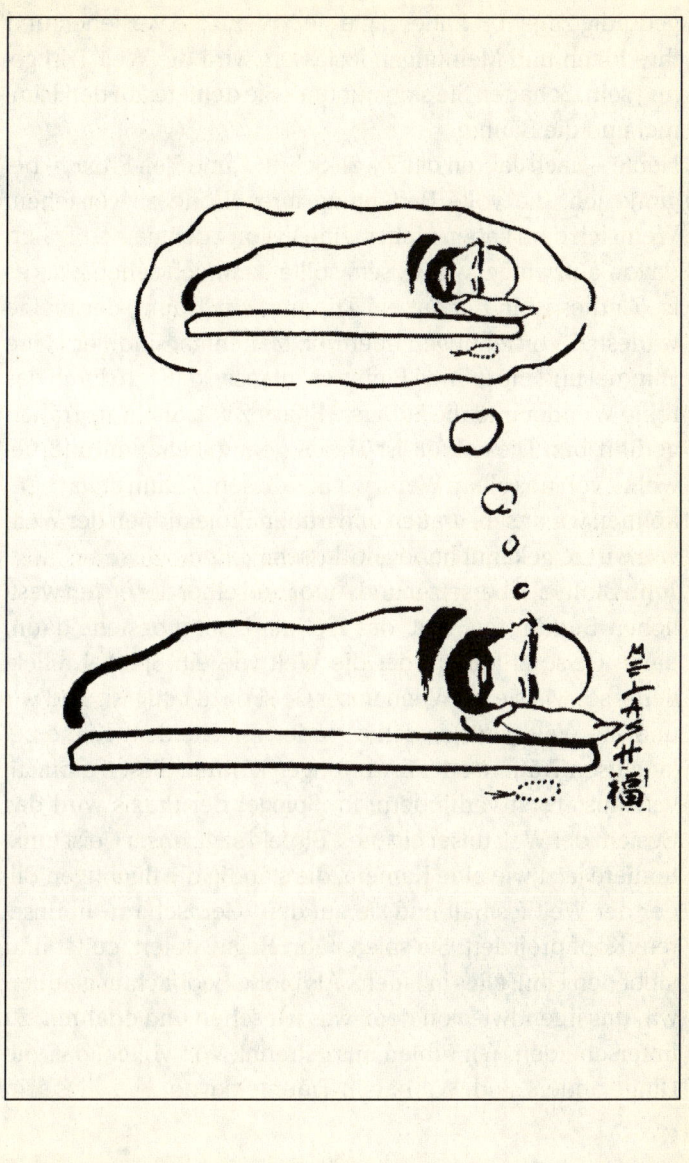

geduldig zugehört hatte, sagte sie: »Wenn Sie verstehen und Ihre Ideen und Meinungen loslassen, wird die Welt Trip genug sein. Schauen Sie sich nur um.« Sie deutete auf den Himmel und die Bäume.

Heute – nach Jahren der Zwölf-Schritte- und Zen-Praxis – beginne ich, die volle Bedeutung ihrer Worte zu verstehen. Wenn ich dem Leben nicht meine Vision oder meinen Traum davon aufzwinge, was es sein sollte, kann ich sehen, was es ist. Und es ist in der Tat ein Trip und ein Traum, der meine wildesten Vorstellungen übertrifft. Manchmal sind der blaue Himmel und die grünen Pinien so intensiv, daß ich durch das reine Wunder und die äußerste Präsenz von allem zu Tränen gerührt bin. Diese Welt ist Traum genug: geträumt und bewohnt von uns allen. Wenn wir aus diesem Traum erwachen, können wir unsere grauen und trüben Projektionen der Welt, wie wir sie gekannt haben, loslassen.

John Blofeld, Übersetzer und Autor und einer der ersten westlichen Buddhisten, sagt, das Ziel der Übung bestehe darin, einen Geist zu haben, der die Welt wie ein Spiegel reflektiert – so, wie sie ist. Wenn unser Geist dazu fähig ist, sind wir und die Welt dann dasselbe – oder verschieden? Keine belanglosen Träume oder Erwartungen können diesen ultimativen Austausch verhindern. Im Spiegel der Praxis wird das Gesicht der Welt unser eigenes. Blofeld sagt, unser Geist funktioniere jetzt wie eine Kamera, die ständig die flüchtigen Bilder der Welt festhält und sie auf den »Geistschirm« in unserem Kopf projiziert. Sie spielt, führt Regie, ediert, cuttet und klebt den Film, alles in einem. Als bloße Beobachter glauben wir, uns irgendwie von dem, was wir sehen und erfahren, zu unterscheiden. Wir fühlen uns getrennt. Wir wollen, daß die Dinge anders sind. Wir haben Träume davon, wie alles sein

könnte oder sein wird. Wir erklären diese Träume als vollgül-
tig und verwechseln sie mit der Realität vor unseren Augen.
Dann versagen die Träume, oder wir selbst werden ihnen
nicht gerecht. Es stellt sich heraus, daß sie nicht so verlaufen,
wie wir es erwartet haben, weil die wirkliche Welt ständig
hereinbricht und ihre rechtmäßige Rolle als Direktor dieses
Films beansprucht. Die wirkliche Welt unterscheidet sich
nicht von Ihnen, nur haben Sie diesen wichtigen Umstand
vergessen. Sie haben verlernt, die gestochene Schrift zu lesen, die so groß und leicht zu lesen ist wie der Himmel oder
so klein und anmutig wie ein Farnwedel oder die Berührung
eines Babys. Wenn wir fähig sind, dieses Leben wie ein Spiegel zu reflektieren, sind wir der Traum und der Träumer – es
besteht kein Unterschied, und es ist keine große Sache. Nur
ein großartiger Vorgang, kein Produkt. Wenn wir unseren
Traum als eine Augenblick-zu-Augenblick-Realität leben,
werden unsere Träume ständig wahr. Sie sind nie etwas anderes als wahr gewesen. Sie sind nie anders als Sie gewesen.
Am ersten Morgen meiner Gesundung verließ ich ein Zwölf-
Schritte-Meeting, das um acht Uhr begonnen hatte, und ging
eine alte Straße in Providence entlang, die von Kolonialhäu-
sern gesäumt war. Es war Frühjahrsbeginn, und es nieselte. Ich
hörte über mir einen Vogel singen. Ich schaute auf und sah
Regentropfen von einem Schieferdach rinnen, die im Herun-
terfallen winzige Regenbögen schufen. Ich blieb wie erstarrt
stehen. Es war buchstäblich das erste Mal, daß ich wirklich
einen Blick auf diese Welt warf und ihre Schönheit, die Einfachheit und die anmutigen Nichtigkeiten rings um mich sah.
Regen auf dem Dach. Einen Augenblick später weinte ich. Es
hatte kein Ich, keinen Regen, kein Dach gegeben. Ich dachte
nicht. Oh, ja, Regen auf einem Dach. Ich wußte, was das war.

187

Mein immenses Leiden und meine brandneue Gesundung hatten plötzlich den Spiegel blank geputzt, als ich unter dem Schieferdach stand. Was für eine Überraschung! Was für ein Schock des Wiedererkennens! Es war immer hier und die ganze Zeit über unbeschadet gewesen!

Kein Traum, kein Rausch hätte dem Regen auf dem Dach oder dem Regen aus meinen Augen nahekommen können. Ich weinte, weil ich mit dieser Welt der Freude eins war, in der Hingabe an diesen Augenblick und seine tiefe Heiligkeit. Jetzt konnte ich erkennen, was für ein Verbrechen, was für eine Täuschung es bedeutet, die entstellende Brille unseres kleinen Ichs aufzusetzen und die Welt nur so zu betrachten, wie wir sie gern hätten.

Unsere wahre und rechtmäßige Rolle besteht darin, diese Welt zu erfahren, ohne sie zu beurteilen. Wir unterscheiden uns nicht von der Welt. Tatsächlich sind wir die Methode der Welt, sich selbst zu erfahren. Wir sind ihre Augen, ihre Finger und ihre Stimme. Die Welt würde gern von uns hören, wie sie ist. Wir sind die Augen dieser Welt, so sicher, wie unsere Augen zu unserem Menschenkörper gehören. Nur ein Narr oder ein sehr Getäuschter würde sich angesichts dieser großartigen Gelegenheit und dieses Privilegs absichtlich selbst beschränken oder sein Leben verschlafen. Aber haben wir in der Gesundung nicht genau dies getan? Stellen Sie sich die Freude und den Reichtum dieser zweiten »Talsohle« oder der Ego-Deflation vor, dieses größere Erwachen aus der Krankheit des »Ichs«, den Schock, unmittelbar die Realität anzuschauen und nur sich selbst zu sehen. Nicht das Selbst, das Sie sich vorgestellt oder mit dem Sie gelitten haben, sondern ein gänzlich unkonditioniertes »Ich«, in dem alles vollständig und so ist, wie es sein soll.

Um eine Gesundung zu erreichen, mußten wir alle eine absolute Talsohle in unserem Leben mit Alkohol, Drogen, Leugnung und anderen selbstzerstörerischen Verhaltensweisen erreichen. Die Zwölf Schritte geleiten uns zu einer zweiten Form der Gesundung: einer spirituellen Transformation. Oft müssen wir eine zweite, *spirituelle* Talsohle erreichen, um voll zu unserem wahren Selbst zu erwachen. Manchmal kommen wir dort zur selben Zeit wie in unserer Gesundungs-Talsohle an. Manchmal dauert es Jahre. Wann es geschieht, ist nicht so wichtig, wie daß es überhaupt geschieht. Um die Früchte des Programms ernten zu können, müssen wir lernen, bewußten Kontakt mit einer höheren Macht aufrechtzuerhalten. Die Schritte empfehlen Gebet und Meditation als die geeigneten Mittel, um dieses Ziel täglich zu erreichen. Meditation kann nicht nur das Mittel zu einem bewußten Kontakt sein, sondern auch ein wertvolles Instrument, das uns unserer zweiten Talsohle, unserem zweiten Loslassen und Ablegen näher bringen kann.

Diesmal lernen wir, unser »Kleines Ich« ebenso abzulegen wie den Zwang, denn unser »Kleines Ich« ist die Quelle des Zwangs. Wenn wir das »Kleine Ich« ablegen, können wir viele weitere Zwänge in unserem Leben erkennen, darunter unsere Neigung zu falschen Träumen und irrigem Denken. Wenn wir auf der zweiten Talsohle unser »Kleines Ich« ablegen, wachen wir auf und öffnen unsere Augen – die Augen der großen, weiten Welt und nicht die halbblinden Augen unseres begrenzten Ichs.

Jahrelang waren mein Trinken und meine Krankheit meine Rüstung, die zerbrochene Kamera meines Bewußtseins. Meine Krankheit hielt mich auf Armeslänge von mir selbst entfernt und verteidigte diese Welt der falschen Träume durch

Zorn und durch den Wunsch, daß die Menschen, die Orte und die Dinge anders wären. Die Erfahrung, auf der Talsohle anzukommen und in die Gesundung einzutreten, neutralisierte allmählich mein »Kleines Ich«, das zuvor darauf bestanden hatte, die Show zu leiten. Was für ein Traum!

In der aktiven Zeit unserer Verleugnung und unserer Krankheit waren unsere Träume voller Prunk und Selbstrechtfertigung. »Die Welt versteht meine Träume nicht«, lautete unser an niemanden insbesondere gerichteter Stoßseufzer. In unserer aktiven Leugnung päppelten wir unser »Kleines Ich« zu einem »Großen Ich-bin« hoch – ein nahezu allmächtiges Ego, das sich vorstellte, die Welt zu beherrschen, aber in Wahrheit von Substanzen und selbstzerstörerischem Verhalten beherrscht wurde. Unsere Träume waren gewaltige Wolkenschlösser, aber wir glaubten glühend an sie, verteidigten sie entschieden und schufen noch größere und großartigere Träume, wenn die Winde der Wirklichkeit und unseres Karmas diese Kartenhäuser umbliesen. Dann hielten wir uns wieder an die Flasche, um noch mehr Traumsaft zu tanken, griffen wieder zu der Droge der Selbstzerstörung, um die Nahrung zu weiteren Alptraumaktionen zu finden, oder verfielen wieder in zwanghaftes Verhalten, in dem Versuch, unsere Verleugnungen zu Träumen umzuschmieden. Wir lebten in dieser Traumwelt voller Zorn und Ärger darüber, daß die wirkliche Welt unsere Träume einfach nicht verstand und sich weigerte, sie wahr werden zu lassen.

In unseren lauschigen Träumen waren wir wunderschöne, erfolgreiche Frauen, reiche Männer – alles andere als das, was wir wirklich waren: leidende, von der Krankheit geplagte Menschen im tödlichen Griff verhängnisvoller Illusionen. Wir benutzten die verführerische Alchemie der Leugnung, um die Realität zu verdrängen und unser Leiden in glanzvolle Träume zu transformieren, die immer mehr an Substanz gewannen, je betrunkener und zorniger wir wurden, bis wir schließlich – manchmal zu unserem Segen – die Besinnung verloren und uns zugleich aus unserer Traumwelt und aus der realen Welt ausblendeten.

Als wir der Gefahr entronnen waren, hörten auch die großartigen Träume auf. Wir lernten rechtzeitig, die irrationalen und oft paranoiden Träume abzulegen, die unser krankhaftes Denken geschaffen hatte. Wenn wir uns strikt an das Programm hielten, stellten sich schon bald neue und leichter zu verwirklichende Träume ein. Sie hören auf den Meetings oft sagen, daß in der Gesundung unsere wildesten Träume wahr geworden sind. Wie wahr. Unsere Krankheiten waren die Bremsen unserer Verwirklichung und die Brüche in unserer Ganzheit.

Jetzt – in der neuen oder reiferen Gesundung – können wir mit Hilfe der ihrem Wesen nach spirituellen Komponenten des Programms zu noch größeren Wirklichkeiten erwachen. Daß der Elfte Schritt auf Meditation besteht, ruft bei den meisten Menschen Verwirrung hervor. Beten ist leichter zu verstehen, also lassen sie die Meditation zugunsten dessen aus, was sie bereits als Kinder geübt haben. Das ist verständlich, da sogar das offizielle Buch über die Schritte recht ungenau beschreibt, was mit Meditation gemeint ist, und sich statt dessen auf Gebet und Kontemplation konzentriert. Besinnung hat zwar Ähnlichkeit mit Meditation, aber es ist nicht die Meditation, die wir brauchen, um leer zu werden und den Anstoß zum Erwachen zu erhalten. Der Zen-Buddhismus hat aus der meditativen Praxis im Laufe der Jahrhunderte eine Wissenschaft und Kunst zur Förderung der spirituellen Gesundung entwickelt.

Wenn wir den Pfad des Zen und der Meditation beschreiten, sind wir wieder einmal aufgefordert, unsere Art, zu denken und auf uns selbst und die Welt zu reagieren, grundlegend zu ändern. Wir werden ständig angehalten, alte Denk- und Lebensgewohnheiten abzulegen. Wir sind eingeladen, eine ganz neue Welt zu betreten – entblößt von unseren Vorstellungen, unseren Erwartungen und sogar von unseren Träumen. Denn ebenso, wie die Träume und das Denken aktiver Alkoholiker, Abhängiger oder zwanghafter Personen sich von denen sogenannter normaler Menschen unterscheiden, differiert die normale Art der Wahrnehmung von dem Geist, der vor dem Denken existiert: vom Anfänger-Geist oder Zen-Geist, dem Geist und dem Leben, das unsere eigentliche Natur ist und rechtens uns gehört.

Tatsächlich ist der Zen-Geist der »normalste« Geist überhaupt. Er weist keine Unterschiede zu Ihrem wirklichen Leben auf. Es geht nur um Wörter, um das zu bezeichnen, was direkt unter unserer Nase liegt und was wir die meiste Zeit übersehen haben. Ein Zen-Spruch lautet, daß der Frühling von allein kommt und das Gras von allein wächst. Das Gras hat den Zen-Geist, den man auch Gras-Geist nennen kann. Jesus sprach über den Geist der Lilien des Feldes. Welches ist Ihr wahrer Geist – der Geist, der ohne Behinderungen und ohne begreifen zu müssen umherschweifen kann? Die Zwölf Schritte und das Zen können unser Bewußtsein in diesem Geist wiederherstellen. Aber nur Sie selbst können sich dazu entscheiden, es zu tun.

»Aber ich habe genug Veränderungen, genug Wachstum durchgemacht. Jetzt ist alles normal. Oder zumindest fast normal. Zwingen Sie mich nicht, alle Träume aufzugeben«, könnten Sie einwenden. Tut mir leid, alter Junge, altes Mädchen. Als Sie vor so langer Zeit Ihr Ticket für diesen Zug kauften, haben Sie das Kleingedruckte nicht gelesen. Sie müssen die ganze Strecke mitfahren, alle Haltestellen, alle Gepäckverluste durchmachen (und Sie haben jetzt recht viel Gepäck, stimmt's?). Die Programme setzen spirituellen Fortschritt und Wachstum voraus. Keine Perfektion, denken Sie daran, sondern Fortschritt. Fortschritt ist ein Prozeß, und Perfektion ist ein Ergebnis, ein Produkt. Ein Prozeß ist ein lebender, sich ständig verändernder Pfad; ein Produkt ist ein statischer, unveränderlicher und toter Zustand. Denken Sie daran: Alles, was wir Realität nennen, ist ein Prozeß; ein Ergebnis wird weder verlangt, noch ist eines in Sicht. Klammern Sie sich an Ihr kleines, normales Ich, an Ihre kleinen, normalen Träume, Ihr Ziel der Perfektion, und Sie sind bereits definiert, haben sich bereits selbst verleugnet und sind so gut wie betrunken oder schlimmer.

Als er dreimal leugnete, Jesus zu kennen, leugnete Petrus eigentlich sein wahres, größeres Selbst. Wie oft haben wir uns auf diese Weise verraten und nicht zur Kenntnis genommen, was das Wichtigste in unserem Leben ist? Wie in der Geschichte um Jesus wird unser wahres Selbst nicht verleugnet bleiben, sondern trotz unserer Leugnungen ins Leben zurückkehren.

Wenn Sie Ihre kleinen, normalen Träume loslassen, werden Sie in eine ganze, neue Welt eintreten, wo Sie und der Traum eines sind, mühelos und voller Mitgefühl. Als erstes haben Sie Ihre Menschlichkeit, Ihre Gesundheit und Ihre Abstinenz geheilt. Jetzt können Sie Ihre wahre Natur heilen und von Leben und Tod, Gut und Böse und von den kleinen Träumen befreien, die Sie an das Leiden Ihres »Kleinen Ichs« ketteten.

Wenn das normale, zwanghafte Denken, Träumen und Tun zur Ruhe gebracht wurde, wird Ihr wahres Selbst hervorkommen, zu Beginn so allmählich, wie auch die Gesundung von Tag zu Tag gedieh, bis wir verstanden, was wir im Programm hörten. Sie werden letztlich auch lernen, zuzuhören und der Stimme Ihres wahren Selbst zu vertrauen. Ihr Weg wird klar und frei von Hindernissen vor Ihnen liegen. Ihr wahres Selbst wird Sie an den Ort des stillen Ausharrens, der mitleidvollen Zuversicht zurückführen, an dem alle Dinge möglich sind.

Die Leiden und die Schmerzen, die Sie auf der Straße zu Ihrer Gesundung ausgestanden haben, waren groß und manchmal unerträglich. Sie waren nur zu klein, um den großen Traum zu fassen, der um seine Freisetzung kämpfte. Während der große Traum immer mehr wuchs, wurden Sie kleiner und kleiner, bis einer von Ihnen beiden nachgeben mußte. Sie gaben nach: Sie gaben Ihr Leugnen auf. Sie gaben Ihr Machtgefühl auf und unterwarfen Ihren Willen etwas Größerem, als Sie es waren. Dieses Größere als Sie selbst ist nur Ihr wahres Selbst – der große Traum von der wirklichen Welt mit ihren unendlich vielen Möglichkeiten.

Das Zwölf-Schritte-Programm besteht darauf, daß wir unser »Kleines Ich« und unsere falschen Träume von Großartigkeit und Selbstabscheu ablegen, indem wir entschlossen aufrichtig sind und anderen helfen. Die Zen-Praxis verlangt, daß wir dieses Handeln jetzt auf das Universum ausweiten. Geben Sie Ihre Träume und Ihr »Kleines Selbst« auf. Sie werden sich sogleich richtig zu Hause fühlen, weil Sie es niemals wirklich verlassen haben: Es war nur ein schlechter Traum. Ist nicht die Welt Traum genug?

# *Die Leere der Liebe*

Alle Menschen wollen geliebt, niemand will verletzt werden. Was ist dieser allgegenwärtige Wunsch, dieses urtümliche Verlangen? Woher kommt es? Wie kann es jemals befriedigt werden? Es scheint, als seien all unsere Taten durch unser großes Bedürfnis nach Liebe motiviert. Ich spreche hier nicht von der zuckersüßen Liebe der Radioschnulzen, nicht von der sklavischen Anbetung der Filmstars, sondern von einem wirklich tiefen Verlangen nach wahrer und verläßlicher Anerkennung. *All you need is love. Love is all you need.* Es mag vereinfachend und albern klingen, aber ohne Liebe sind wir als Individuen und als Spezies verdammt.

Kann man sagen, daß Liebe wirklich existiert, wenn wir tatsächlich keine reale Existenz haben, abgesehen von der Kette flüchtiger Ereignisse, die wir unser Leben nennen? Ist diese Liebe, nach der wir suchen, in Wahrheit das Bedürfnis nach Stabilität und Dauer, ein fester Ort im Treibsand der menschlichen Erfahrung? Ist unsere unablässige Suche nur ein vergebliches Haschen nach Unsterblichkeit angesichts unseres Lebens, das in der ungeheuren, kalten, kosmischen Nacht wie ein Funke aufglüht und wieder erlischt?

Leere. Alle Dinge sind leer, nur leuchtende Blitze und schillernde Blasen, sagt das *Diamant-Sutra*. Jedes einzelne Ding. Alles ist vergänglich und besitzt keine eigene Existenz außer in bezug auf andere vergängliche Dinge. Leere, die sich in Leere ergießt. Wie erlangt man Fülle? Wir fühlen uns irgendwie unvollständig. Wir halten nach etwas Ausschau, aber wir können uns einfach nicht daran erinnern, was es war, das wir verloren haben. Aber wir geben die Suche nicht auf. Wir suchen nach »ihm« in der Religion, im Sexuellen, in der Politik, im Geld, in der Droge – auf all den ausgetretenen Pfaden, die letztlich doch nur dorthin zurückführen, wo wir angefangen haben: in der Leere.

Eine Suche in Umkreisen auf der Suche nach dem, was wir Liebe nennen wollen. Das kleine Kind, das über dem Leichnam seiner Mutter weint. Der alte Vater, der stumm und einsam in einem gemieteten Zimmer weint. Der junge Mann, der sich zu sehr vor Zurückweisung fürchtet, um sein Bedürfnis nach Liebe einzugestehen – zu sehr in die Idee der Liebe verliebt, um wirklich zu lieben.

Liebe ist sogar in ihrer Infragestellung, in ihrem Verlust und in ihrer Abwesenheit gegenwärtig. Alles bezieht Liebe und Kontemplation mit ein. Wir müssen nur unsere Augen und unsere Herzen öffnen, um es zu sehen. Wir schauen uns mit geballten Fäusten nach Liebe um, halten unser persönliches Leiden in hohen Ehren und weichen keinen Fingerbreit von unserer Vorstellung von der Liebe ab – unfähig, unsere Hände und Herzen zu öffnen und wahre Liebe zu akzeptieren, weil diese bedeuten würde, daß wir unsere eigenen Ideen loslassen müßten. Liebe kann nur mit offenen Armen, offenem Herzen und offenem Sinn wahrgenommen und angenommen werden, ungehindert von Meinungen und festen Vorstellungen von dem, was Liebe für uns bedeutet. Liebe ist nichts von alldem. Sie ist, was sie ist, uns zum Trotz.

Legen Sie diese Meinungen zum Thema »Liebe ist ...« (bitte

Zutreffendes einsetzen) ab. Lassen Sie von Ihrer Suche nach der Liebe ab. Und lassen Sie vor allem Ihr großes Bedürfnis nach Liebe los, Ihre besessene und donquichotteske Suche nach Vollständigkeit.

Früher oder später werden Sie es begreifen. Sie sind Liebe. Liebe ist, sogar wenn sie nicht ist. Sie waren nie von ihr getrennt, nur in Ihrer Vorstellung von der Liebe als einem von Ihnen getrennten Objekt. Wie hätten Sie jemals unvollständig sein können? Wie hätten Sie jemals von dem getrennt sein können, was Sie sind? Sie waren immer vollständig. Sie werden immer geliebt. Existieren Sie ohne Liebe? Können Sie ohne Ihr hochgeschätztes persönliches Leiden existieren, ohne Ihre lange und traurige Geschichte von dem, was andere Ihnen angetan haben, und von der Welt, die Sie einfach nicht versteht? Letztlich existieren wir nur in Beziehung zu diesen alten Denkgewohnheiten und sind und erkennen wir eine Welt, die sich in Wahrheit nicht von uns unterscheidet. Oft ist es leichter, diese Gewohnheit des Leidens beizubehalten, diese Gewohnheit, uns selbst zu Opfern zu machen, in unserer Bedauernswürdigkeit zu schwelgen und uns selbst ständig unsere schlimmsten Befürchtungen zu bestätigen.

»Sehen Sie, ich hatte recht! Es gibt keine Liebe für mich! Diese [Welt, Person, Örtlichkeit oder Sache] stinkt mir!« Tatsächlich haben sich Ihre schlimmsten Befürchtungen nicht erfüllt. Tatsächlich haben sich Ihre höchsten Erwartungen erfüllt. Sie glauben, daß Sie leiden, aber in Wahrheit sind Sie glücklich und werden geliebt – Sie haben nur Leiden mit Glücklichsein und Leben mit Erwartungen verwechselt. Sie haben Ihr wahres Selbst mit dem Objekt Ihrer Aufmerksamkeit und Ihrer Sehnsucht (oder Ablehnung) verwechselt. Das ist es, was Sie wirklich wollten: mehr Leiden, mehr Bestätigung Ihres Lebens und Seins, das nur im Verhältnis zu der Menge an Schmerz, Ablehnung, Unzufriedenheit und Fehlfunktionieren zu bestehen scheint, die Sie hineinstopfen können. Sind Sie jetzt glücklich? Sie wetten um Ihren Kopf, daß Sie glücklich sind – und es ist in der Tat Ihr Kopf, um den Sie wetten. Glücklich? Es mag nicht so aussehen, bei all den Tränen und dem Nest voller Schlangen, die sich in Ihrer Seele winden, aber, ja, eigentlich sind Sie glücklich. Oder zumindest fühlen Sie sich wirklich. Sie fühlen, daß Sie in dieser Welt existieren können, so verrückt sie Ihnen auch vorkommen mag.

Sie und ich, wir sind daran gewöhnt, uns nur dann lebendig und ganz zu fühlen, wenn wir uns im Gegensatz zur Welt sehen. Aber auch wenn wir etwas anderes als die Welt und von ihr getrennt zu sein scheinen, sind wir in Wirklichkeit ein Teil von allem, was ist. Es war nie anders. Nur unser konditioniertes Denken und unser bedingter Reflex wollen uns etwas Gegenteiliges weismachen.

Wenn wir dieses Denken erst mit der Wurzel ausreißen, wenn wir erst erkennen, daß unser wohlgehütetes Schatzkästchen Nachtmahre statt Träume enthält, wenn wir erst erkennen, daß die Blume des Seins, die wir mit unseren Tränen und unserem Blut wässern, in Wahrheit der verwachsene Kaktus selbsterschaffenen Leidens ist – erst dann können wir frei sein.

Frei zu lieben.

Frei, Liebe zu empfangen.

Frei, uns von der Liebe zu befreien.

Frei von der Freiheit.

Verschwenden Sie keine Ewigkeit, ja, nicht einmal einen einzigen Augenblick länger mit dieser unablässigen Suche nach Liebe und Vollständigkeit. Beides existiert (wenn überhaupt) nur hier und jetzt. Sagen Sie nicht: »Ich habe noch nicht all meine Themen, meine Neigungen, meine Abhängigkeiten, meine Neurosen, meine Leiden verarbeitet.« Meine, meine, meine! Ich, ich, ich! *Genug davon!* Wenn er es nicht gerade suggestiv flüstert, schreit der Verstand ständig in den höchsten Tönen: »Ich, ich, ich …« Das Ganze ist ein tödliches Spiel, gespielt von Ihrem Verstand, um Ihre Aufmerksamkeit vom Ball – von Ihrem wahren Ziel, Ihrer wahren Vollständigkeit – abzulenken. Wachen Sie auf! Erheben Sie sich! Überall schrillt die Alarmglocke, und Sie können sie selbst in Ihrem tiefen Schlummer hören. Das Grün des Grases, der Duft der Tannen, Fehlzündungen bei Autos, das Aroma des Kaffees, Buddhastatuen und Jesusfiguren, die Gelassenheit des Gebets: All diese Dinge sind Dharmas und Türen zur Wahrheit; alle Dinge sind Alarmglocken, die ständig läuten: Wach auf, wach auf! Alle Dinge belehren Sie und verlangen Ihre ungeteilte Aufmerksamkeit. Es heißt: »Jetzt oder nie« – obwohl es nie zu spät ist, weil es nur das Jetzt gibt.

Aber dieses verführerische Denken der Leugnung massiert Ihnen sanft den Rücken, umgurrt und beschwatzt Ihr Karma und Ihre Krankheit, still zu sein und zu schlafen. Oh, es ist soviel gemütlicher und behaglicher unter diesen Ego-Decken, auf diesem weichen, warmen, heimeligen Bett des Leidens.

Höre, Pilger: Das Bett hat Feuer gefangen, und – glaube mir – das »Kleine Ich«, das du für dein wahres Selbst hältst, würde lieber zu Asche verbrennen, als zuzugeben, daß es Leiden über sich selbst und die Welt gebracht hat. Es würde viel lieber in seinem selbstgefälligen Schlaf sterben, in dem behaglichen Glauben, daß seine Meinungen richtig waren, als aus dem brennenden Bett zu springen, von Meinungen und

Glaubensvorstellungen entblößt. Es würde lieber im heißen Öl der unerfüllten Erwartungen sieden, als im klaren Wasser der Ichlosigkeit und Leidenslosigkeit gerettet zu werden.

So war es mit der Krankheit unserer Leugnung und unseres Zwangs, und so war es noch tausendmal mehr mit dem Un-Wohlsein unseres Denkens. Wir mögen auf mancherlei Weise aufgehört haben, aktiv zu sein, aber das große Un-Wohlsein ist uns immer noch treu. Das Un-Wohlsein des »Ich«, des »Mein«, des »Ich trank, ich leide, ich will, ich liebe«. All das sind Methoden, unsere Zeit in diesem Leben zu morden und zu verkürzen. Wir werden alles tun, um wahre Ganzheit, wahre Liebe und wahre Verbindung zu verhindern, weil dies bedeuten würde, daß wir unser »Kleines Ich«, unsere Meinungen und unsere hochgeschätzten Geschichten aufgeben müßten. Was würde Ihnen das nehmen?

Eine gründliche Ego-Deflation kann laut Bill W. das Fortschreiten unserer Krankheit aufhalten. Wenn wir die Nichtexistenz des Egos auf allen Ebenen erkennen, hören wir auf zu denken, wir könnten oder müßten unser Leben regeln. Wir existieren wie Marionetten, die in einem wilden Zufallsmuster bewegt werden, von dem wir verzweifelt glauben, daß es eine Bedeutung hat. Wir werden an den Fäden des Leidens, des Verlangens und des Schlafes gezogen. Wir halten diese Fäden für real und unvermeidlich.

Bitte glauben Sie auch nicht einen Augenblick lang, daß jemandes Hände an diesen Fäden ziehen. O nein, glauben Sie auch nicht einen Augenblick lang, daß Sie eine Marionette sind. Sie selbst sind die Hände, die an den Fäden der Neigungen ziehen. Sie sind sowohl die Puppe als auch der Puppenspieler. Aber wie könnte man eine Schere jemandem erklären, der nie ein solches Instrument gesehen, geschweige denn benutzt hat? Wie eine Marionette davon überzeugen, daß es Scheren überhaupt gibt? Wie jemanden davon überzeugen, *daß gar kein Bedarf an einer Schere besteht, weil die Fäden außer in Ihrer Vorstellung niemals existiert haben?* Gehen Sie einfach von dem Puppenspieler fort. Er kann Sie nicht halten. Dann drehen Sie sich rasch um, und schauen Sie in sein Gesicht. Es ist das Ihre.

Liebe ist leer. Aber wenn wir sie mit unserem Verlangen, unseren Bedürfnissen und unseren Neigungen füllen, versagt sie darin, Liebe zu sein, und entweicht aus unserem Herzen und Denken. Harren Sie still aus, und lassen Sie sich von der Leere, die Sie nie verlassen hat, aufsaugen. Wenn es nicht Liebe ist, weiß ich nicht, was es sein soll. Haben Sie diese Liebe erst einmal erfahren, können Sie sie nicht mehr eifersüchtig für sich behalten. Sie müssen sie an alle Dinge und alle Lebewesen abgeben, weil sie in Wahrheit alle Dinge und alle Lebewesen ist.

Liebe ist leer. Sie muß es sein, um das ganze, unendliche Universum enthalten zu können. Liebe ist leer. Sie kann nie gefüllt werden. Liebe ist leer. Versuchen Sie, die Luft in Ihrer Hand zusammenzudrücken. Liebe ist leer. Sie entgeht Ihren Händen, die sie fassen wollen, und füllt doch Ihre Lunge, die sie fassen will, während sie zugleich Ihren atmenden Körper umhüllt. Liebe ist leer. Sie atmen sie in diesem Augenblick. Liebe ist leer. Sie wissen es in diesem Augenblick. Liebe ist …

# Die Fülle der Liebe

In den Tagen meines aktiven Trinkens und vor meiner Zen-Praxis hätte man mir auf den Kopf zusagen können, was ich von eigenen Kindern hielt. Ich haßte meine eigene Kindheit und die Welt, in die ich gesetzt worden war. Wie hätte ich dieses Schicksal einem anderen Wesen wünschen können, geschweige denn meinem eigenen Fleisch und Blut? Die Modelle für die Elternrolle, die ich kennengelernt hatte, flößten mir nicht gerade großes Vertrauen ein. Ich muß wohl nicht nur meine Verbitterung eingestehen, sondern auch, daß mich der Gedanke an Verantwortlichkeit tödlich erschreckte. Meine Gesundung und die Zen-Übungen wischten meinen karmischen Boden auf und bereiteten mich darauf vor, Vater zu werden. Zuerst mußte ich erwachsen werden und die gefährlichen Spielzeuge fortlegen, mit denen ich geschlagen worden war. Dann, und erst dann – als ein Erwachsener –, konnte ich hoffen, das Kind mit den offenen Armen und dem offenen Herzen aufzunehmen, das es verdiente.

Ich habe jetzt zwei Söhne, Aren und Ethan. Sie sind das größte Geschenk, das die Gesundung mir machte. Als vor sechs Jahren Aren, der ältere, geboren wurde, schickte Zen-Meister Seung Sahn uns eine Karte, auf der stand: »Glückwunsch zu Ihrem Dharma-Baby. Ihr Dharma-Baby ist Ihr Dharma-Meister. Sie müssen immer auf Ihr Baby achten und von ihm lernen. Also ist Ihr Baby ein großer Zen-Meister. Alles lehrt, von Augenblick zu Augenblick. Wenn Sie das verstehen, werden Sie ein großer Mann und eine große Frau.« Wie gewöhnlich meinte der Zen-Meister genau das, was er sagte, nicht mehr und nicht weniger. Ich betrachtete die Karte nicht als Predigt oder rührseligen Gruß. Bodhidharma, der legendäre Begründer des Ch'an-(Zen-)Buddhismus in China, hatte das Zen als ein »direktes Deuten auf die Wirklichkeit« bezeichnet. Diese Ethik durchzieht die ganze Geschichte des Zen, seine ganzen Lehren und Praktiken. Eine Aussage bedeutet gewöhnlich genau das, was sie aussagt.

Wir sind so sehr daran gewöhnt, den Worten anderer unsere eigene Bedeutung zu unterlegen – so zynisch, daß wir selbst an den aufrichtigsten Gefühlen zweifeln –, deshalb ist es sehr erfrischend, sogar schockierend, jemanden genau das sagen zu hören, was er meint. Der Schüler oder Zuhörer hat keinen Ort, an dem er sich verstecken könnte. Das Zwölf-Schritte-Programm funktioniert auf eine sehr ähnliche Weise. In unserem schrecklichen Spiel der Gesundung wird nicht um den heißen Brei herumgeredet, wird keine Zunge im Zaum gehalten, denn es geht um Leben und Tod. Die Literatur der Anonymen Alkoholiker und die Oldtimer sagen uns, wie es ist – ob es uns gefällt oder nicht, ob wir bereit sind, es zu hören, oder nicht. Wir werden direkt auf die Realitäten unserer Krankheit hingewiesen, von Angesicht zu Angesicht der Welt gegenübergestellt, wie sie ist, nicht, wie wir sie uns wünschen würden. Schauen Sie nicht hinter die Worte des Zen oder der Zwölf Schritte. Es gibt keine versteckte Bedeutung. Keine geheime Botschaft. Kein verborgenes Programm. Nur den unmittelbaren, unverblümten Zugriff einer harten Liebe.

Ich beschloß, den Zen-Meister beim Wort zu nehmen, und

eröffnete mich meinen Söhnen. Nach fünf Jahren in der Gesundung war ich ein lebender Beweis für die Erfüllung der Versprechen des Programms. Ich kam zu dem Schluß und fühlte auch tief in mir, daß meine Kinder eine selbständige Existenz und ihre eigenen Lebensziele hatten, die sich von den meinen unterschieden. Ich wollte versuchen, in ihrer Gegenwart einen klaren und nichturteilenden Verstand zu bewahren – ihnen nicht meine Wünsche, meine Sehnsüchte und meine Vorstellungen davon aufzudrängen, was das Leben für uns bereithält. Ich hatte Aren und Ethan schon als kleine Kinder mit zur Arbeit genommen und sie an fast allem teilnehmen lassen, was ich tat. Ich weigere mich, dieses wundervolle Geschenk, das sie mir gaben, als selbstverständlich hinzunehmen, es als »schöne Zeit« nach meinen Erwachsenentätigkeiten zu entwerten oder mit meinem eigenen Denken zu vermischen.

Aren und Ethan *sind*. Sie existieren voll und ganz in sich selbst. Nichts in dieser Welt ist wichtiger, als ihnen zu helfen, dies zu erkennen und stets zu verteidigen, ihnen von Augenblick zu Augenblick und Tag für Tag deutlich zu machen, daß sie frei von allem existieren, daß ihr Glück ihnen überallhin und in jeder Lebenslage folgen wird, wenn sie ihr wundervolles Fragen und ihr ständiges Staunen beibehalten. Ein Bekannter von mir sagt zu seiner Tochter ständig: »Du stellst zu viele Fragen.« Ich werde wütend, wenn ich das höre, und möchte ihr gern sagen: »Du kannst gar nicht genug fragen.« Aber ich kann zuschauen, wie sie Stück für Stück stirbt, wie sie all ihre offenen Systeme ausschaltet, wie ihr Staunen und ihre Verwunderung versiegen und ihre Verbindung mit ihrem jungen Leben und der Welt in den ersten Jahren auf diesem Planeten abbricht. Dies wurde auch mir als Kind angetan, und nur dank der Kombination aus einem guten Karma und einer günstigen Fügung erfuhr ich genug Leiden, um zu sehen, woher es kam. Ich hoffe, daß diesem kleinen Mädchen der Weg erspart bleibt, den ich zu gehen gezwungen war, und daß ihr ein sanfteres Erwachen beschieden ist.

Indem ich das klare und spontane Wesen meiner Söhne ermutige, bin ich Lehrer und Schüler zugleich. Mir wurde die Vision einer Kindheit wiedergegeben, die man mir gewaltsam entrissen hatte. Meine Eltern – in ihrer eigenen Krankheit und ihrem Leiden nichts Geringeres als emotionale Vampire, die sich von unserer Unschuld, Klarheit und Hoffnung mästeten – haben mir die emotionale und spirituelle Nahrung geraubt, die ich als Kind gebraucht hätte. Als sie uns ausgesaugt hatten und wir selbst kurz vor dem Verhungern standen und nur noch Karikaturen von Menschen waren, warfen sie uns weg. Aren und Ethan können mir meine zerstörte Kindheit nicht zurückgeben, aber sie können all die Liebe annehmen, die ich ihnen geben kann. Indem ich ihnen diese Liebe gebe – ganz und ohne Vorbehalte oder Erwartungen –, werde ich selbst erfüllt. Liebe ist ein Brunnen, der niemals leer wird und sich immer wieder auffüllt. Aber versuchen Sie, seinen Reichtum für sich selbst zu horten, und er trocknet aus und versiegt vor Ihren dürstenden Augen und Ihrer ausgedörrten Seele.

Unnötig zu sagen, daß meine Söhne und ich die meiste Zeit über trunken vor Liebe sind. Allein schon das Wunder, am Leben und in der Gesundung zu sein, und dann dies! Woher sind diese kleinen Burschen gekommen? Wer sind sie? Wer bin ich? Ich hoffe, wir werden niemals aufhören, nach Antworten auf diese befreienden Fragen zu suchen. In diese große Freude mischt sich eine bittersüße Traurigkeit, daß Aren und Ethan Tag für Tag unvermeidlich älter werden. Das gemahnt mich an meine eigene Sterblichkeit und die Versuchungen und die Schmerzen, die kleine Jungen auf ihrem Weg in diese Welt zwangsläufig erwarten. Ich spüre die Augenblicke enteilen, sosehr ich auch versuchen mag, sie festzuhalten, sosehr ich mich auch bemühen mag, sie sicher und tief in meinem sehnsüchtigen, bereits von Kummer erfüllten Herzen zu verschließen. Aren und Ethan wachsen auf. Diese goldenen Tage gehen vorbei.

Eines Tages mußte ich rasch etwas einkaufen, und Aren kam wie gewöhnlich mit mir. Nach dem Einkauf wollte er den Abenteuerspielplatz und Park in der Nähe unserer Wohnung besuchen. Es lag mir auf der Zunge zu sagen: »Nein, Aren, wir haben zuviel zu tun.« Aber plötzlich stutzte ich. Die wichtigste Sache der Welt in diesem Augenblick war, von Aren zu lernen. Er wollte mit seinem Daddy spielen. Ich legte meine Meinungen und mein totes Erwachsenendenken ab und sagte: »Klar, laß uns gehen!«

Wir spielten auf den Klettergerüsten, bis Aren einen fahrenden Händler mit eisgekühlten Getränken erblickte. Und los ging's. Auf dem Rückweg verschüttete Aren den größten Teil der Limonade, als er hinter mir herlief. Er führte mich zu einem alten, unbenutzten, kreisförmigen Brunnen, um den wir herum und herum liefen, bis wir vor lauter Benommenheit oder Albernheit ohnmächtig zu werden drohten. »Laß uns noch Limonade kaufen, Daddy. Ich bezahle. Gib mir einen Dollar.« Wir kauften noch Limonade, setzten uns auf eine Bank und plapperten über alles, was uns gerade in den Sinn kam. Und plötzlich war Aren wieder auf und davon, und wir spielten Verstecken zwischen den riesigen Eichen und Pinien. Ich schummelte immer wieder, und Aren lachte so sehr, daß er zu Boden purzelte. Wir rangen eine Weile auf dem Gras, ohne uns um die mißbilligenden Blicke der anständig aussehenden Matronen oder die »Das-ist-kindisch«-Blicke von Männern zu kümmern, die ihre Vaterrolle ernst nahmen. Wir enttarnten sie und beleidigten ihr Weltbild, in dem die Väter erwachsen und gesetzt waren und ihre Söhne zu parieren hatten. Aren teilte mir durch jede spontane Bewegung mit, daß wir alles hatten, was wir jemals brauchen würden, daß wir für immer genau hier und genau jetzt leben konnten – und auch lebten.

Wir liefen wieder zum Brunnen und jagten einander im Kreis herum. Diesmal saß ein schon recht alter Mann in der Nähe auf einer Bank und schaute uns zu und lachte und lachte. Aren und ich lachten und lachten ebenfalls, noch ein wenig mehr. Der Mann sagte, wir würden ihn an seinen Sohn und auch an seine Enkel erinnern – und wie sehr er jene Tage vermisse. Es schien, als würde er ohne Bedauern darüber sprechen. Hier waren wir: ein noch sehr kleiner Junge, ein junger Vater und ein alter Mann. Irgendwie war es perfekt – so, wie es sein sollte. Es spielte keine Rolle, daß Aren erwachsen werden würde, daß dieser Tag morgen vorbei sein würde, daß wir alle in hundert Jahren tot und vergessen sein würden. Nein, es schien alles perfekt und richtig zu sein, wie es war: daß der Prozeß – wenn man ihm erlaubte, sich gemäß seinen eigenen Gesetzmäßigkeiten zu entwickeln, ohne Einmischung durch unser Bestreben, festzuhalten und zu denken – eine Quelle der Freude in der Traurigkeit und der Ewigkeit im flüchtigen Augenblick war.

Jesus sagte einmal, wir müßten wie die Kinder werden, um in das Königreich des Himmels einzutreten. In Zen-Begriffen ausgedrückt, bedeutet das nichts anderes als das Loslassen unserer Jahre des konditionierten Denkens und das Eintreten in den gegenwärtigen Augenblick, unbeschwert von Erwartungen und der Last vergangener Leiden. Das Königreich ist überall. Nur unsere Unwissenheit, unser Leugnen und unsere Krankheit verhindern, daß wir eintreten können. Wo sind Sie genau in diesem Augenblick, während Sie dieses Buch lesen? Lehnen Sie sich zurück, atmen Sie tief ein, und Sie sind eingetreten. Wenn das Königreich des Himmels in uns ist, wie man sagt, und wenn es, wie das Zen lehrt, kein »Innen« oder »Außen« gibt, wo ist dann dieses Königreich sonst als genau hier und jetzt? Der Zen-Meister hatte die ganze Zeit über recht gehabt. Ein vierjähriger Junge war nötig, um mich an einen Ort zu führen, wohin ich noch nicht einmal einem Zen-Meister gefolgt war.

Ich war den ganzen Tag über uneingeschränkt achtsam. Nicht auf eine gezwungene, künstliche Weise, sondern ganz leicht und selbstverständlich. Jede Sekunde verstrich wie Stunden. Jede Bewegung unserer Körper schien wie das riesige Wirbeln des Sonnensystems. Der Tag selbst schien der einzige Tag zu sein, der jemals existiert hatte und existieren würde. Ich war leer in Arens Welt eingetreten, leer von Erwartungen und Absichten; und als ich ankam, fand ich mich selbst wartend vor. Ich hatte seine Welt niemals wirklich verlassen. Jack Kerouac spricht von der goldenen Ewigkeit, die in jedem Augenblick schlummert. Ich fiel an jenem Tag gedankenlos in zahlreiche goldene Ewigkeiten, und während die Augenblicke immer noch wie Wasser durch meine zaghaft zugreifenden Finger rinnen, während Aren und Ethan immer noch zu jungen Männern heranwachsen und während mein Haar immer noch ergraut, besitze ich den Schlüssel zur Ewigkeit und zur Fülle der Liebe. Der Schlüssel heißt

»nicht eingreifen«, »nicht festhalten«, »nicht allein meine Idee«. Zen und die Zwölf Schritte gaben mir den Schlüssel zu einem voll gelebten Leben, und Aren führte mich an seiner zutraulichen, kleinen Hand an die Tür. Ich wußte immer, wo sie war. Ich hoffe, daß ich es niemals wieder vergesse.

»Laß uns jetzt ein paar Comics kaufen, Daddy!« Und wir kauften ein paar Comics, die auch echt gut waren!

# Liebe den Menschen, mit dem du zusammen bist

Wir haben viel über Fürsorge und Liebe zu anderen Menschen gesprochen. In all dieser »ernsthaften« Arbeit des Zen und der Gesundung ist es oft leicht, seinen Standort zu verlieren, der sich genau hier und nicht außerhalb von uns befindet. Mit wem sind Sie die ganze Zeit über zusammen? Wer war der einzige, der in all den Kämpfen Ihrer Krankheit bei Ihnen war? Wer wird bei Ihnen auf dem Totenbett liegen? Sie, und nur Sie allein. Weshalb also sind Sie nicht bei Ihrem besten Freund, Liebhaber und Lehrer? Sie mögen im Programm einen Sponsor haben, aber Sie selbst sind der einzige, der diese Show sponsert, die Sie Ihr Leben nennen. Weshalb sind wir so hart zu uns selbst und halten uns nie für wertvoll genug und glauben nie, daß wir unser Bestes tun? Wir müssen lernen, uns selbst uneingeschränkt zu lieben, bevor wir andere bedingungslos lieben und ihnen helfen können. Ich glaube, daß jeder von uns sein Bestes gibt, was ihm im Augenblick möglich ist, daß wir alle tun, was wir in unserer gegenwärtigen Lebenslage tun können.

Wie könnte es anders sein? Machen Sie es sich nicht so schwer, seien Sie nicht so hart mit sich selbst. Da Sie sich schon so aufrichtig bemühen, nicht die Inventur anderer aufzunehmen, tun Sie sich auch selbst einen Gefallen, und hören Sie auf, ständig Ihre eigene Inventur zu machen. Es gibt

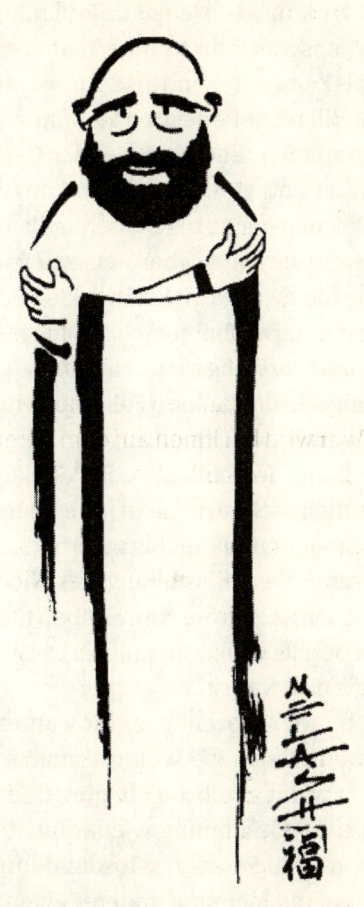

genug Freiwillige, die genau in diesem Augenblick Schlange stehen und sich glücklich schätzen, für Sie Ihre Inventur aufnehmen zu können. Denken Sie daran: Wir sind keine schlechten Menschen, nur Kranke, denen es bessergeht.

Ich betone als Zen-Lehrer und als Sponsor immer wieder, daß das Ziel laut Bill nicht Perfektion ist, sondern Fortschritt. Wir in den Programmen tendieren bei der Gesundung in Richtung Perfektion und zu Übererfüllung des Solls. Betrachten Sie diese Neigung nicht als ausschließlich positive Eigenschaft. Sie weist unüberhörbare Obertöne eines Charakterfehlers sowie die Zwangaspekte unseres Leugnens und unserer Krankheit auf. Belohnen Sie sich für kleine Fortschritte, wie zaghaft und vorläufig sie auch sein mögen. Ein altes chinesisches Sprichwort lautet: »Falle tausendmal, und stehe tausendundeinmal wieder auf.«

Denken Sie daran, das Streben nach Perfektion ist Heuchelei. Vollkommenheit läßt sich nicht erreichen. Das *Herz-Sutra* sagt: »Kein Erreichen, da nichts zu erreichen ist.« Bemühen Sie sich darum, diese Einstellung des Nicht-erreichen-Wollens zu erreichen; lassen Sie vom Streben nach Perfektion ab, und alles ist bereits vollkommen, wie es ist. Was könnte perfekter sein als das, was ist?

Sie müssen hundertprozentig an Ihr wahres Selbst glauben, besonders wenn Ihnen die Welt weismachen will, daß es so etwas wie ein wahres Selbst nicht gibt, und versucht, Sie die lange Treppe zur Gesundung wieder hinabzustoßen. Wenn Sie hundertprozentig an sich selbst und Ihren Weg glauben, müssen Sie um die Meinung anderer einen Scheißdreck geben (es gibt keine andere Möglichkeit, es so deutlich zu sagen). Niemand als Sie selbst muß Ihr Leben leben und Ihren einsamen Tod sterben. Niemand als Sie selbst muß Ihre Entschuldigungen vorbringen und Ihre karmischen Schulden bezahlen. Niemand hat das Recht, Sie zu beurteilen und Ihre Inventur vorzunehmen, wenn Ihre persönliche Entwicklung gut motiviert und klar ist. Jeder Mensch arbeitet auf seine eigene Art an seinem Programm, und jeder praktiziert Zen oder welche andere spirituelle Methode auch immer nach seinen eigenen Bedürfnissen und nach seiner persönlichen Vision.

Diese Welt scheint Konformität und »Normalität« von uns zu fordern. Selbst unsere Freunde und Lehrer hängen der Ansicht nach, es sei irgendwie verwerflich, nur man selbst zu sein – ohne Bedauern und ohne Entschuldigungen. Vergessen Sie sie. Lösen Sie sich von ihnen. Oder leiden und lernen Sie schließlich. Lernen Sie entweder aus Ihrer aktiven Krankheit oder aus Ihrem falschen Selbst, dem »Kleinen Ich«. Es ist viel einfacher, das zu lernen, was ich Ihnen zu vermitteln versuche und was Sie bereits wissen.

Der fünfte Grundsatz der Zen-Buddhisten lautet: »Ich gelobe, mich von Rauschmitteln fernzuhalten, die genommen werden, um Leichtsinnigkeit herbeizuführen.« Meister Seung Sahn hat diesen Grundsatz wie folgt erläutert: »Alkohol schneidet die Wurzeln der Weisheit ab; Generation um Generation verharren wir in einem Zustand der Benommenheit, so, als wären wir betrunken.« Im Gegensatz zu anderen Weltanschauungen oder Glaubenssystemen gesteht der Buddhismus dem Guten oder Bösen sowie dem Begriff »Sünde« keine eigenständige Existenz zu. Das pragmatische Wesen des Buddhismus macht ihn auf ideale Weise für unsere gefährdete menschliche Natur geeignet. Der Grundsatz besagt nicht, daß Trinken (oder eines seiner Äquivalente) schlecht ist oder daß wir verdorbene, willensschwache Menschen von lockerer Moral sind. Eine andere Übersetzung des Grundsatzes nennt die »Leichtsinnigkeit« eine »Trübung des Verstandes«. Alle Substanzen, Gedanken und Verhaltensweisen, die unser wahres Selbst verdunkeln und verleugnen, fallen unter diesen Grundsatz.

Meine Interpretation lautet, daß wir alles, was unser Wachstum zur Weisheit und Hilfsbereitschaft anderer Menschen gegenüber behindert, »böse« nennen können und daß alles, was unseren Prozeß des Erwachens unterstützt, »gut« ist. Daraus können Sie ersehen, daß unsere aktive Krankheit in buddhistischer Sicht eine Maske des Guten sein kann, indem sie unser Bedürfnis nach gesellschaftlichem Kontakt fördert. Eine böse Krankheit oder Lebensweise wird zu einem guten Lehrer und unsere Quelle der Stärke. Also betrachten Sie sich nicht als gut oder böse. Diese Begriffe sind relativ; sie verändern sich mit jeder Situation und der Art, wie wir sie wahrnehmen. Verwenden Sie unser Programm und unsere Praxis dazu, um diese Straßensperre des dualistischen Denkens zu entfernen. Die Begriffe »gut« und »böse« sind schlecht. Sie zu meiden ist gut. Aber man kann diese Art zu denken nur dann akzeptieren – geschweige denn verstehen –, wenn man in der Gesundung oder ein Zen-Schüler ist.

Wir habe uns viel zu lange mit negativen Personen umgeben und mit toten Gewichten behängt. Wir werden von Menschen und Situationen angezogen – und ziehen unsererseits sie an –, die uns in unserem gewohnten Mißbrauch bestätigen. Das mag noch lange so weitergehen, aber bedenken Sie zumindest, daß diese Menschen und diese Situationen nicht Sie sind. Deren Vorstellungen, Meinungen und Einflüsse sind nicht Ihr wahrer Geist oder Weg. Deren Leben ist nicht Ihr Leben. Versuchen Sie, mit Humor und Mitgefühl zu reagieren. Wenn Sie dazu nicht mehr fähig sind, dann ist es an der Zeit, hilfreichere Menschen und Orte aufzusuchen, denn Sie sind den aktiv kranken Freunden und den Orten, bei denen Sie das Gefühl haben, gefährdet zu sein, entwachsen. Sie werden niemals anderen Menschen helfen können, wenn sie dazu verführt werden, sich selbst schlecht oder böse zu finden. Nur wer ein außergewöhnliches Programm absolviert hat, kann diesen heimtückischen und diffamierenden Botschaften widerstehen, seien sie offen oder versteckt. Wichtig ist nur, daß wir nicht trinken, Drogen nehmen oder in unser früheres, selbstzerstörerisches Verhalten zurückfallen. Alles, was dazu beiträgt, diese Dinge wahrscheinlicher zu machen, muß verändert oder entfernt werden. Die Gesundung ist auch ohne solche Einflüsse schon hart genug. Wir sind bereits genug damit beschäftigt, jede noch bestehende Nachlässigkeit zu beheben.

In dem Buch *The Scripture of the Golden Eternity* sagt Jack Kerouac, die Menschen mit Strafandrohungen oder Belohnungsversprechen zur Mäßigung anzuhalten sei, als bedrohe man Wasser damit, es naß zu machen. Unsere wahre Natur existiert unabhängig von der schizophrenen Schöpfung der Begriffe »gut« und »böse«. Ihr wahres Selbst meldet ein R-Gespräch bei Ihnen an. Sie haben die Gebühr bereits mit den Jahren bezahlt, die Sie durch Ihre Krankheit verloren haben, also können Sie das Gespräch ruhig annehmen. Das Telefon hört ohnehin nicht auf zu läuten, bis Sie den Hörer abnehmen. Nur Sie selbst können Ihre wahre Natur erkennen. Andere Menschen können Ihnen bei dieser Erkenntnis nur helfen – oder sie behindern. Sie haben dieses Gespräch vor langer Zeit an der Rezeption bei sich selbst angemeldet. Nur Sie selbst können Ihren Weck-Anruf beantworten – niemand sonst.

Auch wenn die anderen Zen-Meister oder Sponsoren sind, können sie nicht wissen, was am besten oder am natürlichsten für Sie ist. Nur Sie selbst können es wissen, sobald Sie hundertprozentig an sich glauben – nicht anmaßend, sondern vertrauensvoll. Durch Meditation und die Arbeit mit den Zwölf Schritten können wir das fehlende Prozent – oder die fehlenden zehn oder einundfünfzig Prozent – und die Kraft und die Bereitwilligkeit finden, nur wir selbst zu sein mit all unseren Fehlern. Seien Sie nachsichtig mit sich selbst, und lassen Sie die Ratschläge und Meinungsäußerungen der Welt von sich abgleiten, wie Regen vom Gefieder einer Ente abperlt. Machen Sie sich keine Sorgen – das Gute wird sich durchsetzen.

Zunächst einmal wäre ich schon längst tot, hätte ich nicht vor vielen Leuten – darunter vor meinem eigenen, verdorbenen Denken – die Ohren verschlossen. Darüber hinaus wäre ich weder in die Gesundung eingetreten noch Zen-Schüler geworden, wenn ich den Vorhersagen anderer geglaubt hätte. All diesen Dingen wird nur geringe Aussicht auf Erfolg zugesprochen. Ich selbst bin wahrscheinlich erstaunter über das, was ich geschafft habe, als irgend jemand sonst. Dieses Buch wäre niemals geschrieben worden, hätte ich meine eigenen Bedenken berücksichtigt und mir die pessimistischen Prognosen anderer – selbst mir nahestehender Menschen – zu Herzen genommen. Aber in diesen düsteren Augenblicken des Zweifels gewann mein hundertprozentiger Glaube an mich selbst die Oberhand und versorgte mich mit neuer Energie und Zuversicht.

Oft erwarten wir nur deshalb, daß wir selbst und andere versagen, weil das Versagen ein großer Gleichmacher ist. Elend verbindet, wie man sagt. Dieses Buch handelt davon, wie Sie dem Elend Einhalt gebieten können. Viele Stimmen werden sich erheben, um Sie davon abzuhalten, nicht zuletzt Ihre eigene, konditionierte, pessimistische Stimme. Hören Sie nicht einmal zu. Tun Sie es einfach. Die Stimmen werden verstummen, wenn Sie die Dinge in die Hand nehmen.

Einiges an diesen Lehren mag recht ernsthaft und gewichtig erscheinen. Das liegt an der Natur ihres Gegenstandes. Man lacht nicht über Dinge wie Leben und Tod. Wir müssen nicht nur nachsichtig mit uns selbst sein, sondern darüber hinaus zu Humor und bedingungsloser Spontaneität bereit. Hey, wir werden ohnehin sehr bald tot und beinahe ebenso schnell vergessen sein, wenn Freund Hein kommt, um uns mitzuteilen, daß unsere fünfzehn Minuten um sind. Fünfzehn Minuten oder siebzig Jahre. Es bleibt uns kaum genug Zeit, um uns genau anzuschauen, dann knipsen sie das Licht aus.

Sie werden Ihnen das Licht ohnehin ausknipsen, Partner, also hören Sie auf, den Strom zu bezahlen. Sie werfen die Münze Ihres Lebens fort. Jeder vergangene Augenblick ist ein Augenblick, der für immer vergangen ist. Jeder voll gelebte Augenblick ist eine Ewigkeit jenseits von Leben und Tod. Investieren Sie Ihr Leben in diesen Augenblick statt in eine verheißungsvolle Zukunft. Machen Sie den sich rasch nähernden Tod zu Ihrem Freund und Befreier. Erinnern Sie sich noch an dieses Poster in den siebziger Jahren mit den übertrieben prächtigen Blumen und dem Text: »Heute ist der erste Tag deines restlichen Lebens«? Versuchen Sie vielmehr, so zu leben, als sei dieser Tag der letzte Ihres Lebens. Sie müssen ihn hundertprozentig leben, ehrlich, ohne Maske und ohne Festhalten; Ihren letzten und besten Versuch. In der Tat ist heute der einzige Tag Ihres Lebens.

Sioux-Krieger sagten, bevor sie in den Kampf zogen: »Heute

ist ein guter Tag zum Sterben.« Wir ziehen in jedem Augenblick und an jedem Tag unseres Lebens in den Kampf. Seien Sie darauf gefaßt, zu gewinnen und einen weiteren Tag zu erleben. Aber seien Sie auch darauf gefaßt zu sterben. Genau jetzt ist die Zeit, aus unserem Schlafwandeln durch dieses Leben aufzuwachen; genau dieser Augenblick ist das Tor zurück ins Leben. Ihre Gegner im Kampf sind die unzähligen Dinge, die in Ihrem Leben als Schlaftabletten fungieren. Wenn Sie auf diese Weise leben, befreien Sie Ihre natürliche Spontaneität, Ihren Galgenhumor und Ihren uneingeschränkten Glauben an sich selbst. Sie werden instinktiv wissen, wie Sie mit jeder Situation umgehen und großzügig reagieren sollen, nicht aus einem starren Verhaltensmuster oder Glaubenssystem heraus. Sie werden frei sein. Frei sogar, über sich selbst zu lachen – den größten Witz im ganzen Universum.

Ich war bei meinem Schwiegervater in seiner letzten Stunde. Im Augenblick, bevor er starb, schaute er sich um, als sei er völlig überrascht und erschrocken, als habe soeben jemand etwas zu ihm gesagt, auf das er sein ganzes Leben lang gewartet hatte. Ich hatte, als ich ihn in meinen Armen hielt, das bestimmte Gefühl, daß er die Welt zum ersten Mal sah, weil er keine Erwartungen oder Forderungen mehr an sie hatte. Er verließ dieses Leben mit einem Geist, der dem Universum gegenüber vollkommen offen war und nichts mehr festhalten wollte. Da er nicht mehr kämpfte, waren er und Gott vom selben Geist und in Frieden. Er machte mir das größte Geschenk, das ich jemals erhalten habe: die Gabe von Leben und Tod und das Geheimnis der wahren Liebe, der Liebe, die aus der Einheit mit dem Sinn dieser Welt geboren wird.

Wir werden mit diesem Geist geboren, und wenn wir Glück haben, sterben wir auch mit ihm. Der Zen-Meister Seung

Sahn nennt ihn den »Weiß-nicht-Geist«. Er sagt, dieser Geist sei klar wie der Raum, er enthalte keine Meinung und reflektiere dieses Leben wie ein Spiegel. Er ist unser eigentlicher Geist, unsere höhere Macht und – wenn Sie so wollen – die Gegenwart Gottes. Der Ausdruck des Erschreckens, den ich im Gesicht meines sterbenden Schwiegervaters sah, war der Schock des Wiedererkennens gewesen, die Erleichterung, sich von Angesicht zu Angesicht seiner wahren Natur gegenüberzusehen. Das ist der Geist, den in jedem Augenblick zu kultivieren das Zen uns lehrt. Das ist der Grund dafür, daß wir stets darauf vorbereitet sein sollten zu sterben. Falls Ihnen dies zu Lebzeiten gelingt, sind Sie wahrhaft lebendig. Sie werden die Fähigkeit erwerben, sich selbst all Ihre eingebildeten Missetaten zu vergeben. Sie werden Ihr Karma in einer Stichflamme verbrennen. Verlieren Sie Ihren »Weiß-nicht-Geist«, und Sie werden weiterhin Leiden, Selbsthaß und Karma anhäufen, solange dieses Universum existiert. Denken Sie nur an die Botschaft des alkoholabhängigen Countrysängers Hank Williams: »No matter how I struggle and strive, I'll never get out of this world alive.« (»Sosehr ich mich auch bemühen mag, ich werde diese Welt nicht lebendig verlassen.«)

Schritt neun besagt, daß wir bei den Menschen, die wir verletzt haben, alles wiedergutmachen, »es sei denn, wir hätten dadurch sie oder andere verletzt«. Ich würde diesen Text in dem Sinn ergänzen, daß wir zuerst bei uns selbst alles wiedergutmachen, da wir diejenigen waren, die am meisten verletzt wurden. Wir haben uns selbst weitaus mehr als andere geschlagen; wir haben die Symptome und die Folgen unserer Krankheiten in weit höherem Maß als andere ertragen. Sogar noch in der Gesundung machen wir uns Vorwürfe, weil wir nicht all das sind, von dem wir irrtümlich annehmen, daß wir es sein sollten. Entspannen Sie sich. Sagen Sie sich selbst, daß es Ihnen leid tut. Sie verdienen es besser. Geben Sie sich widerstandslos sich selbst und diesem Augenblick hin, in dem Sie sich immer befinden.

Sie müssen Wiedergutmachung bei sich selbst leisten, oder Sie werden niemals aufhören, sich selbst und andere zu verletzen. Schauen Sie sich standhaft und aufrichtig Ihre Inventur an, Ihre Charaktermängel und Ihre Geschichte. Akzeptieren Sie alles. Sie können sich dessen nicht entledigen. Und jetzt leisten Sie Wiedergutmachung Ihrem wahren Selbst gegenüber. Hören Sie auf, Ihr eigenes und das Gewicht anderer Menschen mit sich herumzutragen. Hören Sie auf, an den falschen Stellen nach Liebe Ausschau zu halten. Lieben Sie den Menschen, mit dem Sie am engsten zusammen sind.

# *Deine Fehler sind fehlerhaft*

Einer meiner Freunde war fassungslos, weil er nach mehreren Jahren in der Gesundung immer noch seine Charakterfehler aufwies. Besonders einer behauptete sich hartnäckig, nicht selten auf verletzende Weise sowohl für ihn selbst als auch für andere. Seine Reaktion auf sein Denken und seine Handlungsweisen bestand in Schulterzucken und Lachen, während er zugleich die Tatsache beklagte, daß er sich nicht von seinen Fehlern befreien konnte.

Ich glaube, mein Freund ist ein Opfer seines eigenen Denkens. Er glaubt, daß seine Fehler eine unabhängige Existenz führen und er sich irgendwie von ihnen befreien kann. Ich bat ihn, mir diese Fehler vorzuführen. In diesem Augenblick war es ihm unmöglich. Wo also sind sie? Haben sie irgendeine Form einer eigenen Natur? Ja und nein. Sind sie dasselbe wie wir – oder anders? Sie sind dasselbe *und* anders.

In dem Versuch, meinem Freund eine Art Richtlinie zu geben, schrieb ich uns beiden folgendes Lehrgedicht:

Deine Fehler, deine Krankheit und dein Leiden: Sind
 sie du?

Wenn du sagst, sie sind dasselbe wie du und ein Teil
 von dir,
hast du bereits die Möglichkeit einer Änderung geleugnet,

außer um den Preis der Vernichtung deiner selbst oder
  eines Teils von dir.

Wenn du sagst, sie sind etwas anderes als du und kein
  Teil von dir,
hast du dich unterworfen und bist ein Opfer geworden
von etwas außer dir, gegenüber dem du dich machtlos
  und ohne Verantwortung fühlst.

Welcher Weg ist der richtige?
Sind sie dasselbe wie du oder etwas anderes als du?

Zeig mir den Geist, der entscheidet, und ich zeige dir
deine Fehler, deine Krankheit und dein Leiden.

Mein Freund wird seine Charakterfehler nicht ausmerzen. Im
Gegenteil, je heftiger er sich bemüht, sich von ihnen zu befreien, als desto zäher und anhänglicher werden sie sich erweisen. Seine heroischen Anstrengungen, seine karmische
Rechnung zu verbessern und zu bereinigen, werden die bereits starken Wurzeln seiner Fehler und seiner Krankheit
noch kräftiger werden lassen. Wir haben aus unseren Krankheiten und unseren Charakterfehlern heraus gehandelt, um
uns real zu fühlen, in weitgehend derselben Weise, wie Kinder handeln oder sich »danebenbenehmen«, um Aufmerksamkeit zu erhalten. Kinder schreien nach Aufmerksamkeit.
Selbst wenn man ihnen nur Aufmerksamkeit zollt, indem
man ihnen sein Mißfallen zeigt oder versucht, ihnen ihr »Fehl-
verhalten« auszutreiben, verstärkt man in Wahrheit ihre Vorstellung, daß diese Fehler oder Verhaltensweisen Realität

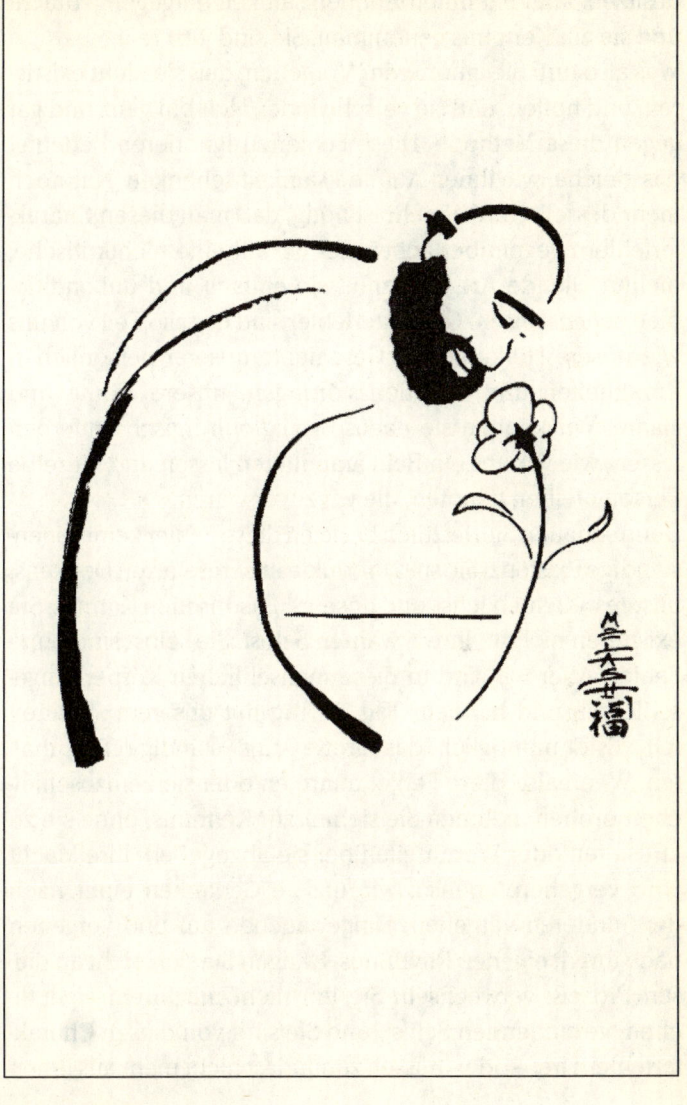

besitzen. Man hat ihnen Aufmerksamkeit entgegengebracht und sie zur Kenntnis genommen. Sie sind jetzt real.

Was also tun? Sie ignorieren? Vorgeben, daß sie nicht existieren, und hoffen, daß sie verschwinden? Ich bin ganz und gar gegen diese Methode. Diese Fehler zu ignorieren bedeutet das gleiche, wie ihnen Aufmerksamkeit schenken. Nur noch mehr desselben. Vielmehr ist nötig, daß man diesen Charakterfehlern gegenüber achtsamer ist, auf eine nichtkritische, nichturteilende Art. Man muß sie einfach und unkonditioniert *sehen*. Unsere Charakterfehler sind ebenso Teil von uns wie unsere Herkunft, die Geschichte unserer persönlichen Krankheiten und Funktionsstörungen, unsere Zähne und Haare. Wir können sie ebensowenig chirurgisch entfernen lassen, wie wir uns ein Bein amputieren lassen und dieselbe Person bleiben könnten, die wir zuvor waren.

Denn schauen Sie, letztlich besitzen diese Fehler keine eigenständige Existenz. Sie sind Produkte unseres starren Denkens, unseres »Kleinen Ichs« und unseres illusorischen Karmas. Sie existieren nicht in Ihrem wahren Selbst. Sie selbst sind ohne Fehler. Aber wir sind in diese menschlichen Körper eingeschlossen und handeln Tag für Tag mit unserem »Kleinen Ich«. Es ist unmöglich, das »große Auge« ständig offenzuhalten. Wenn also diese Fehler auftreten oder sich einzuschleichen drohen, nehmen Sie sie nur zur Kenntnis, ohne sie zu kritisieren oder Werturteile über sie abzugeben. Ihre Macht wird vergehen, ebenso, wie unsere Gedanken einer nach dem anderen vergehen. Dinge tauchen auf und vergehen nach ihrem eigenen Rhythmus. Hängen Sie sich nicht an diesen Prozeß, verwechseln Sie ihn nicht mit Ihrem eigentlichen, gesundenden Selbst, und Sie sind von diesen Charakterfehlern frei – oder müssen zumindest nicht mehr aus ihnen heraus handeln. Dank dem Programm und der Übung – während Sie sich auf Ihr wahres Ich zurückbesinnen und wieder in Ihre wahre Welt eintreten – sehen Sie diese Fehler immer mehr als das, was sie sind: nichts als geisterhafte Schatten vergangenen Karmas, Clowns, die erschreckende Masken tragen. Sie und Ihr »Kleines Ich« werden Sie Ihrem eigenen Rhythmus überlassen. Dann sind Sie in Ihr großes Selbst hineingewachsen und müssen sich nicht länger vor zweidimensionalen Ungeheuern und persönlichen Horrorgeschichten fürchten, die nur in Ihrem Kopf eine Existenz haben.

Bis es soweit ist, behandeln Sie Ihre Charakterfehler nicht als Feinde. Erkennen Sie in ihnen potentielle Verbündete im Kampf ums Erwachen. Im Zen hören Sie oft, daß Ihr Feind Ihr Lehrer ist und daß eine gute Lebenssituation in Wirklichkeit schlecht ist. Das liegt daran, daß gute Lebenssituationen und Freunde nur dazu beitragen, daß wir uns wohl fühlen und von der Selbstsicherheit unserer Egos einlullen lassen. Schwierigkeiten fordern unsere Annahmen und Erwartungen heraus. Sie zwingen uns, kurz aufzuwachen und die Dinge aus einer anderen Perspektive zu sehen.

Wir könnten unsere Charakterfehler wie amputierte Glieder betrachten. Ebensowenig, wie ein amputierter Arm jemals nachwachsen wird, wie groß unser Vertrauen auch sein mag, werden wir uns von diesen sogenannten Charakterfehlern befreien können. Uns von ihnen zu befreien würde im Grunde bedeuten, daß wir uns von uns selbst oder zumindest von unserem Glauben an ein beständiges, unveränderliches Selbst befreien.

Diese Fehler sind wir; sie gehören zu den vielen Faktoren, die unser emotionales Selbst ausmachen. Wir können denselben Fehler als positiv oder negativ betrachten – in sich selbst ist er weder gut noch böse. Wie werden Sie mit Ihrem Fehler verfahren? Sich selbst und andere mit ihm bestrafen oder ihn in ein Werkzeug zur Erlösung und Befreiung verwandeln? *Sie* machen das Gute wie auch das Böse. Sie können auch das Fehlerhafte und das Fehlerlose machen. Es liegt an Ihnen.

Betrachten Sie sich als Dharma-Gärtner oder Gesundungsfarmer. Ohne Düngung werden die Pflanzen bald verdorren und eingehen. Mit Ihnen und Ihrer Gesundung ist es nicht anders. Also seien Sie dankbar für Ihre Charakterfehler. Sie sind der Dünger, die Jauche, der Kompost des alten Karmas und des alten Denkens, der die wunderschönen Blumen Ihres wahren Selbst ernähren und aufblühen läßt. Jauchegeruch kann zu Blumenduft werden. Sind sie dasselbe oder etwas anderes? Und jetzt gehen Sie, und arbeiten Sie in Ihrem Garten.

# Von Augenblick zu Augenblick, von Tag zu Tag

»Von Tag zu Tag« ist der Ausdruck, den man im Programm am häufigsten hört. Zugleich ist es ein Ausdruck, den Neulinge oft nicht verstehen und den sie »dumm« finden, weil sie ihn für eine Binsenweisheit halten. Daß wir einen Tag nach dem anderen leben, ist in der Tat eine Selbstverständlichkeit, aber es ist auch eine Kunst und eine Wissenschaft des Seins. Wir als Menschen in der Gesundung haben den Kontakt mit dieser grundlegenden Lebenskunst, die alle Lebewesen beherrschen, verloren. Unser Menschenlos ist es, um die Wiedererlangung dieses Paradieses kämpfen zu müssen, dieses Gartens Eden, der unser uns allen gehörendes Land ist. Letztlich kann der Himmel, gleich welcher Art, nur bedeuten, daß wir in diesen Tag – in diesen Augenblick – eintreten, in dem wir uns stets befinden.

Sie haben vermutlich schon jemanden sagen hören: »Wenn nicht jetzt, wann sonst?« Dieses »Wann« existiert nicht – nur als eine abstrakte Idee in unserem Kopf. »Wann« ist der mentale Springstock, den wir benutzen, um dem Augenblick zu entkommen, die Droge, die wir nehmen, um genau jetzt in Schlaf zu fallen oder auf Wartestellung zu gehen. Wenn nicht jetzt, wann sonst? Wir müssen danach streben, in einem ewigen Jetzt zu existieren, das sich rückwärts in eine Zeit lange vor unserer Geburt als Menschen und in eine Zukunft weit über unseren Tod hinaus erstreckt. Verbringen Sie Ihr Leben in Warteposition? Erhalten Sie immer dann, wenn Sie versuchen, sich selbst in diesem Augenblick zu erreichen, ein Besetztzeichen? Von einem Tag auf den anderen zu leben und von Augenblick zu Augenblick achtsam zu werden ist die einzige Lösung.

Als wir aktiv waren, haben wir Gefühle eines unmittelbar bevorstehenden Untergangs gehegt, Vorahnungen, Projektionen oder Trauerempfindungen – alle Gedanken und Emotionen, die uns real erschienen, aber nur Sackgassen waren, die von dort fortführten, wo wir eigentlich hätten sein müssen, von dort fort, von wo wir in Wirklichkeit nicht fortkonnten: genau hier und genau jetzt. Vielleicht manchmal, vielleicht aber auch immer war »genau hier« und »genau jetzt« zu schmerzlich und zu elend, um es dort auszuhalten. Auf der Talsohle unserer Krankheit hat diese Art des Entkommens möglicherweise viele von uns gerettet, uns vor dem Tod und für die Gesundung bewahrt. Alkoholiker haben vielleicht gesagt, daß sie für bessere Tage konserviert oder aufbewahrt wurden.

Als wir in die Gesundung eintraten, erkannten wir, daß all diese alten Gewohnheiten nur Schimären waren, die keine wirkliche Gewalt über uns hatten. Wir wurden aufgefordert, nicht länger in der Vergangenheit zu leben, weil dort unsere Krankheit lag. Wir konnten nicht länger in der Zukunft leben, weil dort unsere Leugnung wartete, bereit, bei der geringsten Provokation hervorzustürzen. Wir würden nur heute nicht trinken, keine Drogen nehmen, nicht in unser altes, selbstzerstörerisches und zwanghaftes Verhalten verfallen. Oldtimer in der Gesundung sagen: »Das Vergangene ist verschwunden, die Zukunft ist ein Geheimnis. Sie stehen in beidem mit ei-

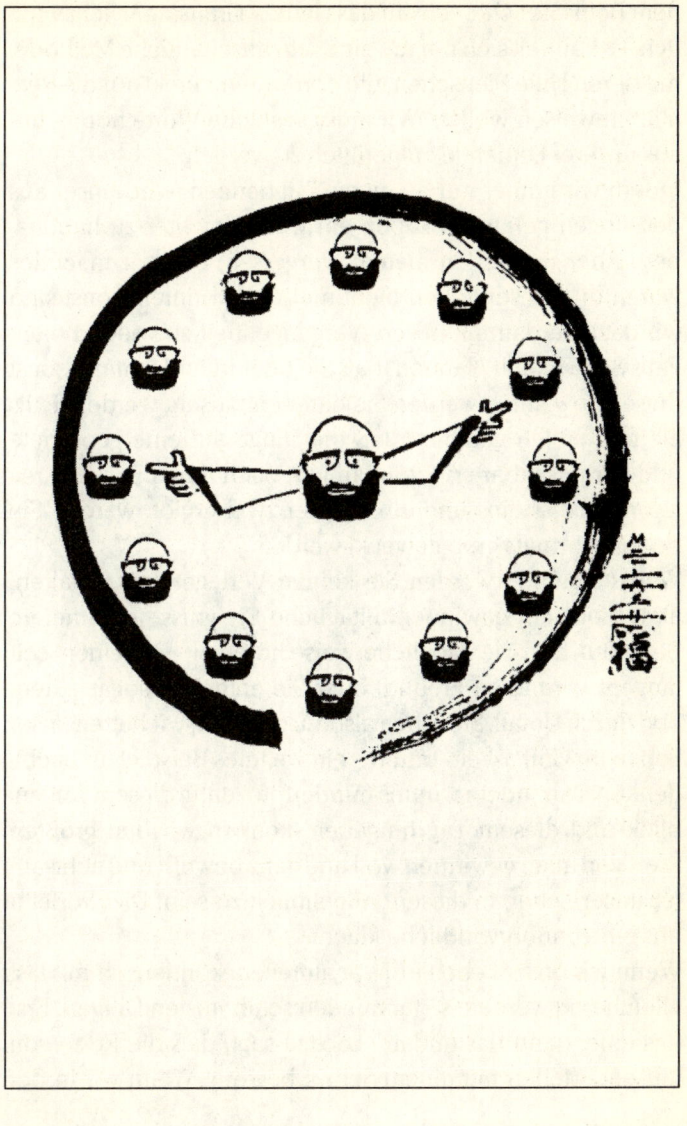

nem Bein; Sie scheißen auf das Heute.« Grausam? Nicht wirklich. Es handelt sich nur um eine sehr anschauliche Methode, mit deren Hilfe Menschen, die dort waren, direkt auf die Realität hinweisen wollen. Wir müssen solche Worte hören, um aus unserer Lethargie aufgerüttelt zu werden.

Indem wir immer nur an einen Tag denken, wird unser aus den Fugen geratenes Leben ein wenig leichter zu handhaben. Aber wir dürfen niemals vergessen, daß wir machtlos waren und unser Leben nicht meistern konnten, sonst sind wir dazu verdammt, unsere Vergangenheit zu wiederholen. Falls Sie wirklich glauben, daß Sie oder irgend jemand sonst diese Show leitet, werden Sie bitter enttäuscht werden. Falls Sie tatsächlich glauben, daß die Dinge auf eine geordnete und vorhersagbare Art von Punkt A nach Punkt B fortschreiten oder daß eins und eins immer zwei ergibt, werden Sie noch mehrmals grob geweckt werden.

Wahrscheinlich werden Sie keinen Verlegerpreis erhalten, aber vielleicht gewinnen alltägliche Ereignisse eine tiefere Bedeutung für Sie. Möglicherweise hören Sie von einem seit langem vermißten Freund, oder Sie entgehen sogar einem Tod durch Unfall. Sie sehen also, zu glauben, wir hätten unser Leben im Griff, ist ein Irrtum – ein weiteres Beispiel für Suchtdenken. Nur indem wir uns hundertprozentig diesem Augenblick und diesem Tag hingeben, können wir den größten Preis von allen gewinnen: voll und ganz bewußt und achtsam für unser Leben in diesem Augenblick zu sein. Dies verleiht uns eine unüberwindliche Macht.

Wenn wir unser Leben in Tage aufteilen, können wir mit fast allem fertig werden, sogar mit den schlimmsten Dingen. Erst das eine, dann das andere. Lao-tzu sagt, daß die Reise von tausend Meilen mit einem Schritt beginnt. Wenn wir in der

Gesundung unser Leben, unsere Gesundung oder unseren Beruf als Reise von tausend Meilen betrachten, sind wir so verzagt, daß wir einen Aufbruch nicht einmal in Erwägung ziehen. Eintausend Meilen! Aber wenn wir immer nur einem Schritt nach dem anderen unsere volle Achtsamkeit widmen, haben wir ein gutes Stück des Wegs zurückgelegt, bevor es uns bewußt wird.

Im Zen praktizieren wir Meditation im Gehen. Richten Sie Ihre Achtsamkeit darauf, daß Sie einfach nur gehen, und nichts sonst. Versuchen Sie es, wenn Sie das nächste Mal die Straße entlangeilen, von sich selbst und der Welt erfüllt. Entleeren Sie sich von Ihren Ängsten und Erwartungen. Treten Sie wieder ins Gehen, in Ihren Körper, in den Augenblick und in Ihre Welt ein. Sie werden ankommen, wohin auch immer Sie gehen, glauben Sie mir. Ihr Denken wird Sie nicht früher ankommen lassen, noch wird es ändern, was auf Sie warten mag. Ihr Denken und Ihr Erfülltsein kann Sie umbringen, wenn Sie nicht achtsam und geistesgegenwärtig sind und die Straße im falschen Augenblick überqueren. Gehen Sie einfach nur. Das ist alles, was in diesem Augenblick existiert. Alles, was darüber hinausgeht, ist Mutmaßung.

Dasselbe gilt für alles übrige in Ihrem Leben. Sie sollten alles, was Sie tun, als Meditation betrachten, als praktische Achtsamkeit. Wenn Sie essen, essen Sie ausschließlich. Eine Zeile in einem Zen-Gedicht lautet: »Der Frühling kommt von selbst, und das Gras wächst von selbst.« Ohne Denken. Ohne sich über Regen oder Bauern Gedanken zu machen. Ohne unser Dazutun. Es einfach tun, von Augenblick zu Augenblick. Versuchen Sie, Ihr Leben auf diese Weise zu leben, und verurteilen Sie sich nicht, wenn Sie es nicht gleich schaffen. Die Übung kommt mit der Praxis.

Wenn wir begonnen haben, unser Leben als Abfolge einzelner Tage zu begreifen, sind wir bereit, es in noch kleinere Einheiten aufzuteilen. Jeder Tag besteht aus zahllosen Augenblicken. Der Tag wird von Augenblick zu Augenblick zum Tag. Von Augenblick zu Augenblick manifestieren wir uns mühelos als uns selbst. Alles ist ohnehin, wie es sein wird, ohne unser Dazutun und unser Einverständnis. Weshalb uns nicht darin fügen und unser Leben voll leben, statt uns mit Erfahrungen aus zweiter Hand zufriedenzugeben und uns der Tyrannei der Zeit zu beugen?

Um Ihnen zu sagen, wie man in den Augenblick eintritt, muß ich ein Zen-Geheimnis ersten Ranges preisgeben – ein Geheimnis, das Sie für kein Geld der Welt kaufen können, weil Sie es bereits mit der bitteren Münze Ihres Leidens bezahlt haben. Das Geheimnis lag immer zutage und war vor dem einfachen Blick verborgen. Es lautet: Achtsamkeit. Als Kind haben Sie gewußt, wie man achtsam ist, und wenn Sie ein Zen-Meister wären, wüßten Sie es auch jetzt. Ich weiß nicht, wie viele Kinder und wie viele Zen-Meister dieses Buch lesen, also werde ich versuchen, Ihnen eine Ahnung von der Achtsamkeit zu vermitteln, denn wie in den meisten Gesundungskonzepten liegt auch hier das volle Verständnis und die volle Bedeutung in der Praxis, im tatsächlichen Tun. Sie können über einen Besuch in Kalifornien reden, Sie können tonnenweise Bücher über Kalifornien lesen, aber es wäre töricht von Ihnen, mit jemandem über das Kalifornische zu diskutieren, der dort war. Es wäre unmöglich, das volle Kalifornische zu übermitteln, ohne tatsächlich selbst dort gewesen zu sein. Die Praxis hilft uns, schließlich zu verstehen, was Oldtimer, Zen-Meister, Hunde, Bäume und Kinder uns sagen: Achtsamkeit, Bewußtheit, Ganzheit, das Kalifornische, Diesheit, Dasheit, sogar Eigenheit – versuchen Sie, es hundertprozentig zu tun.

Achtsamkeit kommt uns so natürlich und selbstverständlich vor, daß wir sie paradoxerweise überhaupt nicht beachten. Wir können sagen, daß Achtsamkeit ein Zustand ist, in dem wir einfach aufmerksam sind. Wir zollen der Aufmerksamkeit nicht genügend Aufmerksamkeit. Wenn wir der Aufmerksamkeit keine Aufmerksamkeit zollen, zollen wir sie gewiß anderem; sei es unserem Hauswirt, dem Karma, der kostbaren Zeit oder der Vermehrung unseres Leidens. Warum also nicht der Aufmerksamkeit Aufmerksamkeit zollen, da wir ohnehin bereits aufmerksam sind? Wie können wir der Achtsamkeit gegenüber achtsam sein, die unser Erbe ist, unserer Aufmerksamkeit Aufmerksamkeit zollen und uns unseres Bewußtseins bewußt werden, ohne uns selbst in den Wahnsinn zu treiben?

Hier und jetzt sein ist weitgehend so wie Autofahren. Wenn Sie die Straße hinabfahren und an Ihr Ziel denken – oder sich sogar vorstellen, bereits am Ziel zu sein –, gilt Ihre Achtsamkeit nicht Ihrem Wagen, sondern irgendeinem Ort in irgendeiner Zukunft oder Situation. Genau so ist es, wenn Sie sich wünschen, in diesem Augenblick zu Hause zu sein statt im Wagen. Wenn Sie solchen Gedanken nachhängen, übersehen Sie die schönen Blumen am Straßenrand, den Anhalter, der Ihnen das Geheimnis des ewigen Lebens enthüllt haben würde, hätten Sie ihn mitgenommen, das Bündel Geldscheine auf der Straße oder sogar die letzte Tankstelle. Sie könnten sogar den querstehenden Lastwagen vor Ihrem rasch fahrenden Wagen übersehen oder den Unfall, der Ihnen Gelegenheit geboten hätte, jemandem das Leben zu retten.

Sie sehen also, es ist nicht nur eine Metapher. Wenn wir acht-

sam sind, nehmen sogar alltägliche Ereignisse die Unmittel-
barkeit und Dringlichkeit an, von der ich soeben sprach. Ihr
ganzes Leben ist wichtig, nicht nur die tragischen Tiefpunkte
und die ekstatischen Höhenflüge, die plastisch hervortreten
und ihre Schatten auf scheinbar weniger wichtige Ereignisse
werfen. Wenn wir achtsam sind, wird die außer Kontrolle ge-
ratene Achterbahn unseres Lebens sanftere Kurven, Steigun-
gen und Abfahrten annehmen. Jeder Augenblick der Fahrt
wird bedeutsam und voll gelebt werden. Im Leben wie auch
beim Fahren werden wir in jedem Augenblick mit einmali-
gen Gelegenheiten, magischen Kreuzungen und tragischen
Zwischenfällen konfrontiert. Nur wenn wir voll und ganz und
vorbehaltlos *hier* sind, können wir uns elegant und erfolgreich durch unser Leben bewegen.

Obwohl Achtsamkeit unser natürlicher Bewußtseinszustand
ist, verlangt sie ständig neues Lernen und Entdecken wie jemand, der einen Unfall erlitten hat und neu gehen lernen
muß. Er fühlt vielleicht seine Beine nicht länger, oder er sieht
sie nicht einmal im Krankenhausbett, aber der Arzt versichert
ihm, daß sie noch da sind, daß er wieder gehen können wird.
Und er kann wieder gehen. Warum also nicht den spirituellen
Ärzten aller Zeiten glauben, wie zum Beispiel Bill W. und den
Zen-Meistern, die sich bemühen, uns zu unserem wahren,
strahlenden Selbst zu erwecken?

Wie dieser Patient, der sich einer körperlichen Therapie un-
terzieht, erholen auch wir in der Gesundung uns von Unfäl-
len. Es kann ein schrittweiser Prozeß sein, es kann aber auch
plötzlich geschehen. Das hängt davon ab, wie sehr Sie an
Ihren Arzt und an die Behandlung glauben. Letztlich sind Sie
Ihr eigener Arzt, also glauben Sie rückhaltlos an sich! Plötzlich werden Sie genau dort sein, wo Sie immer waren. Hier,

jetzt, achtsam und zur Gänze. Und alles ist, wie es sein sollte. Keine Probleme, selbst inmitten des Chaos nicht.

Unsere aktiven Krankheiten haben das Messer unserer Achtsamkeit und Aufmerksamkeit stumpf und rostig gemacht. Es wieder zu schärfen ist ein Tag-für-Tag-Prozeß, eine Augenblick-für-Augenblick-Verpflichtung uns selbst gegenüber. Sie werden immer besser darin werden, bis es Ihnen vollkommen natürlich vorkommen wird – so, wie Ihnen das Wieder-gehen-Können nach einem Unfall und täglicher Übung normal vorkommen würde. Wie hat es jemals anders sein können? Nun nehmen Sie Ihr scharfes Messer, Ihr helles, schimmerndes Schwert der Achtsamkeit, und gehen Sie auf Ihre Ängste, Ihre Zweifel, Ihren Zorn und die zahllosen anderen Dinge los, die Ihnen diesen Moment unwiderruflich zu stehlen drohen. Sie würden ihn niemals zurückerhalten. Hätten Sie auch nur einen Augenblick länger damit warten können, in die Gesundung einzutreten? Können Sie es sich leisten, jetzt zu zögern?

# Du hast nichts zu befürchten

Wir in der Gesundung sind Bettgenossen zahlloser Ängste aller Arten. Und unsere aktiven Tage verbringen wir zum größten Teil in den immer tiefer werdenden Schatten der Furcht und des Selbstabscheus und ducken uns unter der ständig gegenwärtigen Vision des bevorstehenden Untergangs. Als wir noch aktiv waren, haben wir diesen Befürchtungen uneingeschränkte Realität zugesprochen. Unser Leben stand unter dem Zeichen ihrer zahllosen Zugriffe auf unsere Gedanken und Taten. Nur eine radikale Umwälzung in unserem Leben hätte uns davon überzeugen können, daß sie letztlich keine Realität hatten. Die meisten von uns haben genau eine solche Umwälzung erlebt und müssen jetzt bewußt an einer spirituellen Entwicklung teilnehmen.

Ich muß nicht im einzelnen die Ängste aufführen, die wie vergiftetes Blut durch unsere Adern rinnen, wenn wir aktiv in unserer Leugnung und unseren Krankheiten sind. Nun, da wir einen gewissen Anschein von »Normalität« erreicht haben, entdecken wir – wenn wir ehrlich zu uns selbst sind –, daß wir immer noch von Angst beherrscht werden, vielleicht nicht gerade von der paranoiden Katastrophenangst der aktiven Abhängigen und der Alkoholiker, aber dennoch von Ängsten. Die meiste Zeit über nehmen wir sie nicht als Ängste wahr. Die meiste Zeit über sind wir uns ihrer nicht einmal

bewußt, oder wir nehmen sie als zum »normalen« Alltagsleben gehörig hin. Aber im selben Maße, wie unsere aktive Krankheit sich von der Gesundung unterscheidet, unterscheidet ein furchtlos geführtes Leben sich von einem »normalen« Leben voller kleiner Ängste.

Furcht ist der kleine Tod, schrieb Frank Herbert in seinem Roman *Dune*. Die meisten von uns leben ein Leben in realen oder eingebildeten Ängsten; es spielt kaum eine Rolle. Die Furcht, einen Fremden zu begrüßen, das Falsche zu sagen, nicht unseren eigenen oder fremden Erwartungen gemäß zu leben, die Angst vor dem Leben, vor dem Tod, vor dem Mangel, vor dem Überfluß, die Angst vor allem – besonders genau in diesem Augenblick. Bill W. sagte, daß uns die Angst vor finanzieller Unsicherheit im Zuge der Gesundung verläßt. Beachten Sie bitte, daß er nicht sagte, die finanzielle Unsicherheit würde uns verlassen, sondern die Furcht vor ihr. Unsicherheiten und widrige Umstände werden uns immer begleiten, solange wir unseren menschlichen Körper haben, aber Ängste müssen nicht zu diesem existentiellen Gepäck gehören. Gesundung und die Zen-Praxis statten uns mit dem Rüstzeug aus, die Ängste, die uns plagen, entfernen und uns statt dessen auf echte Lösungen konzentrieren zu können.

Die Furcht wirft ihre Schatten auf die erstarrten Landschaften unseres Lebens. Wie können wir hoffen, unsere persönliche Landschaft kennenzulernen, wenn sie unter dem Leichentuch der Furcht liegt? Wie können wir uns selbst kennenlernen oder unsere Mitmenschen lieben, wenn wir diese Unfähigkeit als normale Bedingung akzeptieren, weil wir es nicht besser wissen? Unser Zwölf-Schritte-Programm und die Zen-Praxis können das helle und klare Licht sein, das die Schatten der Furcht vertreibt, die alltäglichen ebenso wie die ungeheuerlichen. Jeden Morgen können Sie sich selbst geloben, nicht in Furcht zu leben, sondern sich vielmehr den Situationen, Menschen und Denkmustern zu stellen, die Sie selbst und andere der Fülle des Lebens berauben. Leben Sie furchtlos, von Augenblick zu Augenblick. Was haben Sie denn wirklich zu verlieren? Denken Sie daran: Alles ist bereits komplett und genau so, wie es sein sollte. Nur unsere Ängste verdunkeln diese grundlegende Wahrheit.

Wenn wir aktiv sind, brennen wir im Feuer zahlloser Ängste. In der Gesundung haben wir die meisten von ihnen abgelegt. Am meisten schüchtert uns noch immer die Angst ein, wieder aktiv zu werden – wieder zu trinken, Drogen zu nehmen oder in unser selbstzerstörerisches Verhalten zurückzuverfallen. Diese Angst erschreckt uns zu Tode. Wenn wir aktiv sind, halten wir den Alkohol, die Droge und unsere zwanghaften Handlungen für unsere besten Freunde. In der Gesundung sehen wir in ihnen unsere Todfeinde. Wir sind verständlicherweise erschrocken.

Diese neue Furcht, unsere Verleugnung wiederzubeleben, ist jetzt unser bester Freund geworden, wie es früher die Krankheit war. Wir heißen diese vorbeugende Angst willkommen und vertrauen ihr. Wir machen sie zu einer Verbündeten in unserem Krieg gegen den schlauen und unergründlichen Feind, der wie ein Chamäleon die Form eines jeden Gedankens und jeder Situation annehmen kann, bereit, zuzuschlagen, sobald wir aufhören, unserer Furcht zu trauen. Haben Sie keine Angst vor dieser besonderen Furcht davor, in Ihre alten Gewohnheiten zurückzuverfallen.

Der dunkle Augenblick wird kommen, da nichts mehr zwischen Ihnen und Ihrer Krankheit ist, nur Ihre höhere Macht. Wenn Furcht die einzige höhere Macht ist, auf die Sie sich in diesem Augenblick berufen können, sei es so. Ihre Angst wird Sie für einen weiteren Tag gerettet haben, an dem Sie sich nicht davor fürchten, Ihrem restlichen, ausgefüllten Leben entgegenzusehen. Die gesunde, realistische Angst vor unserer Leugnung gehört nicht zu den lähmenden, im Dunkeln erzittern lassenden, kleinmütigen Ängsten, die uns vor der Welt und ihren Möglichkeiten zurückschrecken lassen. Sie kann die Grundlage zu einer erfolgreichen und furchtlosen Gesundung sein. Wir sollten nicht sie fürchten, sondern den Verlust unseres wiederentdeckten Potentials.

Es gibt zwei mögliche Arten, sich der Von-Augenblick-zu-Augenblick-, Von-Situation-zu-Situation-Furchtlosigkeit zu nähern. Einmal können wir uns ihr als einem Freund nähern. Die meisten unserer Ängste erwachsen aus alltäglichen Situationen und aus unserer Furcht heraus, vollkommen im Augenblick zu sein und der Realität ins Gesicht schauen zu müssen. Behandeln Sie den gegenwärtigen Augenblick oder die augenblickliche Situation als Ihren besten Freund, erwarten Sie von beidem nur das Beste, wenn auch die »Instinkte« Ihrer Krankheit Sie lautstark davor warnen mögen. Sie können den Ausgang wahrscheinlich ohnehin nicht beeinflussen, also was haben Sie zu verlieren? Nach einer Weile wird sich die Situation oder der Augenblick nur aufgrund der freundlichen, optimistischen Haltung, die Sie beidem entgegenbringen, paradoxerweise verändern. Die Welt wird Ihre Sicht von beidem bestätigen, weil Sie sich zu einer unverstellten Sicht auf die Welt bekannten, indem Sie auf Ihre Verteidigungen und Vorahnungen verzichtet haben. Der Taoismus, der einen entscheidenden Einfluß auf den Zen-Buddhismus hatte, lehrt, daß es leichter ist, mit der Strömung zu schwimmen, als sich flußaufwärts zu kämpfen, daß es natürlicher ist, sich wie die Weiden zu beugen und zu überleben, als zu widerstehen und als scheinbar unbeugsamer Baum zu zersplittern, daß es vernünftiger ist, sich wie das geduldige Wasser zu verhalten, das mit der Zeit selbst den härtesten Fels abträgt.

Die zweite Möglichkeit, furchtlos zu leben, besteht darin, daß wir unsere Ängste, die unsere Gesundung zu unserem wahren Selbst bedrohen, als Feinde behandeln. In diesem Fall müssen Sie immer ein Krieger sein, ständig auf der Hut und bereit, mit den unbedeutenden und den gewaltigen Ängsten zu kämpfen, die Sie wieder einmal gegen sich selbst aufgestellt haben. Ihre einzigen Waffen sind Ihre Achtsamkeit und Ihr Mangel an Erwartungen. Wenn Sie den Ängsten keinen Glauben schenken, nehmen Sie ihnen jede Macht und können unversehrt durch ihre vordersten Kampflinien vordringen. Sie wissen, daß es sich eher um Papiertiger als um trojanische Pferde mit Bäuchen voller wirklicher Feinde handelt. Alles, was wir wirklich haben, ist dieser Augenblick. Genau jetzt findet die entscheidende Schlacht im Krieg um die Gesundung und das Erwachen statt. Geben Sie diesen Ängsten keinen Fingerbreit nach. Lassen Sie sie angreifen und wie die Gedankenwolken – die sie sind – über Sie hinwegziehen, und Ihre Gelassenheit und Ihre Achtsamkeit sowie das Vertrauen in Ihre undurchdringliche Rüstung des Programms und der Praxis werden Ihnen den Sieg sichern.

Ist Ihre Abhängigkeit von Ihren Ängsten erst gelockert, können Sie sie als wertvolle Lehrer betrachten. Wir alle würden es schätzen, freundliche, großmütterliche Lehrer zu haben, aber gewöhnlich bestätigen unsere Lehrer nur, was wir ohnehin bereits glauben, und speisen uns mit süßen, leichtverdaulichen Tröstungen ab, ohne uns wahrhaft spirituell beizustehen. Unangenehme Situationen, bedrohliche Sehweisen und das ganze Pandämonium der Ängste erschüttern unsere persönlichen Anschauungen und unser Weltbild und zwingen uns unversehens, unsere Position zu überdenken. Dies ist die beste und unmittelbarste Form des Lehrens. Als wir uns der Sicherheit und Behaglichkeit unserer Lebensweise hingaben, haben wir vergessen, wie man wächst und lernt.

Was wir lernen, ist nie so wichtig wie der Prozeß des Lernens selbst. Als Kinder lernen wir gern. Es sieht so aus, als müßten wir als Erwachsene – wenn wir das Hauptgewicht auf Kenntnisse statt auf Wissen legen, auf das Lernziel statt auf den Lernprozeß – diese Liebe zum Lernen neu erlernen. Höchstwahrscheinlich haben Sie den größten Teil Ihrer Hochschulalgebra und Ihrer Grundschulgeschichte vergessen. Was Sie vermutlich nicht vergessen haben, ist das Staunen und die Erweiterung Ihres Weltbildes, die den Lernprozeß selbst begleiteten. Alles, was uns aus unserer gelehrten Unlust herauskatapultieren und mit neuen Fakten vertraut machen kann, ist ein guter Lehrer. Alles, was uns lehren kann, *wie* man lernt, statt uns einfach nur Dinge beizubringen, ist unser Freund. Unsere Ängste können als unsere besten Lehrer und Lehren fungieren, weil sie ständig darauf hinweisen, wo wir noch an uns selbst arbeiten müssen. Im Grunde lassen sich alle unsere Ängste wahrscheinlich auf die Furcht vor dem Lernen selbst zurückzuführen – vor dem Erlernen des Unbekannten und des Bekannten. Wir scheinen uns in beiden Bereichen nicht wohl zu fühlen. Manchmal erschreckt uns das Bekannte sogar noch mehr als das Unbekannte.

An diesem Punkt unserer Praxis und unseres Programms können wir für die Zeiten der Furcht, der Überlastung und sogar für die Menschen Dankbarkeit entwickeln, die uns wütend machen. All diese Dinge legen unsere Lebensweise unter ein

Mikroskop und zwingen uns, sie genau anzuschauen. Der Anblick ist vielleicht unangenehm und unerfreulich, aber diese Lehrer ermutigen uns zu wachsen und verlangen, daß wir uns bessern, nicht selten zu einer Zeit, wenn uns am wenigsten der Sinn danach steht.

Der erste Schritt besteht auf jeden Fall darin, daß Sie Ihre Angst vor der Angst ablegen. Nun sind Sie der Realität und Ihrem wahren Selbst einen Schritt näher und stehen den Millionen Zweifeln, die an Ihrer Gelassenheit nagen, Auge in Auge gegenüber. Ob wir unsere Ängste zu Freunden oder zu Feinden machen – wir lassen sie für uns arbeiten, statt ihnen zu erlauben, die Entscheidungen zu treffen und unser kurzes Leben zu bestimmen. Wir müssen nicht länger ihre vor Furcht gelähmten Leibeigenen sein, gebeugt unter der sinnlosen Mühe, heftige Emotionen mit sich herumzuschleppen, während wir unsere geheimen Pläne und Freiheitsabsichten verbergen.

Buddha spricht im *Dhammapada* (Wahrheitspfad, im *Khuddaka-Nikaya*, der »kurzen Sammlung«) von einem Mann, der eine tausend Mann starke Armee besiegt, und von einem anderen, der sich selbst besiegt. Dieser letzte Mann ist der größere. Wenn Sie an die Tausende von Ängsten denken, die unsere Zeit auffressen, können Sie die Aussage Buddhas leicht verstehen. Besiegen Sie sich selbst, machen Sie sich selbst zum Freund, und – das ist das wichtigste – lehren Sie sich selbst. Sie werden lernen, furchtlos und in wahrhafter Gelassenheit zu leben.

# Gemeinsam allein

Der schreckliche Schmerz des Alleinseins, der uns in den Tagen unserer Leugnung und unseres selbstzerstörerischen Verhaltens ständig begleitet hat, ist in vielerlei Hinsicht immer noch bei uns. Oft ging er dem aktiven Ausbruch unserer Krankheit voraus. Vielleicht begann er bereits, als wir den Mutterleib verließen und selbständig wurden. Einsamkeit ist zwar nicht auf Menschen in der Gesundung beschränkt, aber sie scheint in unserem Leben einen größeren Platz als bei anderen einzunehmen und ein spirituelles Vakuum zu schaffen, in dem die meisten unserer Versuche, Beziehungen und Nähe zu anderen Menschen herzustellen, verschwinden und uns noch weiter hinaus auf das unermeßlich tiefe Meer der Einsamkeit treiben, ausgesetzt im ruderlosen Boot des individuellen Selbst. Manchmal zweifeln wir daran, überhaupt jemals einen anderen Menschen kennenlernen und auch nur für einen Augenblick aus unserem Fleischgefängnis ausbrechen zu können. Für die meisten von uns stellten Alkohol, Drogen und selbstzerstörerisches Verhalten eine Möglichkeit dar, uns selbst, unserem »Kleinen Ich«, zu entkommen. Zumindest für eine kurze Weile konnten wir an einen wärmeren, größeren Ort entfliehen, der uns damals himmlisch erschien. Am Ende unserer aktiven Tage war alles vermeintlich Himmlische verschwunden, und wir fan-

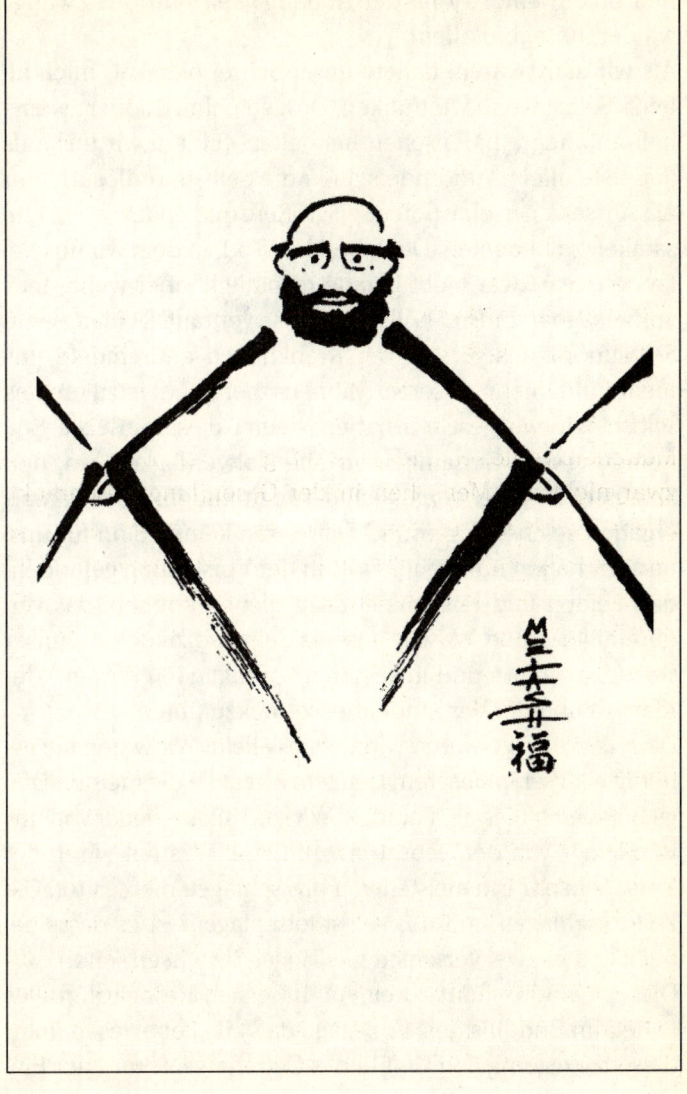

den uns in einer Hölle der Abhängigkeit und des Zwangs wieder, unsagbar allein.

Als wir aktiv waren, lautete unser Schrei oft: »Laß mich allein!« Selbst wenn wir tranken, Drogen nahmen oder zwanghaft an anderen Menschen handelten, fühlten wir uns aufs äußerste allein. Am Ende schien die Selbstmordlösung nur ein Aussetzen in eine potentiell größere und ungewissere Einsamkeit zu bedeuten. Der lebendige Tod, in dem wir uns befanden, war zwar nicht gerade gemütlich, aber wenigstens vorhersagbar und auf höllische Weise vertraut. Der langsame Selbstmord unserer aktiven Krankheiten entfremdete uns mehr und mehr unseren Mitmenschen und letztlich uns selbst. Wie wir gesehen haben, deutet diese äußerste Entfremdung und Einsamkeit auf die Notwendigkeit hin, den Schlüssel zu einer vergessenen Tür zu finden. Aber damals ergaben solche Wörter und Sehweisen keinen Sinn für uns, und wir hätten nur wenig Trost in der Vorstellung gefunden, daß Leiden und Einsamkeit dazu dienen können, das verunreinigte, trübe Wasser unseres Seins abzukochen, unser Selbst zu läutern und in seinen ursprünglichen Zustand der Klarheit und der Verbundenheit zurückzuführen.

Dem Zen zufolge waren wir niemals allein. Wir waren nie getrennt – außer in unserem Denken. Aber wie die meisten Dinge birgt auch dies ein Paradox: Wir sind allein – jeder von uns ist allein – von der Geburt bis zum Tod. Was tun wir in der Zwischenzeit? Die meisten von uns schlagen die Zeit tot. Die Zeit totschlagen und uns selbst totschlagen: Ist es dasselbe, oder sind es zwei verschiedene Dinge? Sie wissen schon.

Dieses Paradox führt zu einem äußersten Respekt für alles Leben im Buddhismus. Er besagt, daß alle Lebewesen unter diesem existentiellen Gefühl des Getrenntseins und der Einsamkeit leiden. Wir bemühen uns vergeblich, unser grundlegendes Gefühl der Unvollständigkeit durch Wünsche und Neigungen zu überwinden, ständig dazu verdammt, zu versagen und unter den Folgen des Versagens zu leiden. Wir existieren in einer sich ständig erweiternden Spirale der verminderten Hoffnungen, immer ein Stück weiter von der Ur-Verbindung und der Ur-Vollständigkeit entfernt. Oft vergeht unser ganzes Leben, ohne daß wir uns dieses kosmischen Dilemmas bewußt würden. Man kann es nicht erhalten, ohne es loszulassen. Sie werden erst aufhören, allein zu sein, wenn Sie Ihr Verlangen nach Vollständigkeit aufgeben.

Der Buddhismus ermahnt uns auch, alles Leben mit Mitleid zu behandeln, alle Geschöpfe als eins zu betrachten. In dieser Hinsicht entspricht er der Lehre Jesu, die besagt, daß wir andere behandeln sollen, wie wir selbst behandelt werden möchten, und unsere Feinde lieben sollen. Wenn wir unsere Mitgeschöpfe mit den Augen des Mitleids betrachten, können wir die Vollständigkeit mit dem Herzen fühlen. Indem wir alle Lebewesen akzeptieren und lieben, können wir uns verbunden und eins mit ihnen fühlen. Ihr Leiden und ihre Freuden werden auch die unsrigen.

Sie können das in kleinerem Umfang und müheloser erfahren, wenn Sie nach einem Gesundungs-Meeting mit einer Gruppe sehr enger Freunde zusammen sind. Man sagt, daß das eigentliche Meeting *nach* dem offiziellen Meeting stattfindet. Nicht so allein, richtig? Sie teilen einander Ihre Hoffnungen, Stärken und Erfahrungen mit, Sie alle fühlen sich verbunden und verstanden. Ganz und gar keine Ähnlichkeit mit der Einsamkeit, als Sie aktiv waren. Und nun weiten Sie dieses Gefühl der Zusammengehörigkeit auf alle Lebewesen und Dinge aus. Es entsteht ein Muster, wo einst Chaos herrschte. Sie passen in dieses Muster. Ohne die Einzigartigkeit, die Sie darstellen, wäre das Muster völlig anders, genau wie ein kompliziertes Puzzle unvollständig ist, wenn auch nur ein einziges Stückchen fehlt. Wir Stücke brauchen uns alle einander verzweifelt, wenn wir jemals vollständig sein wollen. Genau wie bei dem Puzzle werden wir auch bei uns selbst nur dann Vollständigkeit erreichen, wenn wir alle zusammenpassen und -arbeiten und nicht versuchen, zu sein, wo oder was wir nicht sein sollten. Erst dann wird das Gesamtbild zutage treten.

In der Gesundung wird das Gesamtbild immer dann sichtbar, wenn sich zwei oder drei Mitglieder treffen und einander mitteilen. Die große Einsamkeit weicht ein wenig zurück, wie die See bei Ebbe vom Ufer zurückweicht. Wie abgeworfene, nicht länger erwünschte Muschelschalen und Treibholzstücke finden wir zueinander und unser wahres Selbst. Wir haben den aufgewühlten Ozean unserer Abhängigkeiten überlebt, und jetzt können wir einander die Geheimnisse dieser neuen Welt und dieser neuen Seinsweisen mitteilen. Nur wir können nachvollziehen, wie es sich anfühlt, in unsere Krankheiten und in unsere Einsamkeit geworfen worden und vom Ufer abgetrieben zu sein. Nur wir können einander heilen. Nur gemeinsam können wir jemals lernen, allein zu sein und es zu mögen. Wir werden es mögen, weil wir jetzt uns selbst mögen. Der Selbsthaß und die Scham verschwinden, und ein Selbst tritt hervor, das wir mögen können. Wir sind nicht länger selbst unsere schlimmste Gesellschaft.

In der Zen-Praxis nennen wir das »gemeinsame Aktion«. Das koreanische Zen nennt diese Praxis »schmutzige Kartoffeln«. Wenn Sie einen Bottich voller schmutziger Kartoffeln einzeln waschen, dauert es ewig, bis sie alle sauber sind. Geben Sie

Wasser in den Bottich und schwenken ihn herum, reiben die Kartoffeln einander gegenseitig in weitaus kürzerer Zeit sauber. Wenn Sie leidende Menschen als schmutzige Kartoffeln betrachten können, werden Sie bemerken, daß die Metapher zutreffend ist. Indem wir unseren Schmutz und den Prozeß der Reinigung teilen, können wir alle zugleich sauberer werden. Aber genau wie die Kartoffeln werden einige von uns im Zuge dieses Vorgangs Druckstellen oder Abschürfungen davontragen. Es läßt sich nicht vermeiden. Wo gehobelt wird, fallen Späne, richtig? Aber wie die Kartoffeln brauchen wir einer den anderen, um gesünder zu werden, um die Fähigkeit zu erwerben, unsere wahre Natur unter all dem Schmutz zu sehen. Allein würden wir vielleicht ewig brauchen.

Selbst wenn wir allein gesünder würden, wäre dies nicht für lange. Es scheint ein spirituelles Gesetz zu sein, daß wir es fortgeben müssen, um es behalten zu können. Allein und ohne die Anleitung anderer schaffen wir es vielleicht nie. Wir in der Gesundung wissen, daß wir es allein versucht haben, immer wieder und wieder, ohne Erfolg. Wir wissen, daß wir verletzt wurden, und wir können sogar unsere Narben vorzeigen. Ein paar von uns haben es gar nicht geschafft. Was haben wir also zu verlieren, wenn wir es gemeinsam versuchen? Gemeinsam sind wir fast wie ein Lebewesen. Nur ein Nicken Ihres Kopfes in der Gesundung, und ich verstehe Bände Ihrer Lebens- und Leidensgeschichte.

Im Zen praktizieren die meisten von uns allein zu Hause, durch Meditieren, Singen und Verbeugen oder indem sie den ganzen Tag über Achtsamkeit bewahren, von Augenblick zu Augenblick. Das allein reicht nicht aus, und manchmal kommen wir in Dharma-Räumen und Tempeln zusammen – sofern vorhanden –, um gemeinsam in der Stille zu praktizieren, die das Gebrüll des Universums und unserer wahren Natur ist. Später können wir einander zwanglos unsere Erfahrungen mitteilen. In Gesprächen mit älteren Lehrern können wir unseren »Fortschritt« beobachten und Fallstricken ausweichen. Diese Gemeinschaft der Praktizierenden im Zen-Buddhismus nennt man den Sangha. In den Programmen heißt sie die Anhängerschaft. Im Zen haben die Lehrer oft phantasievolle und exotisch klingende Namen. In den Zwölf-Schritte-Programmen werden sie Oldtimer und Sponsoren genannt. Im Zen studieren wir Koans und Sutras. In den Programmen lesen wir Gesundungsliteratur und das Zwölf-Schritte-Buch. Im Zen meditieren wir im Dharma-Raum. In den Programmen trinken wir Kaffee in raucherfüllten Kirchen-Basements. Sind diese Dinge alle dasselbe oder verschieden? Für mich sind sie dasselbe und zugleich verschieden – ein Paradox, das mir gefällt.

Gemeinsam allein: ein weiteres Paradox, das wir hinnehmen müssen, wenn wir leben, wachsen und leidenden Mitmenschen helfen wollen. Unser Zwölfter Schritt legt uns nahe – oder sollte ich sagen: besteht darauf? –, daß wir es tun. Das höchste Ideal des Bodhisattva im Mahayana-Buddhismus, der seine eigene Befreiung aufschiebt, bis alle Wesen befreit sind, erklärt diese »Kartoffelwäsche« zum Höhepunkt unserer Arbeit an Gesundung und Frieden im universalen Sinn: nicht nur in bezug auf gestörtes Verhalten, Abhängigkeiten und Alkoholismus, sondern auf all die »Ismen«, die uns in dieser geplagten Welt zu schaffen machen.

Indem wir allein auf unseren eigenen Füßen stehen und die Arme um die Menschen neben uns legen, schließen wir unsere Meetings mit einer sehr körperlichen Demonstration des gemeinsamen Alleinseins. Indem wir nach dem Gebet einan-

der die Hände drücken, bestätigen wir unser großes Bedürfnis und unsere Liebe zueinander. Gemeinsam allein retteten
wir einer den anderen aus unserer aktiven Krankheit. Allein
und gemeinsam können wir diese einsame, zersplitterte Welt
aussöhnen. Wir brauchen einander wie die verschiedenen
Kapitel in einem Buch, um zu sehen, wie diese Geschichte
ausgeht. Sind Sie nicht neugierig?

# Inneres Kind + inneres Ungeheuer = wahres Gesicht

Zen-Lehrer fragen ihre Schüler oft: »Was war dein Gesicht, bevor du geboren wurdest?« Oder sie sagen: »Zeig mir dein wahres Gesicht!« Diese Fragen und Aufforderungen werden auch zu einem inneren Bedürfnis der Schüler selbst – Koans, die einen zentralen Platz in unserer Suche nach Gesundung unseres wahren Selbst einnehmen. Die Aufforderung, unser wahres Gesicht zu zeigen, bedeutet auch, daß wir davon ablassen sollen, unsere wahre Natur zu verleugnen. »Sei dir selbst treu«, so lautet die Zwölf-Schritte-Maxime, die uns ebenfalls auffordert, zu unserem unkonditionierten Selbst zurückzukehren, das frei ist von den falschen Erwartungen, die unsere tiefsten Sehnsüchte und Bedürfnisse maskieren.

Manchmal wird die Frage in abgewandelter Form gestellt: »Was war dein Gesicht, bevor deine Mutter und dein Vater dich bekamen?« Wenn die Frage so formuliert wird, trennt sie uns vom Karma unserer Eltern und von dem kulturellen Milieu, in dem wir aufwuchsen. Diese Faktoren bestimmen in hohem Maße, was wir als unsere Persönlichkeit, unsere Überzeugungen und unsere Ziele identifizieren. Die Frage bezieht sich auf unsere Existenz, bevor die genannten Kräfte unser Bewußtsein zu bilden und zu formen begannen. Wer sind wir wirklich? Wer waren wir, bevor wir anfingen, unser Einssein mit dem Universum zu leugnen? Wer oder was sind wir, wenn

wir es schaffen, dieses ursprüngliche und unkonditionierte Selbst wiederherzustellen?

Wenn Sie ein Jucken verspüren, kratzen Sie sich, ohne nachzudenken. Das ist eine Tat Ihres eigentlichen Selbst. Wenn Sie schlafen, haben Sie die Augen geschlossen. Das ist eine Tat Ihres wahren Gesichts. Niemand hat Ihnen diese Dinge beigebracht, und Sie müssen sie nicht als gut oder böse bewerten, bevor Sie sie ausführen. Es sind völlig spontane und harmonische Handlungen, die im Einklang mit Ihrer Lebenslage und Ihren Bedürfnissen stehen. Es sind Dinge, die Sie als Kleinkind und als Kind getan haben und heute – so erwachsen, wie Sie Ihrer Meinung nach auch sein mögen – immer noch tun. Einige Dinge ändern sich nicht und hängen nicht vom Lebensalter, von der jeweiligen Situation oder von der Konditionierung ab. Andere Dinge in Verbindung mit Ihnen, die nicht mit Menschen, Orten und Umständen zusammenhängen, ändern sich ebenfalls nicht – obwohl Sie vielleicht glauben mögen, daß Sie aus ihnen herausgewachsen sind oder daß sie bei Ihrem Kampf mit der Welt und Ihrem Leugnen Ihres wahren Selbst unwiderruflich beschädigt wurden.

Die Züge Ihres wahren Gesichts sind noch vorhanden. Tief innen – unter dem Schmerz und den Störungen, die Ihnen das Gefühl geben, Sie zu sein – sieht Ihr Gesicht noch aus wie immer. Ihr Körper, Ihre private Geschichte, Ihre Meinungen und Überzeugungen sind nur ein rein willkürliches und zufälliges Make-up, das Sie aufgetragen haben, um Ihre Identität zu verschleiern. Die Zwölf-Schritte-Gesundung und die Zen-Praxis geben Ihnen ein Tuch in die Hand, mit dem Sie sich dieses falsche Gesicht abschminken und das Antlitz kennenlernen können, das als Ihr eigenes Gesicht anzuerkennen Sie sich so lange geweigert haben. Und wie wir uns kratzen, wenn es juckt, kratzen wir unser wahres Selbst, wenn es juckt, weil es entblößt werden will. Diese Entblößung ist unumgänglich. Es ist unsere Aufgabe als Menschen, zu unserem wahren Selbst zu gesunden – so sicher, wie eine Raupe sich in einen Schmetterling verwandelt. Wenn wir aufhören, zu leugnen, daß dies unsere Aufgabe ist, lockert die Krankheit der »Ichheit« ihren heimtückischen Griff, und wir entdecken unser wahres Gesicht wieder. Die Zeit großen Leidens ist die Zeit, in der wir gewöhnlich den Ruf hören, daß wir aus dem Kokon unserer Krankheit hervorkommen und werden sollen, was wir wirklich sind.

In unseren ersten Lebensjahren war unser wahres Gesicht weitgehend makellos. Als Kinder tanzten wir im Sommerregen. Als Erwachsene liefen wir ins Haus. Als Kinder fanden wir nichts dabei, zu sagen: »Ich liebe dich« oder ohne Scham zu weinen, wenn wir uns schlecht fühlten. Als Erwachsene verschließen wir diese Emotionen in uns und sind verlegen, wenn wir sie einmal eingestehen müssen. Als wir Kinder waren, stellte jeder Augenblick eine goldene Ewigkeit dar. Der Sommer schien ewig zu währen, und wir wurden eins mit unserem Spiel; die von Erwartungen oder Versagensangst freie Erfahrung nahm uns vollkommen gefangen. Unser Überleben wurde von unseren erwachsenen Beschützern garantiert.

Als Erwachsene bewohnen wir den gegenwärtigen Augenblick nur als einen Ort, in dem wir über die Vergangenheit klagen oder die Zukunft in düsteren Farben ausmalen können, um sie zu fürchten. Wir denken nur an unser Überleben und vergessen die Freiheiten unserer Kindheit. Wir haben unsere Köpfe und unsere Herzen verschlossen. Vielleicht war es das, was Hank Williams im Sinn hatte, als er sang: »How can I free your doubtful mind and melt your cold, cold heart?«

(»Wie kann ich dein zweifelndes Denken befreien und dein kaltes, kaltes Herz erweichen?«) Gibt es eine Möglichkeit dazu?

Kinder sind in vielerlei Hinsicht wirkliche Menschen, die tun, was ihre Aufgabe ist. Sie sind vollständig hier, auf eine Weise, wie Erwachsene es nicht sind. Anders als bei ihnen ist unsere Aufmerksamkeit für diesen Augenblick flüchtig und substanzlos, fast schemenhaft. Unsere Verbindungen zur realen Welt und zu unserem wahren Selbst sind schwach; sie bestehen hauptsächlich aus Abstraktionen und Konditionierungen durch frühere Erfahrungen. Oft leben wir ein Leben aus zweiter Hand, das – noch während es stattfindet – ständig analysiert und interpretiert wird. Nicht wir interagieren mit dieser Welt, sondern unsere Gedanken und Befürchtungen. Unsere Gedanken und Meinungen sind die geisterhaften Hände, die die Fülle unseres Lebens von uns stoßen und auf eine mentale Armeslänge von uns entfernt halten, gewöhnlich, bis es zu spät ist und wir auf dem Totenbett erkennen, daß wir unsere Zeit in diesem Kinofilm des Lebens als feindselige Kritiker verbracht haben.

Die Welt ist das, was wir erfahren, nicht mehr und nicht weniger. Es spielt keine Rolle, wie viele Jahrhunderte vergangen sind oder wie viele Milliarden Menschen vor uns gelebt haben. Für uns ist dies die einzige Welt, die wir kennen und die wir von Augenblick zu Augenblick neu erschaffen. Henry David Thoreau sagte in seinem Buch *Walden,* daß jedes Kind die Welt neu initiiert. Immer wenn ein Kind das Licht der Welt erblickt, wird auch die Welt geboren – zum allerersten Mal. In diesem Augenblick existiert nur ein unerschöpfliches Potential, und die Leugnung unseres wahren Gesichts und unserer eigentlichen Aufgaben ist noch Jahre entfernt. Das neugeborene Kind und die Welt erfahren keine Trennung oder Erwartung dessen, was sein sollte oder müßte. In diesem Augenblick schaut unser wahres Gesicht in die Welt hinaus und sieht nur sich selbst. Erst später wird diese Wahrnehmung durch eine Unterscheidung ersetzt, in der diese Erfahrung ein Freund und jene ein Feind genannt wird.

Und wenn wir aufwachsen und die Masken aufsetzen, um unser wahres Gesicht zu verbergen, können wir ihm doch nicht entkommen. Und obwohl wir glauben, wir seien voll erwachsen und in unserem Wachstum vollendet, können wir uns doch nicht aus dem Kontinuum lösen, das in unserer Kindheit begann. Nur unsere Masken der Verleugnung lassen es anders aussehen. Das Kind, das wir waren, ist das Kind, von dem die Welt immer noch wünscht, daß es herauskommt und spielt.

»Such mich!« sagt die Welt. »Du bist dran!« Sie waren immer »dran«. Sie haben immer Suchen und Verstecken mit sich selbst und der Welt gespielt und irgendwie vergessen, daß es in diesem Spiel darum geht, wer Sie wirklich sind und wohin Sie wirklich gehören. Ihr Versteck ist nicht Ihr wahres Zuhause. Das Spiel ist vorbei, und es ist kein Platz mehr übrig, an dem Sie sich verstecken könnten. Sie müssen Ihr wahres Gesicht entblößen und das Kind wiederentdecken, das Sie waren, und die Welt wird bereit sein, ihre Spielsachen mit Ihnen zu teilen. Anderenfalls geht sie nach Hause und läßt Sie wieder allein, und Ihre einzigen Spielkameraden sind das unaufrichtige Gespann Furcht, Leugnung und Leiden.

Das Kind, das Sie einmal waren, ist immer noch äußerst lebendig, wenn es sich auch verwaist, mißhandelt und vernachlässigt fühlt. Das Kind lebt immer noch in Ihnen, mit all seinen Hoffnungen und aufrichtigen Emotionen. Sie wissen immer, wie Ihr inneres Kind aussieht. Es trägt Ihr wahres Gesicht, das Gesicht, das Sie trugen, bevor Ihre Leugnung und Ihre Krankheit es beinahe bis zur Unkenntlichkeit verwüsteten. Ihr inneres Kind wird schon seit so langer Zeit im Dunkeln gehalten, daß es selbst vergessen hat, wie es aussieht. Nur Sie können hoffen, diesem Kind den Spiegel Ihrer Gesundung vorzuhalten und es daran zu erinnern, wer es wirklich ist.

Ihr inneres Kind wiederzuentdecken und sein wahres Gesicht wiederherzustellen ist Ihre einzige Aufgabe und die einzige Voraussetzung, die Sie erfüllen müssen, um ein echter Mensch zu werden. Ein echter Mensch ist eine Ganzheit und ein ausgewogener Ausdruck all seiner Aspekte. Indem wir die Berührung mit unserem inneren Kind verloren und sein Gesicht vergaßen, wurden wir emotional behindert und haben mit Hilfe der künstlichen Gliedmaßen unserer Störungen versucht, uns ganz zu fühlen. Da wir unser wahres Gesicht verleugneten, mußten wir uns als makabre Menschenimitationen maskieren, deren Gesichtszüge aus Schmerz und Einsamkeit verzerrt waren. Indem wir leugnen, daß zwischen dem Kind, das wir waren, und der Person, die wir einmal sein werden, eine fortlaufende Kommunikation stattfindet, schneiden wir uns von jeder Möglichkeit wahren Wachstums und vollständiger Selbstverwirklichung ab – wie ein Baum, der sich bemühen würde, getrennt von seinen Wurzeln zu überleben.

Ihr wahres Gesicht reagiert auf die Welt mit Gelassenheit und Anmut; es verlangt nichts und verändert nichts. Sieht es eine Blume, lächelt es. Sieht es Leiden, weint es. Das ist das wahre Gesicht Ihres inneren Kindes, und es ist das Gesicht, das Sie selbst der warmen Erdensonne zugewandt haben – aber vor so langer Zeit, daß Sie dieses Kind heute als eine andere Person betrachten. In Wirklichkeit ist es nicht so lange her, und es ist nicht weiter in Zeit und Raum entfernt als dieser gegenwärtige Augenblick.

Wie finden wir das, was wir niemals verloren haben? Gibt es einen Weg zurück in den Seinszustand, der einst unser war, wenn wir danach verlangen? Möchten wir dieses Kind, das immer noch in uns ist, wirklich wiederentdecken, oder sollten wir es besser dort lassen, wo es ist, vergessen und fern von uns?

Meine persönliche Kindheit war von Ängsten und manchmal sogar von reinem Entsetzen erfüllt. Statt auf kostbare, lichterfüllte Erinnerungen kann ich nur auf düstere, bedrohliche Alpträume zurückblicken. Ich wurde geschlagen, mißhandelt und für das Verbrechen bestraft, geboren worden zu sein. Als Strafe für das Vergehen, ein Kind zu sein, wurde mir Selbstabscheu und Angst vor der Welt beigebracht. Als Antworten auf meine unschuldigen Fragen erhielt ich Schläge, und ich lernte zu glauben, daß alles andere als das, was man mich lehrte, zu einer raschen und schmerzhaften Vergeltung führen würde. Meine Eltern prägten mir erbarmungslos ihre Version der Realität auf. Ihr Weltbild haftet mir heute noch an wie die Überreste einer schmerzhaft und stümperhaft beigebrachten Tätowierung. Ich kann ihre gezackten Linien und ihre verblaßten Farben immer noch erkennen, wenn ich einmal nicht in diesem Augenblick weile.

Als ich mir mein inneres Kind vorstellte, zitterte und bebte es immer noch. Es verbarg sich unter dem Bett oder lief in den schützenden Wald und bemühte sich verzweifelt, sein Selbstempfinden abzutöten, das die Ursache für seine Bestrafung zu sein schien. Meine größte Sünde schien darin zu bestehen, daß ich ich selbst war. Diese grundlegende Leugnung in mei-

261

ner Kindheit – die meine Eltern an mich weitergereicht hatten – vergiftete mein ganzes Leben und nährte meine zwanghaften Krankheiten, meine Suche nach Vollständigkeit überall, nur nicht in mir selbst. Meine Versuche, das wimmelnde Schlangennest meiner Kindheit zu entwirren, machten alles nur noch schlimmer. Es war, als würden sich die Schlangen in einem Befreiungsversuch lang ausstrecken und in alle Richtungen auseinanderstreben – mit dem einzigen Erfolg, daß ihr Schmerzensknäuel noch enger würde. Besser, ich höre damit auf, dachte ich.

Vielleicht hätte ich es ertragen, in mein wahres Gesicht zu schauen und das Versprechen meiner Kindheit einzulösen – das Versprechen, das zuerst meine Eltern und danach ich selbst gebrochen hatte. Aber als ich später alle Meinungen und Überzeugungen grundsätzlich ablehnte, versäumte ich es, mir einen Ersatz für sie zu sichern. Eine große Leere gähnte in meinem Leben, und ich war ohne Landkarte. Die Karte, die meine Eltern mir aufzudrängen versuchten, hatte ich längst fortgeworfen, und ich schloß mich jeder fremden Führung an, die ihre Kontrolle fortsetzte. Ich war auf der richtigen Spur, aber unglücklicherweise zeigte sich, daß das Selbst, an das ich mich zwecks Führung bei der Wahrheitssuche wandte, ohne Kiel und Anker war. Meine Leugnung meines Kindheits-Selbst wuchs sich zu einer umfassenden Leugnung meines wahren Selbst und letztlich der ganzen Welt aus. Das einzige, was die Leere ausfüllen konnte, waren die Zwänge, die ich mittels Alkohol, Drogen und Manipulationen meiner Mitmenschen auslebte. Erst dann fühlte ich mich vollständig und sicher. Diese Dinge wurden meine Eltern, meine Geliebten, meine Überzeugungen und mein wahres Selbst.

Als ich zum ersten Mal über das innere Kind las, war ich mehr als skeptisch. Ich lachte. Weshalb um alles in der Welt sollte ich jemals wünschen, mich wieder mit diesen Schmerzen und diesen zunichtegemachten Träumen auseinanderzusetzen? Als Kind war ich von dem Gedanken beseelt gewesen, so rasch wie möglich erwachsen zu werden und von zu Hause fortzukommen. Andere Teilnehmer am Zwölf-Schritte-Programm haben mir dieselbe Skepsis eingestanden. Sie sagten, sie hätten dieses Kind bereits vor langer Zeit beerdigt und keinerlei Interesse an seiner gräßlichen Wiederbelebung. Wie steht es mit Ihnen? Wie sahen Ihre Erfahrungen als Kind aus? Wenn Sie dieses Buch lesen, nehme ich an, daß es nicht aus reiner Neugier geschieht, daß auch Sie Ihren Anteil an Schmerzen und Ängsten abbekommen und beim Lesen der letzten Abschnitte zustimmend mit dem Kopf genickt haben. Falls Sie ein Kandidat für die Gesundung sind, entstammen Sie gewiß keiner Bilderbuchfamilie, und Sie fühlen sich vielleicht – ebenso wie ich – eher mit der Torrance-Familie in Stephen Kings Roman *Shining* verwandt.

Ich las *Shining,* als ich schon ein paar Jahre in der Gesundung war. Ich hatte an einen gemütlichen Leseabend zum »Ausspannen« gedacht, aber die Lektüre des Buchs entpuppte sich als eine der heilsamsten Lektionen, die ich jemals erhielt. Wir können vor dem Kind, das wir noch immer sind, nicht davonlaufen. Alles, was wir erleben, trägt auf die merkwürdigste Art und Weise dazu bei, uns an es zu erinnern. Es gibt keine Zufälle, wie wir in der Gemeinschaft sagen. Statt bei meiner Lektüre Entspannung zu finden, wurde ich in eine furchteinflößende Konfrontation mit meinen tiefsten Ängsten als Kind hineingezwungen. Ich hatte geglaubt, sie seien längst vergangen oder verblaßt, aber da waren sie – ebenso fühlbar und real wie mein erwachsener Körper.

*Shining* handelt, kurz gesagt, von einem Trinker, der dem Wahnsinn verfällt, und von den mörderischen Folgen für die Familie dieses Mannes in einem abgelegenen und leeren Berghotel. Im Zuge seiner Leugnung glaubt er mehr an eine vollständig veränderte und verzerrte Realität, die er seiner Frau und seinen Kindern gewaltsam aufzudrängen versucht. Das Hotel erinnerte mich stark an das Haus, in dem ich aufwuchs, ohne Besucher und von Angst erfüllt. Wir können ebensogut tief in den Bergen festsitzen wie mitten in einer Vorstadt.

Ich identifizierte mich auf erschreckende Weise mit der Leugnung dieses Vaters und mit seinem unaufhaltsamen Abstieg in die Alkoholkrankheit. Ich wollte ihm zurufen, er solle aufhören. Etwa nach der Hälfte des Buchs wurde ich zu dem Sohn, der von seinem mörderischen und geisteskranken Vater verfolgt wurde. Ich konnte die Schrecken beider nachfühlen. Diese beiden, der alkoholkranke Mann und sein von Entsetzen gepackter Sohn, waren Menschen, wie ich selbst sie kannte. Sie waren mir nur allzu vertraut, erschreckend vertraut. Unangenehme und entsetzliche Emotionen, die ich lange Zeit unterdrückt hatte, erhoben sich in mir mit der Gewalt eines Hurrikans. Ich wurde zwischen meinen Schrecken als Kind und meiner Krankheit als Erwachsener hin und her gerissen. Übelkeit und ein krankmachendes Wiedererkennen erfüllten mich. Die »Fiktion«, die ich las, war mein eigenes Drama, das ich tief in mir verborgen geglaubt hatte. Es würde trotz all meiner Barrieren und Mauern eine Heilung und eine Auflösung geben. Ich spürte ihr Nahen, und es fühlte sich wie der Tod an.

Kurz vor dem Ende des Buchs jagt der Vater hinter seinem Sohn her und versucht, ihn mit einem Hammer zu töten. Als er seinen Sohn am Ende eines langen Flurs gestellt hat und auf ihn zukommt, versucht der Sohn verzweifelt, sich an etwas zu erinnern, von dem er ahnt, daß er es vergessen hat. Seine Verzweiflung wächst in dem Maße, in dem sein hammerschwingender und wahnsinnige Flüche heulender Vater sich ihm nähert. Und plötzlich, kurz bevor sein Vater ihn töten kann, erinnert er sich. »Du bist nicht mein Vater!« schreit er. Das Ungeheuer, das sein Vater gewesen war, stutzt, hält inne, und der Vater weist seinen Sohn an, zu fliehen, bevor er wieder in seine wahnsinnige Verkleidung schlüpft. Der Junge überlebt, aber der Vater wird vernichtet in einer Explosion, die auch das Hotel zerstört.

Ebenso wie der Junge sich an etwas erinnerte und es in seiner Verzweiflung herausschrie, kam auch mir etwas lange Zeit Vergessenes in Erinnerung, und ich schrie auf. Die Heilung fühlte sich wie der Tod an, weil sie der Tod *war:* der Tod der Leugnung meines inneren Kindes, das seit mehr als dreißig Jahren am Ende seines eigenen, langen Flures gestanden und vor Furcht gebebt und die Hammerschläge der Welt erwartet hatte. In dem Augenblick, in dem der Sohn im Roman herausschrie, daß er den Mann vor sich nicht als seinen Vater anerkannte, bemerkte ich, daß auch ich schrie und mein Recht auf Leben und mein Potential wiederentdeckte. Ich mußte nicht länger die Gefühle der Schuld und der Scham mit mir herumschleppen, die meine biologischen Eltern und ihre monströse Gewalttätigkeit mir widersinnigerweise auferlegt hatten. Indem ich herausheulte, daß sie nicht wirklich meine Eltern waren, konnte ich auch herausschreien, daß meine Eltern und ihre Prioritäten nicht länger das Thema meiner Kindheit waren. Ich konnte die Selbstvorwürfe und den Selbsthaß abwerfen, die ich so viele Jahre lang mit mir herumgetragen hatte, in dem Glauben, meine Schmerzen selbst verursacht und verdient zu haben. In diesem Augenblick konnte ich auch dem Ungeheuer entkommen, zu dem meine Kindheit geworden war, solange es unter meinen verzweifelten Beteuerungen taumelte und aufgehalten wurde. Hätte ich gezweifelt oder gezögert, würde es sich aufgerappelt und darangemacht haben, mein wahres Selbst erneut in einem psychischen Blutbad zu unterwerfen.

Endlich verzweifelt genug, um zu begreifen, daß mein inneres Kind tödlich bedroht war, zerrte ich es ins Freie und entging dem letzten Ansturm der Schmerzen, der Leugnung und der Verdrängung. Ich hatte ein schreckliches Gefühl der Unausweichlichkeit – wie damals, als ich die Talsohle erreicht hatte, bevor ich in die Gesundung eintrat. Diesmal erschienen Löcher in meiner Leugnung der wahren Natur meiner Kindheit, und die innere Deflation befiel meine Erwachsenenfassade. Ich erwachte und erinnerte mich an mein Versäumnis, mein inneres Kind zugleich mit meinem Erwachsenen-Selbst gesunden zu lassen. Und mit dem Erwachen stellte sich die tiefere Erkenntnis ein, daß meine Gesundung bisher nur Stückwerk gewesen war; denn ohne die bewußte Gegenwart und Mitwirkung meines inneren Kindes würde ich immer nur ein halber Mensch bleiben. Mein inneres Kind hätte ohne meine Befreiungsaktion weiterhin vor Furcht gebebt.

Indem ich mein inneres Kind von den Ungeheuern befreite, die es immer noch für real hielt, wuchs ich endlich auf und wurde ein wirklicher Erwachsener, fähig, zu dem Vater zu werden, den mein inneres Kind immer gebraucht hatte. Mein inneres Gleichgewicht und die Sicht im richtigen Verhältnis waren wiederhergestellt. Mein inneres Kind war endlich zur Kenntnis genommen worden und gesundet, und ich hatte den verzerrten Eltern-Archetyp, den ich mit mir herumgetragen hatte, durch meine eigene, gesunde Realität ersetzt. Das frisch gesundete Kind und der Vater in mir konnten Hand in Hand aus dem Inferno herausspazieren, das in mir getobt hatte.

Nicht lange nach meiner Lektüre von *Shining* las ich *Es,* ein weiteres Buch von Stephen King. In diesem Roman erinnert sich eine Gruppe Erwachsener, die in ihrer Kindheit Freunde gewesen waren, kollektiv an eine Sache, die so grauenhaft war, daß sie die Erinnerung an sie vollständig verdrängt hatten. In ihrer Kindheit hatte ein Ungeheuer sie verfolgt, und sie waren ihm entkommen, hatten es jedoch nicht töten können. Jahre später kehrte das Ungeheuer zurück, mit der Absicht, die Verfolgung wiederaufzunehmen und abzuschließen. Die Freunde hatten sich ursprünglich zusammengeschlossen, weil sie Ausgestoßene gewesen waren – in ihrer Schule unbeliebte Kinder. Dies war schon an sich schmerzlich genug, auch ohne das verhängnisvolle Interesse des Ungeheuers. Die meisten Menschen in der Gesundung kennen dieses Gefühl einer doppelten Gefahr nur zu gut. Wir zogen wahrscheinlich schon als Kinder allein aufgrund unserer Verfremdung und unserer Angst Angriffe auf uns. Die Ungeheuer, mit denen wir schon früh Bekanntschaft gemacht haben, können unsere Furcht und unseren Schmerz riechen wie Jagdhunde. Unsere Verleugnung unserer persönlichen Ungeheuer und Krankheiten regt nur ihren Appetit an und läßt sie ihren Kreis um uns enger ziehen. So war es auch bei diesen Kindheitsfreunden in dem Roman *Es.*

Die Freunde schlossen sich als Erwachsene am Schauplatz der Schrecken ihrer Kindheit erneut zusammen, und diesmal gelang es ihnen, das Ungeheuer zu töten. Während sie das

Ungeheuer jagten und schließlich erlegten, fielen sie alle in das Verhalten und die Sehweisen ihrer Kindheit zurück. Es war fast so, als hätten sie sich in Kinder zurückverwandeln müssen, um ihre Aufgabe erledigen zu können. Als das Ungeheuer tot und ihre Erinnerung und ihre Kindheit wiederhergestellt waren, konnten die Freunde ihr Erwachsenenleben fortsetzen. Sie fühlten sich nicht länger gejagt und gehetzt, ohne zu wissen, weshalb. Es gab keine unerledigten Geschäfte mehr. Sie hatten ganz bis zum Ausgangspunkt zurückkommen – zu den Kindern, die sie noch immer waren – und das Ungeheuer bezwingen müssen, um den Reichtum des Erwachsenenlebens und die Furchtlosigkeit wiederentdecken zu können, die zum Leben nötig ist. Letzten Endes blickten sie in das wahre Gesicht ihres Ungeheuers und bezwangen es mit ihren Blicken.

Wieder hatte eines von Kings Büchern ursprüngliche Gefühle und Erinnerungen in mir aufgerührt, die ich schon vor langer Zeit begraben hatte. Wie bereits bei *Shining* identifizierte ich mich auch bei *Es* vollständig mit den Charakteren und ihren Aufgaben. Auch ich hatte etwas vergessen, wie ich wußte, und es war an der Zeit, daß ich es vernichtete, bevor es mich vernichtete. In den folgenden Tagen bemühte ich mich, das Gift aus meiner Kindheit zu ziehen und mein Leben fortzusetzen. Zu diesem Zweck mußte ich zu der Art und Weise zurückkehren, wie ich als Kind gedacht hatte, genau wie die Personen in dem Buch. Es war für mich ein außerordentlich furchteinflößendes und schmerzliches Erlebnis, meinem inneren Kind zu erlauben, seinen persönlichen Ungeheuern erneut gegenüberzutreten und sie schließlich zu vernichten. Mein inneres Sein wurde so offen und verletzlich, daß ich nicht wußte, was bereits heilte und was noch Verletzung war.

Die neue, kindhafte Verletzlichkeit und Offenheit, die ich dadurch gewann, fühlt sich wie die Wiederherstellung eines Gliedes an. Kein Wunder, daß ich mich sogar noch in der Gesundung so unvollständig und zweidimensional gefühlt hatte. Meine Suche war nicht gründlich genug gewesen. Die Bücher, die ich gelesen hatte, warfen ihr Licht auch in die verborgensten Ecken meiner Psyche. Immer wenn ich das furchteinflößende Huschen und Scharren in diesen Ecken vernahm, hatte ich die Ohren davor verschlossen. Das Programm besteht darauf, daß wir in unserem persönlichen Hausputz furchtlos und gründlich vorgehen. Ich hatte keine Ahnung, daß diese Reinigung so aufwendig und schmerzhaft werden würde. Ich hatte nicht einmal vermutet, daß ich unerledigte Geschäfte hatte.

Ich habe diese Bücher von King wegen der Schrecken so ausführlich besprochen, die viele von uns mit unserem inneren Kind und mit den Erinnerungen an unsere Kindheit in Verbindung bringen. Das Entsetzen in diesen Büchern lag für mich nicht so sehr in seinen übernatürlichen Aspekten wie in seiner Wirkung auf die Kinder. Schrecken ist immer entsetzlich, ob er nun von einem Ungeheuer, einem Elternteil oder einem Zwang ausgeht. Offen gesagt, verblassen die meisten Ungeheuer in der Dichtung und in Filmen vor unseren eigenen Erinnerungen und Erfahrungen. Das ist der Grund dafür, daß die modernen Parabeln Kings eine so tiefgreifende Wirkung auf mich hatten. Es ist kein Zufall, daß der Horror so viele Menschen in unserer modernen Kultur fasziniert, und ich glaube, die meisten sehen in solchen Büchern und Filmen nur allzu deutlich die Metaphern, die auf ihr eigenes Leben zutreffen.

Wenn wir es schaffen, uns einer Erfahrung vollständig auszusetzen – und sei es nur der Lektüre eines populären Romans –, können wir sicher sein, daß wir verändert und erleuchtet daraus hervorgehen. Unser wahres Gesicht wird diese Konfrontation mit der Realität nicht scheuen. Zen-Meister sagten, daß alles Sie lehrt, von Augenblick zu Augenblick. Man sollte keine Erfahrung höher einschätzen als eine andere. Wenn wir dies tun, sind wir im selben Augenblick abgeschnitten von der Inspiration zum Erwachen dank der unwahrscheinlichsten Quellen. Unser inneres Kind will, daß wir in dieser Offenheit so furchtlos wie möglich sind, damit wir seine Schreie hören und es von dem Ungeheuer gesunden lassen können.

Da wir gerade bei Ungeheuern und der Popkultur sind, möchte ich noch etwas zum Einfluß der Dr.-Strange-Comics sagen. In der Dr.-Strange-Nummer vom November 1991 findet sich eine gemeinsame Leserdienstanzeige für Kinder von Marvel Comics und Boys Town. Sie zeigt einen Jungen, dessen Gesicht vor Zorn verzerrt ist. Über seinem Gesicht steht in großen, fettgedruckten Buchstaben: »Wir alle müssen mit dem Monster in uns fertig werden!« Unter der Zeichnung steht: »Wir alle haben unseren Zorn und unsere Schmerzen, und beides kann großen Schaden verursachen, wenn wir es bei uns behalten!« In der Anzeige selbst wird eine gebührenfreie Hotline angeboten, über die Kinder mit jemandem sprechen können.

Ich wünschte, diese Anzeige wäre schon Anfang der sechziger Jahre in meinen Dr.-Strange-Heften erschienen. Damals vermutete ich, weil ich Schmerzen hatte, ich sei irgendwie fehlerhaft und weniger wert als andere. Ich behielt den Schmerz bei mir, und er richtete ganz gewiß Schaden an – wie die Anzeige es verkündet –, der sich schon in der Kindheit als Scham und Selbsthaß manifestierte. Ich nehme an, auch Kinder haben ein inneres Kind, obwohl sie sich vermutlich zuerst ihrem inneren Monster widmen müssen. Als ich jung war, widmete sich niemand meinem inneren Ungeheuer, und niemand zähmte es. Als ich älter wurde, verwandelte mein Zorn und mein Schmerz sich in das Monster, das für schädliche Substanzen und Verhaltensweisen anfällig war. Das innere Ungeheuer war so wütend, daß es sogar den Körper zerstören wollte, den es bewohnte. »Lieber überhaupt nicht existieren, als in einer mißratenen Parodie eines Menschen zu leben!« heulte das Monster, während es durch mein Leben stapfte und bei seinem wütenden Leugnen mein inneres Kind auf seinem Rücken trug.

Es ist bei unserer neuen Synthese eines gesunden Lebens von grundlegender Bedeutung, unser inneres Kind gesunden zu lassen, aber es ist ebenso wichtig, das innere Ungeheuer zu erkennen. Das innere Kind repräsentiert unsere offenste und aufgeschlossenste Seite; unser inneres Ungeheuer verkörpert Zynismus, erfahrenen Verrat und Enttäuschungen. Als wir und unsere Umwelt das innere Kind verleugneten und verletzten, wurde das Ungeheuer aus den Reaktionen des Kindes auf seine unerwarteten Schmerzen heraus geschaffen. Unsere inneren und äußeren Fehlfunktionen waren der Dr. Frankenstein, der das heil-lose Ungeheuer aus den Bruchstücken des Kindes schuf. Wenn wir die Emotionen des Ungeheuers ebenso verleugnen, wie wir die Emotionen des Kindes geleugnet haben, setzen wir unsere Fähigkeit aufs Spiel, wie normale Menschen zu »funktionieren«, und werden uns niemals mehr an das Gesicht erinnern, das wir hatten, bevor wir geboren wurden. Wir werden niemals unsere unerledigte Aufgabe erledigen können.

Uns in der Gesundung fällt es schwer, unsere Gefühle auf

angemessene – das heißt auf erwachsene – Art auszudrük-
ken. Für uns galt zu lange ausschließlich das Gesetz der Extreme. Früher haben wir unsere Emotionen entweder aufge-
staut und verleugnet oder ihnen in Gefühlsausbrüchen Luft
verschafft – zum Beispiel in Anfällen von Zorn, von Liebe
oder von Selbstanklagen. Wenn wir die Spontaneität unseres
inneren Kindes wiederherstellen, heilen wir zugleich auch
seine Fähigkeit, emotionell auf seine Umwelt zu reagieren.
Wir lernen, den Zorn und den Schmerz unseres inneren Ungeheuers auszudrücken, statt es unkontrolliert brüllen zu lassen. Es geht nicht einmal um Kontrolle. Das Ziel ist, das Ungeheuer wieder in das Kind zu integrieren – so wie wir das
Kind wieder in uns integrieren – und unsere Harmonie und
unser Gleichgewicht wiederherzustellen. Diese Archetypen –
das Kind und das Ungeheuer – sind in Wirklichkeit zwei Seiten unseres wahren Gesichts, wie das Doppelantlitz des römi-
schen Gottes Janus oder die beiden Elemente des Yin/Yang.
Unsere Leugnung unseres wahren Gesichts hat uns einfach in
zwei gesonderte Zustände oder »Selbste« aufgespalten.
Emotionen gehören zu den unmittelbarsten Arten, wie wir
Erfahrungen verarbeiten und auf unser Leben reagieren. Vielleicht können wir das Ungeheuer als unseren Verstand und
das Kind als unser Herz betrachten. Der Kopf, der das Monster ist, denkt sich alle möglichen Ängste, Projektionen und
Gründe für Zorn aus, deren Grundlage nichts weiter als flüch-
tige Gedanken sind. Der Kopf, der sich für das klügste Organ
hält, verführt uns zu dem Glauben, er sei der einzige verläßliche Führer in der Wirklichkeit. Seine endlosen Rationalisie-
rungen und Gedanken übertönen das verläßlichere Schlagen
unseres Herzens. Selbst unsere Kultur predigt die Überlegen-
heit des rationalen Denkens über unsere Gefühle. Wir enden

als Erwachsene mit einem tiefsitzenden Mißtrauen unseren eigenen Herzen und Gefühlen gegenüber, die wir als irgendwie unreal und unwichtig betrachten. Somit gestehen wir weniger unserem Verstand Vorrang zu, als wir unser Herz verleugnen.

Den Zen-Schüler, der sein wahres Selbst wiederzuentdecken sucht, erwartet eine Gefahr. Wenn die Gesundung nicht mit der gleichzeitigen Umarmung des inneren Kindes und des Ungeheuers Hand in Hand geht, kann eine Tendenz auftreten, Emotionen als Suchtverhalten und nicht mehr als Illusionen zu betrachten. Vielleicht lesen oder hören Sie sogar, daß Emotionen ein Produkt Ihres Denkens sind. Es ist das *Denken,* das sagt, Emotionen und die Krankheit würden nur im Kopf existieren. So eifersüchtig und verschlagen kann unser Kopf werden – selbst dann, wenn es der Verstand eines Zen-Meisters oder eines spirituellen Lehrers ist, der sagt, daß Gefühle nur ein Produkt unseres Denkens sind. Spirituelle Lehrer sind nicht dagegen immun, zu verdrängen und zu leugnen. Eine wahre Gesundung unserer menschlichen Natur braucht keinen spirituellen Schwerenöter, der uns ins Ohr säuselt: »Feelings; nothing more than feelings ...« Das Gehirn kann ganz bestimmt einem Vergleich nicht standhalten und wird alles tun, um sein Monopol zu behalten. Es wird sich sogar nötigenfalls als Dharma oder Spiritualität erklären, um die Emotionen in Schach zu halten.

Unser Fühlen und unser Herz existieren ebenso sicher wie unser Kopf und unser Denken. Der gelegentlich geäußerte spirituelle Standpunkt, diese Phänomene besäßen keine reale Existenz in sich selbst, ist eine Täuschung, die ebenso groß ist wie die Leugnung, die uns von unserem wahren Gesicht trennt. Ein Freund von mir sagte, einige der Zen-Ausübenden, die er kenne, seien bemerkenswert klar im Kopf, aber ebenso neurotisch. Eine harte Anschuldigung, der ich aber aufgrund meiner eigenen Erfahrungen, und wenn ich an meine Bekannten denke, nicht widersprechen kann. Seine Bemerkung bekräftigt meine Beobachtung, wie bruchstückhaft und oberflächlich eine nicht bis ins letzte verfolgte Gesundung bleibt.

Wir mögen – oberflächlich betrachtet – die Anzeichen einer Gesundung aufweisen, aber tief in uns wüten die Leugnung und derselbe alte Krieg weiter. Die glänzende Fassade verbirgt nur ein zerfallendes Interieur. Viele Leute machen den Fehler, ihre alte, puritanische Konditionierung – ihre Leugnung und Verdrängung – durch Zen zu ersetzen. Einige Aspekte der Zen-Lehre mögen ebenso starr und unbeugsam erscheinen wie unsere strenggesichtigen Vorfahren, aber wir sollten nicht den Fehler machen, Öl mit Wasser zu mischen. Zen dient dazu, uns von unseren Ketten zu befreien, nicht sie durch neue und exotischere Fesseln zu ersetzen. Wir müssen unsere eigene Wahl treffen, statt sie anderen zu überlassen.

So wie der Gesundung ein wenig Zen guttun würde, könnte auch das Zen ein wenig Gesundung (die Gesundung des Zen?) gebrauchen. Vielleicht wird dies der Beitrag der westlichen Traditionen zur uralten Zen-Praxis sein – der menschlicher machende und wärmende Einfluß der modernen Psychologie und der Gesundungstechniken.

Wenn Sie Zen-Techniken der Achtsamkeit in Ihrem Denken üben, achten Sie auch auf Ihre Emotionen, die gemäß der Art und Weise, wie wir uns selbst und andere Menschen wahrnehmen, erhoben oder gedämpft sind und ihre Färbung ändern. Ihre Emotionen gelten ebenso viel und haben die gleiche Macht über Sie wie Ihr Denken. Das ist weder gut noch schlecht. Es ist einfach so, wie es ist. Wenn es Ihnen gelingt, Ihren Emotionen gegenüber achtsamer zu sein, werden Ihnen Abstufungen und Nuancen bewußt werden, die Sie vorher nicht wahrgenommen oder verdrängt haben. Sie werden Zugang zu einem wirksamen Werkzeug haben, Ihr Leben zu verändern. Und – besser noch – Sie werden sich gut fühlen. Es ist nichts dagegen einzuwenden, wenn man sich gut fühlt. Oder schlecht. Oder sonstwie. Erlauben Sie sich selbst, zu lachen, zu weinen und Wut auszudrücken. Das fühlt sich nicht nur gut an, es befreit auch die Kräfte in uns, die unsere Leugnung und unsere Krankheit nähren, wenn wir sie unterdrücken. Wenn wir uns ebenso durch unsere Eingeweide wie durch unseren Kopf mit der Welt verbinden können, fühlen wir uns vollständig im Einklang mit dem Universum und nicht länger als bloße Beobachter oder Opfer. Wenn wir in Kontakt mit unseren Emotionen sind, balancieren wir das Gewicht unseres einseitig lastenden schweren Denkens aus und ermöglichen unserer Energie, auch in unsere Herzen zu fließen. Es ist eine Versicherung gegen die Wiedererrichtung der Vorherrschaft unseres Gehirns, das eifrig unsere Krankheiten, unser inneres Kind und unsere Emotionen zugleich leugnet. Emotionen können uns helfen, daß unsere Gesundung – die lange durch den Schlamm unserer Gedanken aufgehalten wurde – widerstandslos fließt. Sie sind die wohltuende Alternative gegen ein rein zerebrales und steriles Verständnis des Lebens und der Spiritualität.

Indem Sie Ihr inneres Kind in seiner Wohnung in Ihrem Herzen willkommen heißen, haben Sie auch dem Ungeheuer in Ihrem Kopf Aufmerksamkeit zukommen lassen. Sie sind nicht länger hilflos seinen Anfällen von Wut und Selbstmitleid ausgesetzt. Von nun an besteht eine Partnerschaft. Be-

nutzen Sie das strenge, ursprüngliche Gesicht ihres gesunde-
ten inneren Elternteils, um Ihr inneres Kind und das Ungeheuer wissen zu lassen, daß Sie von Arbeit sprechen. Benutzen Sie Ihr liebendes, wahres Gesicht, um sie wissen zu
lassen, daß Sie sie beide lieben. Nur Sie selbst können Ihren
zweifelnden Verstand befreien und Ihr kaltes, kaltes Herz er-
wärmen.

Bitte wandeln Sie Ihre Zen-Praxis oder Ihre spirituellen Übungen nicht in einen weiteren Zwang oder in eine Beihilfe zu
Leugnung oder Verdrängung um. Bringen Sie den Mut auf,
die Werkzeuge des Zen zu benutzen, und gelangen Sie mit
ihrer Hilfe über das Zen hinaus zur Gesundung Ihres wahren
Gesichts; werden Sie fähig, sich selbst voll als Mensch auszudrücken – Ihr inneres Kind zu Ihrer Rechten, das innere Ungeheuer zu Ihrer Linken. Hand in Hand mit diesen inneren
Kräften können Sie allem widerstehen. Getrennt von ihnen
erliegen Sie allem.

# Je weiter du fortgehst, desto näher kommst du

Menschen in der Gesundung scheinen in vielerlei Hinsicht Perfektionisten zu sein. Wenn wir aktiv sind, sind wir es ganz. Sind wir in der Gesundung, sind wir hundertprozentig dabei. Für uns gibt es keine halben Sachen. Keine Bereiche grauer Zweideutigkeit. Dieser Wesenszug von uns – entweder vollkommen betrunken oder voll und ganz nüchtern zu sein, voll auf Risiko oder in vollkommener Sicherheit zu leben – bringt uns eine Menge Kritik und Mißverständnisse seitens der Menschen ein, die nicht mit uns in der Gesundung sind oder die noch nicht erkannt haben, daß auch sie Opfer der menschlichen Krankheit des dualistischen Denkens und der Leugnung des wahren Selbst sind.

Die meisten von uns haben, als sie aktiv waren, den Glauben an einen Gott oder eine höhere Macht, gleich welcher Art, aufgegeben. Wir wurden bei fortschreitender Krankheit immer zynischer und verzweifelter und suchten im Alkohol und anderen Substanzen oder Verhaltensweisen Ersatz für wahre spirituelle Kräfte. Viele von uns hörten, als sie ins Programm eintraten, fassungslos von Gott und Mächten reden, die größer als wir selbst sind. Wir hatten geglaubt, Gott schon längst begraben und durch den »Großen Ich-bin« ersetzt zu haben. In den Meetings wurde uns gesagt, unsere Krankheit sei dreifach – körperlich, mental und spirituell – und die wahre Gesundung könne nicht einmal beginnen, bevor wir mit unserer spirituellen Gesundung anfingen, vorzugsweise durch den Elften Schritt. Es erleichterte uns, unsere Krankheiten und unsere Machtlosigkeit zugeben zu können, aber für viele von uns war diese Diagnose unserer Krankheit als spirituell begründet eine schwer zu schluckende Pille. Und doch, immer wieder, Jahr um Jahr, haben Millionen Menschen Gesundung erlangt, indem sie einfach dem Programm folgten. Nichts sonst hat sich so gut und so lange bewährt, obwohl täglich neue Behandlungsmethoden und Theorien aus dem Boden sprießen wie Pilze nach einem Regen.

Was Bill W. wiederentdeckte, hat in allen Kulturen und Epochen unter einer Vielzahl von Namen und in ungezählten Formen existiert. Sein Rezept war klar und einfach: Wir alle müssen den größten Wert auf das Spirituelle in unserem Leben legen. Der Buddha sagte, für viele Krankheiten gäbe es viele Medizinen. Aber er sprach von spirituellen Krankheiten. Für uns als aktiv Kranke gab es nur eine einzige Medizin – die scheinbar aus unserem Leben verschwunden war, die Medizin, von der wir glaubten, sie sei am schwersten erhältlich; die Medizin, gegen die wir uns so lange gesträubt hatten, bis wir beinahe gestorben wären.

Je weiter wir von unserem wahren Gesicht, unserer wahren Natur, von der höheren Macht oder Gott geflohen waren, desto näher kamen wir ihnen in Wirklichkeit. Je verzweifelter wir wurden, je tiefer wir sanken, desto größer war die Chance zu unserer Gesundung. Je mehr wir uns vor dem Spirituellen verschlossen, desto mehr wurden wir in Wahrheit Menschen auf einer spirituellen Odyssee. Je größer unser Zweifel, desto größer war unser Potential zum Glauben und zur Erlösung. Wie der heilige Johannes vom Kreuz mußten wir unsere

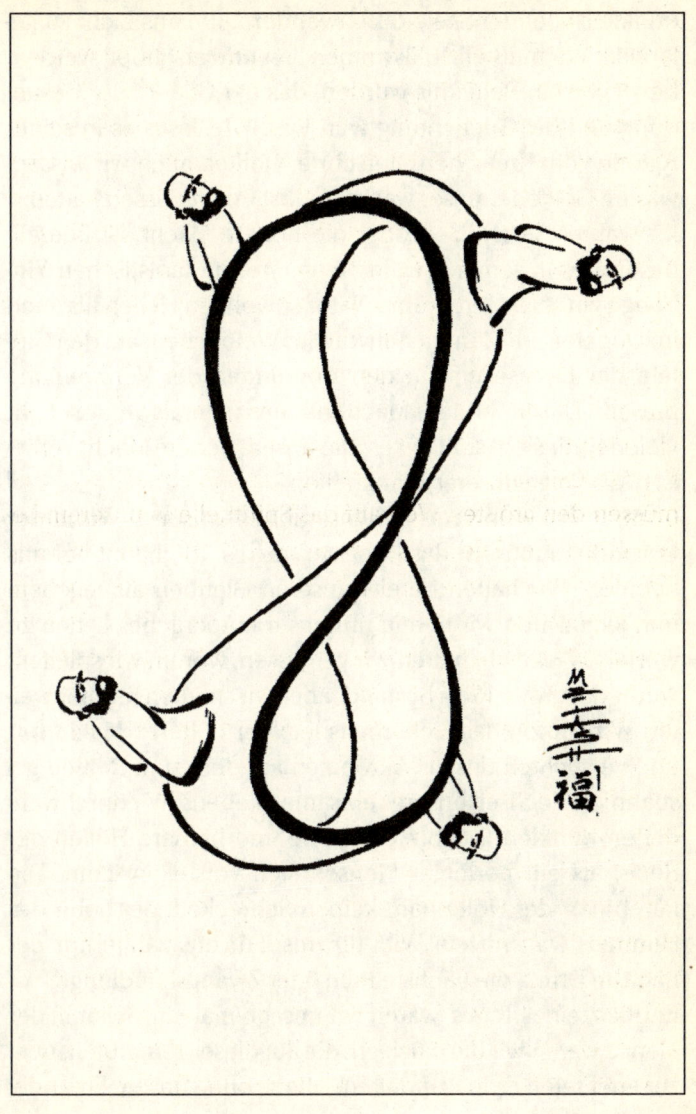

dunkle Nacht der Seele durchwandern, um ans Licht zu gelangen. Wir mußten vollkommen leer und erschöpft werden, bevor wir ein Behältnis wurden, das der Gnade, der Gesundung und der Erleuchtung wert war. Wie Jesus es in seiner Agonie vom Kreuz herunterschrie, wollten auch wir wissen, warum Gott oder unser wahres Selbst uns verlassen hatten.

Ihr wahres Selbst, Gott oder die höhere Macht, ist überall, besonders in seinen Gegensätzen. Wie im taoistischen Yin-Yang-Symbol ist Ihre wahre Natur sowohl im Hellen als auch im Dunklen, im Männlichen und im Weiblichen, auf den Gipfeln der Ekstase und in den Abgründen der Verzweiflung präsent. Unsere höhere Macht hat uns niemals verlassen. In vielerlei Hinsicht sind *wir* es, die unsere höhere Macht verließen, als Folge unserer Krankheiten.

Ohne Risiko kein Preis – nichts gibt es umsonst. Wir in der Gesundung müssen das höchste Wagnis überhaupt auf uns nehmen. Wir hatten bereits unseren Glauben aufgegeben, und jetzt waren wir bereit, um unser körperliches Leben zu würfeln. Vielleicht hatten wir vergessen, worum wir spielten, worin der große Preis bestand, aber wir spielten munter weiter. Wir warfen das Sicherheitsnetz der höheren Macht fort und versuchten uns als Akrobaten auf dem zum Reißen gespannten Hochseil unseres einsamen Lebens. Wir durchwanderten dunklere Nächte der Seele und heißere Höllen der Reue, als ein normaler Mensch sich vorstellen kann. Die Furcht vor der Hölle barg keinen Schrecken; der Lohn des Himmels war nur ein Witz für uns. Für uns zählte nur der nächste Drink, die nächste Pille oder Zwangshandlung.

Endlich, eines Tages, waren wir unsagbar allein. Sogar in der Menge waren wir die einzigen, die auf dieser zernarbten, übel zugerichteten Erde wandelten. Allein, ohne unsere Freunde, unsere Familie, unseren Glauben, unsere Hoffnung und – das war das schlimmste – ohne jedes Gefühl für uns selbst. Sogar unsere Krankheit – unsere letzte Zuflucht und einzige Trostquelle – entzog sich unserer dürstenden Seele. Unsere Krankheit stellte sich uns plötzlich mit gebleckten Zähnen entgegen und drohte uns aufzufressen. Manchmal war der Verlauf auch weniger dramatisch, und die Krankheit entzog uns nur ihren Trost – beinahe unmerklich, lautlos und unwiderruflich –, ebenso, wie unsere Freunde, unsere Familie, unsere Arbeitgeber und unser Selbstwertgefühl sich schon vor längerer Zeit von uns zurückgezogen hatten, ohne sich auch nur einmal umzublicken.

Allein und ausgeleert. So unsagbar weit von unserem wahren Selbst und allem auch nur entfernt Spirituellen entfernt. Allein ohne Glauben, empfindungslos sogar dem eigenen Leiden gegenüber. Von all unseren Meinungen entleert.

Wir in der Gesundung, denen es so erging, können uns glücklich schätzen, daß wir so vollständig leer waren, so äußerst erschöpft, daß wir bereit wurden, erfüllt zu werden – diesmal von Spirituellem statt von Spirituosen oder einem anderen Ersatz. Erfüllt von neuen Möglichkeiten statt von dem unmittelbar bevorstehenden Untergang. Diese neue Bewußtheit, diese neue Seinsweise, erlaubte uns nicht, die neue spirituelle Erfahrung einzuordnen oder sie zu definieren und dadurch einzuschränken, denn dies hätte bedeutet, sie zunichte zu machen, sie in dieselben engen Schubladen zu sperren, in denen wir unser früheres Denken untergebracht hatten.

Bill W. in seiner unergründlichen Weisheit nannte es nur »höhere Macht« und überließ es jedem von uns, es auf seine eigene Weise zu sehen. Wir Menschen mit Abhängigkeiten oder Zwängen lehnen uns instinktiv gegen jede Art von Autorität auf (oder wir ordnen uns widerstandslos und haßerfüllt unter). Bill wußte das und baute dieses spirituelle Sicherheitssystem in das Programm ein. Nennen Sie es Gott, nennen Sie es Zen, nennen Sie es, wie Sie wollen; nennen Sie es nur nicht »zu spät«, um sich selbst vor Ihnen selbst zu retten. Wir Menschen mit Abhängigkeiten müssen uns alle Optionen offenhalten. Wir brauchen eine uneingeschränkte spirituelle Freiheit, sogar die Freiheit, unsere Vorstellung von einer höheren Macht zu ändern, sogar die Freiheit, überhaupt keine höhere Macht anzuerkennen.

Sie sind es müde, Klischees zu hören wie »Bevor der Morgen anbricht, ist es immer am dunkelsten« oder »Ein Licht am Ende des Tunnels«. Wir haben auf der Straße zur Gesundung auf die harte Tour gelernt, daß diese Sprüche keine bloßen Metaphern darstellen, sondern tatsächliche Signale und Wahrheiten sind, die unsere eigene Erfahrung uns bestätigte. Wenn wir uns unser Leben genauer anschauen, sehen wir mit eigenen Augen, daß die Hoffnung immer dann am nächsten war, wenn wir am verzweifeltsten waren. In diesen Augenblicken, in denen wir uns von Gott verlassen fühlten, hielt er uns in seiner Hand. Damals, als wir nicht die geringste Vorstellung davon hatten, wie unsere wahre Natur aussehen könnte, waren wir ganz in unserer wahren Natur. So wie der Gewitterhimmel die helle Sonne verbirgt, wie der gefrorene Winterboden die Saat für den Frühling beschützt, so waren wir in der Tiefe unserer Krankheit geborgen. Wir mußten es nur erkennen. Ohne durch den dunklen Wald zu gehen, konnten wir das Licht nicht erfahren. Ohne kalt unter der Erde zu liegen, konnten wir nicht lieben und die Wärme willkommen heißen. Immer dann, wenn wir glauben, am weitesten von der Wahrheit entfernt zu sein, befinden wir uns genau auf ihr. Wenn es eine Schlange wäre, hätte es dich gebissen, wie meine Großmutter zu sagen pflegte.

Ein berühmter und gelehrter Professor besuchte einmal einen Zen-Meister, um mit ihm über Zen zu sprechen. Der Zen-Meister bot ihm Tee an. Er goß den Tee in die Tasse des Professors, bis diese beinahe überfloß. Und er goß immer weiter. Der Professor ersuchte seinen Gastgeber, den er für wahnsinnig hielt, aufzuhören. Er sagte, die Tasse sei zu voll, um weiteren Tee aufnehmen zu können. »Sie sind wie diese Tasse«, sagte der Zen-Meister zu seinem Gast, »zu voll von Ihren eigenen Meinungen, um etwas Neues aufnehmen zu können.« So war es auch bei uns. Wir waren zu sehr von Leid und Schmerzen erfüllt, um etwas anderes aufnehmen zu können. Unsere Krankheit goß immer weiter in uns hinein, und eines Tages hörten wir unsere wahre Natur – wie einen Zen-Meister –, und wir leerten uns. Im selben Augenblick waren wir von ehrfurchtsvoller Leere erfüllt – und wurden erfüllt.

Nur in diesem Zustand der Leere – der nichts anderes ist als unsere wahre Natur – können wir empfangen. Nur indem wir die Teetasse einer begrenzten »Selbstheit« ständig leeren, können wir von unserer Krankheit und unserer Leugnung frei bleiben und das Leben so erfahren, wie es wirklich ist. Füllen Sie die Tasse mit sich selbst und Ihren Meinungen, und Sie können nichts anderes mehr aufnehmen. Leeren Sie die Tasse, und alles Leben wird kommen und darum bitten, sich in die Tasse ergießen zu dürfen.

Für uns kann es kein Dazwischen geben, keinen Mittelweg, wenn es um unsere Krankheit geht. Entweder wir heben auf – oder wir legen ab. Wir tun – oder wir tun nicht. Wenn wir aktiv werden, müssen wir wahrscheinlich sterben. Andere verstehen unser Verhalten vielleicht nicht, oder es gefällt ihnen nicht, aber es muß der Grundsatz unseres Lebens bleiben. Entweder voll mit der Selbstzerstörung befaßt oder leer von Erwartungen. In Wirklichkeit hatten wir nie die Wahl. Unsere Krankheiten haben uns der Wahlmöglichkeit beraubt. Ich bezweifle, daß es vielen – wenn überhaupt einem einzigen – von uns freigestanden hat, ein Alkoholiker, Abhängiger oder Zwangskranker zu werden. Aber das ist, als würden wir uns über ein wenig vergossenen Tee aufregen – oder?

Wir müssen unser spirituelles Sein wiederentdecken, oder wir werden niemals gesunden, denn unsere Krankheit ist ihrem Wesen nach spirituell. Diese Krankheit plagt alle Menschen, und niemand ist gegen sie immun. Die meisten wissen nicht einmal, daß sie an ihr leiden, aber uns in der Gesundung wurde sie in lebhaften Farben und »knallhart« vor Augen geführt. Entweder du wachst auf – oder du stirbst. Zum Glück gibt es eine spezielle Medizin für unsere Krankheit, und wir werden gesund, wenn wir die Einnahmevorschriften befolgen. Vielleicht werden wir sogar gesund genug, um zu sehen, daß unsere Teetasse immer leer ist – immer leer sein *muß* –, soviel Spirituelles wir auch hineingießen mögen, und daß wir nicht versuchen müssen, sie mit etwas anderem zu füllen.

# Der Mond

# Über einem Abgrund hängen

## Wie man losläßt

Eine Form der traditionellen Zen-Praxis ist die Formulierung und Lösung von Koans (im Chinesischen und Koreanischen: Kung-ans). Sie wird auch als ein Gespräch oder als Arbeit mit dem Zen-Meister oder -Lehrer bezeichnet. Recht bekannt ist beispielsweise das Koan »Wie klingt das Klatschen mit einer Hand?« Es gibt buchstäblich Hunderte solcher dem rationalen Verstand paradox scheinender Fragen, die das Verständnis der Schüler überprüfen, ihnen einen Anstoß geben und sie zwingen, große Vertrauenssprünge zu machen und rascher voranzuschreiten, als sie es aus eigener Kraft tun könnten.

Die Koans sind nicht vernunftgemäß beantwortbar, und man findet die Antwort nicht, indem man auf die übliche, konditionierte Weise darüber nachdenkt. Wenn Ihnen eine Frage dieser Art gestellt wird, haben Sie keine Zeit, darüber nachzudenken oder zu argumentieren. Sie werden aufgefordert, sofort zu antworten. Oft brütet ein Schüler monate- oder sogar jahrelang über ein Koan nach, bevor er es versteht, aber wenn das Verständnis heraufdämmert, fühlt es sich an, als sei man aus einem Gefängnis befreit worden. Es ist in der Tat eine Befreiung – aber aus dem Gefängnis unserer eigenen logischen Vorstellungen, unserer falschen Erwartungen und unserer gespeicherten Programme. Das Koan setzt voraus,

287

daß wir in diesem Augenblick existieren. Die Frage bezieht sich nur auf ein Sein, das voll und ganz in diesem Augenblick und von *einem* Geist mit dem Universum ist. Die Frage, die zuvor paradox geklungen hat, entpuppt sich als Formulierung einer universalen Wahrheit.

In einem meiner ersten Koan-Gespräche mit einer älteren Zen-Lehrerin glaubte ich, richtig geantwortet zu haben. Sie sagte: »Ja, Sie haben eine richtige Antwort gegeben. Aber Ihre Einstellung war nicht richtig.« Sie fuhr fort, indem sie mir erklärte, daß es nicht ausreicht, die richtige Antwort zu haben, wenn man nicht hundertprozentig an sie glaubt. Sie hatte die schwankende und unsichere Art meiner Antwort gespürt. »Dies ist nicht wie in der Schule«, sagte sie. »Sie müssen mich nicht mit Ihrer Antwort zufriedenstellen. Glauben Sie einfach daran und an sich selbst.«

Wie oft haben wir in unserem Leben eine solche Situation erlebt? Wie oft haben wir beim geringsten Anzeichen von Widerstand oder Zweifel bei unserem Gegenüber nachgegeben – sogar wenn wir recht hatten? Ich habe diese Erklärung immer im Gedächtnis behalten und betrachte sie als die wertvollste Lektion, die ich in meiner Koan-Praxis jemals erhalten habe. Die innere Einstellung und das Vertrauen sind manchmal wirkungsvoller und transformierender, als nur die »richtige« Antwort zu haben. In Verbindung mit der richtigen Antwort oder Verhaltensweise werden Sie unverwundbar durch Zweifel und Furcht.

Ein berühmtes Koan, das in den meisten Zen-Traditionen geschätzt wird, heißt »An einem Baum hängen« oder »Über einem Abgrund hängen«. Es lautet wie folgt: Jemand hängt an den Zähnen an einem Ast eines Baumes über einem Abgrund. Er ist an Händen und Füßen gefesselt. Ein anderer

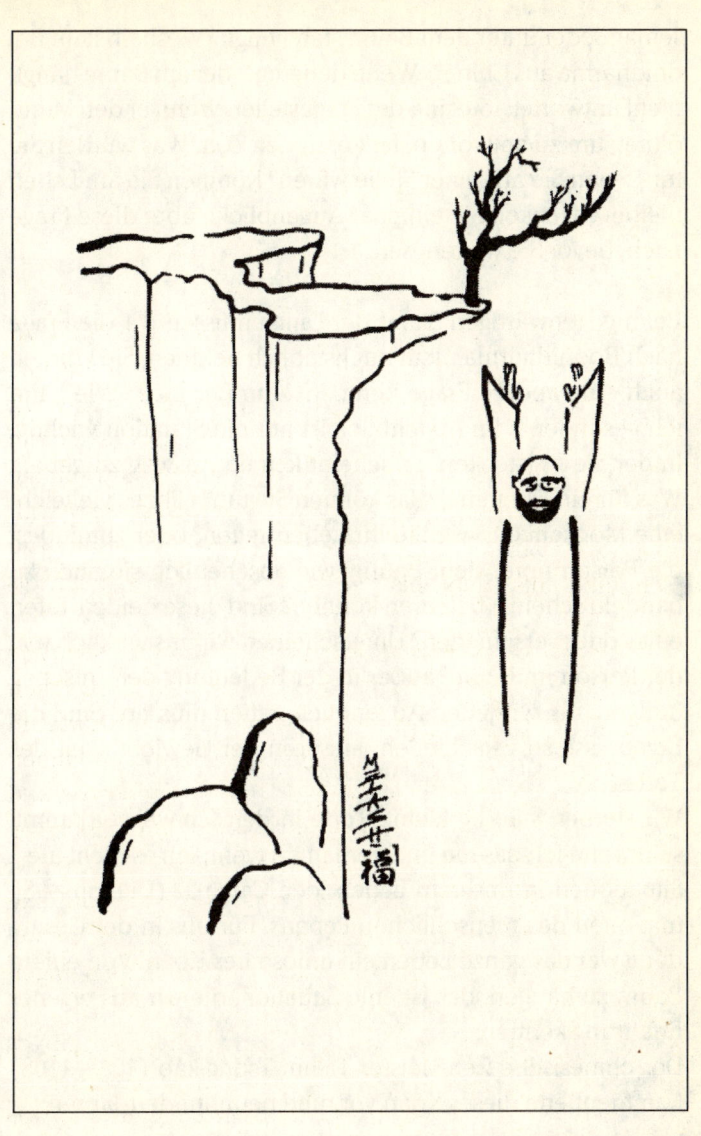

Jemand, der unter dem Baum steht, fragt: »Weshalb kam Bodhidharma aus China?« Wenn derjenige, der am Baum hängt, nicht antwortet, tötet ihn der Fragesteller. Wenn er den Mund öffnet, um zu antworten, fällt er in den Tod. Was würden Sie tun, wenn Sie an seiner Stelle wären? Könnten Sie am Leben bleiben? Denken Sie ein paar Augenblicke über diese Frage nach, bevor Sie weiterlesen.

Beim gegenwärtigen Stand der Dinge müssen wir die Frage nach Bodhidharma nicht buchstäblich nehmen. Sie können auch eine andere Frage nehmen, zum Beispiel: »Wie kann ich gesunden?« Im Augenblick ist nur die Situation wichtig, in der Sie feststecken. Es scheint keinen Ausweg zu geben. Was für ein Dilemma! Was können Sie tun? Gibt es vielleicht eine Möglichkeit, wie Sie Ihr Leben retten, oder zumindest die Person unter dem Baum (wie abscheulich sie auch zu handeln scheint) belehren können? Sind diese beiden Taten eines oder verschieden? Unterscheiden wir uns wirklich von der Person im Baum, außer in der Bedeutung der Entscheidungen, die wir jeden Augenblick treffen müssen? Sind die Ergebnisse so verschieden, außer in der Gewichtigkeit des Todes?

Wir sterben ständig kleine Tode in den Ich-will-verdammt-sein-wenn-ich-das-tue-und-verdammt-wenn-ich-es-nicht-tue-Situationen in unserem Leben, den Catch-22-(Dilemma-)Situationen des menschlichen Lebens. Für uns in der Gesundung war das ganze Leben ein unlösbares Koan. Von einem Baum zu hängen, das ist eine Situation, die wir aus eigener Erfahrung kennen.

Der chinesische Zen-Meister Ta-hui Tsung-kao (1089–1163) kommentierte dieses Koan vor rund neunhundert Jahren:

»Wenn du über einem Abgrund hängst, laß los –
und sei damit einverstanden, die Erfahrung zu
    akzeptieren.
Nach der Vernichtung komm ins Leben zurück –
ich könnte dich nicht täuschen.«

Ich weiß nicht, ob ich dieses Koan jemals wirklich beantwortet habe, aber als ich eines Tages im Verkehr feststeckte, begriff ich inmitten meines Planens und Denkens, daß ich mein ganzes Leben lang in jedem einzelnen Augenblick an einem Baum über einem Abgrund gehangen hatte. Ich hatte immer geglaubt, in jeder Situation eine eindeutige Wahl oder richtige Entscheidung treffen zu müssen. Meistens war ich, wenn ich eine Wahl traf, voller Zweifel und unguter Ahnungen. Als ich hier im Verkehr festsaß, erkannte ich plötzlich, daß das Koan wörtlich zu verstehen war und auf eine viel realere Weise auf mein Leben zutraf, als ich mir hätte träumen lassen. Der Mann, der dort oben im Baum hängt, hat tatsächlich keine Wahl, und auch wir haben in unserem Leben von Augenblick zu Augenblick keine wirkliche Wahl. Wir müssen lernen, unser Gefühl loszulassen, daß wir Macht hätten, Vertrauen zu fassen und – wie Ta-hui sagt – einverstanden zu sein, die Erfahrung zu akzeptieren, sei sie gut, schlecht oder neutral. Er garantiert dafür, daß das in Ordnung geht.
Der Mann im Baum hat in Wirklichkeit nur eine Wahl: Er kann bestimmen, wie er sterben wird. Wenn er das akzeptieren und auf irgendeine Weise ins Leben zurückkehren kann, wird es ihm gutgehen, und die Person unter dem Baum wird eine große Lehre erhalten haben. Er wird ohnehin sterben, also kann er die Erfahrung ebensogut akzeptieren. Es gibt keine Alternative. Sprechen wir übers Loslassen!

Ein wichtiger und leicht zu überlesender Punkt in Ta-huis Kommentar ist, daß er nicht dazu rät, die Erfahrung sofort zu akzeptieren, sondern nur sagt, wir sollten damit *einverstanden* sein zu akzeptieren. Viele von uns in der Gesundung sind mit einem Versuch einverstanden, bevor wahres Vertrauen und Ergebung sich einstellen. Wir müssen nur damit einverstanden sein zu akzeptieren. Wir nennen es Bereitschaft. Sie verlangt viel weniger von uns als die volle und sofortige Akzeptanz. Wir sind lediglich aufgefordert, zum Glauben zu *gelangen,* nicht, sofort und alles pauschal zu glauben. Ta-huis Kommentar hat mir in vielen Situationen geholfen. Er ist der erste, leichte und zögernde Schritt hin zu einer vollen Akzeptanz und Erleichterung.

Um in die Gesundung einzutreten, mußten wir den Baum unserer Krankheiten loslassen und uns in das ungewisse Schicksal der Gesundung fallen lassen, das wir ebenso fürchteten wie den lebenden Tod unserer aktiven Krankheit. Wir gaben ihm einen Versuch. Nur wir selbst wissen, wie hart uns diese Wahl damals angekommen ist. »Normale« Menschen würden es verrückt finden, eine solche Wahl auch nur in Betracht zu ziehen. Gesundung – na klar. Wir waren gar nicht so sicher.

Wenn wir uns in einer »An-einem-Baum-über-einem-Abgrund-Situation« befinden, müssen wir loslassen. Vielleicht nicht gerade mit den Zähnen, aber manchmal mit dem Kopf oder dem Herzen. Es ist töricht, dem Unvermeidlichen widerstehen zu wollen, aber wir in der Gesundung haben das Törichtsein zu einer Kunstform erhoben – wenn auch gesagt werden muß, daß wir kein Monopol darauf haben. Indem wir loslassen und akzeptieren, was auch immer geschieht, kehren wir ins Leben, zu Gelassenheit und Klarheit zurück.

Diese Art von Vertrauen erfordert eine längere Ausübung des Zwölf-Schritte-Programms oder der Zen-Praxis – oder zumindest die Erfahrung, so häufig in unerträglichen Situationen gesteckt zu haben, bis wir gelernt hatten, daß es einfach leichter und weniger schmerzhaft ist, wenn man losläßt. Menschen in der Gesundung hängen immer oben im Baum ihrer Krankheit über dem Abgrund ihrer Leugnung. Man garantiert uns weder eine Ruhepause noch eine endgültige Antwort auf das Koan unserer Krankheit. Um in der Gesundung bleiben und ein wenig Gelassenheit erlangen zu können, haben wir gelernt, das Loslassen zu einem ständigen Prozeß zu machen. Es ist für uns eine wichtige Überlebenstechnik. Wir fallen vielleicht nicht in einen Abgrund, aber wir fallen bestimmt in einen Sarg, in eine Anstalt oder einen Stupor – völlige geistige und körperliche Reglosigkeit –, wenn wir diese grundlegende Fähigkeit verlieren.

Unzählige Male wieder haben wir unsere Krankheit wiederaufgenommen und gelobt aufzuhören. Morgen wäre es anders, haben wir geschworen. Nur noch ein letztes Mal. Immer das doppelschneidige Schwert der Entscheidung in der Hand, ob wir uns nachgeben sollten oder nicht und das große Zittern bekommen. Immer im Baum, über dem tiefsten Abgrund der Hölle. Wenn wir tranken, starben wir die ganze Zeit über. Die Person unter dem Baum waren – wenn nicht unsere Familie, unser Chef oder die Situation – immer wir selbst. Wir beschuldigten uns, klagten uns an, forderten und verabscheuten uns.

Der verstorbene Alan Watts hat in seinem Buch *The Wisdom of Insecurity* über das Dilemma des aktiven Trinkers – über die Frage, ob oben im Baum oder nicht, ob nüchtern oder nicht – folgendes geschrieben:

»In sehr vielen Fällen weiß [der Trinker] ganz genau, daß er sich zugrunde richtet, daß Alkohol Gift für ihn ist, daß er es in Wirklichkeit haßt, betrunken zu sein, und nicht einmal den Geschmack des Alkohols mag. Und dennoch trinkt er. Denn sowenig er es auch mag, nicht zu trinken ist ihm noch ärger.

Es flößt ihm Grauen ein, denn er blickt der unverschleierten, grundbedingten Unsicherheit der Welt ins Gesicht. Hierin liegt der Kern der Sache. Der Unsicherheit ins Gesicht zu schauen heißt noch nicht, sie zu verstehen. Um sie zu verstehen, mußt du ihr nicht ins Gesicht schauen, sondern sie ›sein‹.«*

Sie müssen es *sein*. Das war das Geheimnis, das uns letztlich in die Gesundung eintreten ließ. Wir hörten endlich auf, unsere Krankheit und die Welt zu leugnen. Wir hörten auf, unsere Krankheit als von uns verschieden zu betrachten, und waren einverstanden, ein Leben auf der Basis dessen zu akzeptieren, was den meisten Menschen wie ein ungesichertes In-den-Tag-hinein-Leben vorkommt. Wir wurden buchstäblich unsere Krankheit, hießen sie vorbehaltlos willkommen, gaben unsere Illusion auf, die Kontrolle zu haben, und begannen zu gesunden.

Wir haben etwa ebensoviel Kontrolle über unsere Krankheit, wie der Mann im Baum Kontrolle über sein Schicksal hat. Er kann sich aussuchen, wie er sterben wird: aus eigenem Entschluß oder durch die Person unter dem Baum. Auch wir haben nur eine Wahl: unsere Krankheiten zuzugeben und aufzuhören, unser wahres Selbst zu verleugnen. Aktiv zu wer-

---

* Nach der dt. Ausgabe, Seite 77. (Anm. d. Übers.)

den ändert das nicht. Die Gesundung ändert es nicht. Es einzugestehen wird sich gewiß wie Sterben anfühlen. Es einzugestehen wird uns dem Leben zurückgeben – auf eine Art und Weise, die wir uns nicht einmal vorstellen können. Ich könnte Sie nicht täuschen.

# Den Buddha töten statt uns selbst

## Ein Ansatz für Lehrer und Sponsoren

Eine Freundin von mir im Programm erzählte mir von einem ihrer Freunde, der täglich zu einer Therapeutin unserer Stadt geht. Besagter Freund verfügt über ein geringes Selbstvertrauen, hat ein klägliches Körperbild und ist mehrfach süchtig. Vor kurzem hat er von einem qualifizierten Lehrer Yoga und Meditation erlernt und ist seitdem merklich glücklicher und gelassener, spürt weniger häufig seine destruktiven Zwänge und gibt ihnen sogar noch seltener nach.

Sein Yoga-Lehrer hängt offenbar einer anderen spirituellen Tradition an als ich und ist nicht mit Zwölf-Schritte-Programmen befaßt. Ich hatte früher einmal Gelegenheit, mit ihm zusammenzuarbeiten, und fand ihn bemerkenswert zentriert und aufrichtig. Ich habe auch viele andere Leute mit glühender Begeisterung über die sichtbaren Folgen sprechen hören, die sein Training auf ihr Leben hatte. Buddha riet uns, alle Lehren zu prüfen, als wären sie Goldmünzen, die man uns zur Zahlung anböte, und sie nicht anzunehmen, ohne zuvor ihren Wert zu prüfen. Wie es aussieht, haben viele dieser Menschen das »Gold« des Yoga-Lehrers annehmbar und wertvoll für ihr Leben befunden.

Die Therapeutin dieses Mannes sagte zu ihm, sie habe von dem Yoga-Lehrer gehört, und sie betrachte ihn als »unrein«. Sie empfahl dem Klienten, nicht mehr zu dem Yoga-Lehrer zu

gehen. Sie riet ihm, das Geld statt dessen einem weit entfernt wohnenden selbsternannten Heiler zu schicken, der in Abwesenheit des Klienten ein Ritual ausführen würde, das ihm auf eine nicht näher bezeichnete, geheimnisvolle Weise helfen würde. Der Klient folgte dem Rat der Therapeutin, zu der er ein vertrauensvolles Verhältnis hatte.

Ich fand dies bedauerlich, weil der Mann in der Gesundung nicht hundertprozentig an das glaubte, was er erlebte, und es vorzog, gemäß den Erwartungen und Anweisungen anderer Menschen zu leben. Ich hoffe, es bleibt bei dem Geld, das er dem Fernheiler geschickt hat, und er muß nicht darüber hinaus mit einem Rückfall in seine Krankheiten oder seinem Leben bezahlen. Dieses Experiment könnte sich als sehr kostspielig erweisen. Es ist kein Spiel, und es sollte nicht eine Art spirituelle Börse daraus gemacht werden, auf der Lehrer und Lehren in hitzigem Wettkampf liegen und ihre Schüler, Klienten oder Patienten wie Aktien an der Wall Street ihrer Egos gehandelt werden.

Ich empfehle häufig Menschen in der Gesundung denselben Yoga-Lehrer, obwohl ich persönlich zuviel Philosophie in meinem Fall für unpassend halte. Denken Sie an die Aussage Buddhas, daß es für viele Krankheiten viele Heilmittel gibt. Es gibt keine einzig richtige, offiziell abgesegnete Methode der Gesundung – nur Ihre Methode. Somit bleiben uns ungefähr vier Milliarden mögliche Methoden.

Vielleicht erweist sich der Heiler ja auch als hilfreich, selbst wenn ich starke Zweifel daran hege und mich wirklich anstrengen muß, fair zu sein. Ich hatte nur gesehen, daß es dem Yoga-Schüler besserging, und mußte dann zuschauen, daß er die Kontrolle über seine Gesundung jemandem überließ, der sich selbst zugesteht, die spirituelle Inventur anderer Men-

298

schen aufzunehmen. Niemand hat »das Geheimnis« oder »den Schlüssel«, weil jeder von uns bereits seinen eigenen, unverwechselbaren Schlüssel besitzt. Es gibt in diesen Dingen keine exklusive Lizenz.

Eine Sutra-Geschichte illustriert diese Episode. Buddha erzählte das Gleichnis von einem Mann, der mit einem Pfeil angeschossen wurde und weiß, daß er sterben wird. Da kommt ein anderer Mann des Wegs und bietet ihm an, den Pfeil herauszuziehen. Der Verletzte fragt nicht lange, ob sein Erretter ein Dieb oder ein Richter ist. Er ist nur dankbar für seine Rettung.

Lassen Sie uns einen Augenblick lang annehmen, der Yoga-Lehrer wäre nicht ganz so, wie er sein könnte. Lassen Sie uns sogar annehmen, daß er tatsächlich »unrein« ist – was auch immer die Therapeutin darunter versteht. Aber trotz der von der Therapeutin konstatierten Unreinheiten ging es dem Schüler merklich besser. Das ist alles, was zählen sollte. Wenn wir an unsere Lehrer, Sponsoren und sogar an gewisse Therapeuten eine Art spirituellen Maßstab anlegen, fürchte ich, werden wir alle uns als unzureichend erweisen – Schüler und Klienten eingeschlossen. Die meisten spirituellen Lehrer sind Lehrer, weil sie ihre eigenen Unzulänglichkeiten erkannt haben und sie bereitwillig zugeben. Ein wahrer Lehrer wird nicht für sich beanspruchen, der einzige Laden in der Stadt zu sein, der dieses Produkt verkauft, und er wird auch nicht die Waren seiner Konkurrenz schlechtmachen.

Wie kann man erwarten, anderen Menschen helfen zu können, wenn man selbst nicht in Kontakt mit seinen eigenen Fehlern ist? Ich persönlich vertraue nicht einmal Personen außerhalb der Gesundung, die mit päpstlichem Unfehlbarkeitsanspruch über unsere Krankheit reden. Zeigen Sie mir jemanden, der dort gewesen ist, der getan hat, was ich tat, und mutig genug ist, um zuzugeben, daß er immer noch weit davon entfernt ist, vollkommen zu sein. Von den reinen und heiligmäßigen Gestalten, die mich erretten möchten, laufe ich, so rasch ich kann, fort. Mich erretten – wovor? Oder, noch heimtückischer gefragt, wo*zu*? Für mich besteht der Unterschied zwischen einem Heiligenschein und einer Schlinge nur in der Handbreit Entfernung.

Wenn wir die Quelle, aus der Hilfe für uns kommt, erst beurteilen wollen, sind wir bereits tot wie der Mann in Buddhas Gleichnis. Wonach wollen wir sie auch beurteilen? Nach unseren Maßstäben? Die meisten von uns wissen, daß die Brille, durch die wir schauen, durch unsere aktive Krankheit gefärbt, wenn nicht sogar gesprungen ist. Wir sind nicht die geeigneten Instrumente, um andere Menschen zu beurteilen. Jesus machte keinen Scherz, als er sagte: »Richtet nicht, auf daß ihr nicht gerichtet werdet.« Lao-tzu sagte, um sich durchlöchert zu fühlen, muß man einmal voll aufgeblasen gewesen sein wie ein Ballon.

Aber wir sind qualifiziert, die Qualität der Hilfe und der Lehren zu beurteilen, die wir empfangen. Geht es uns besser? Trinken wir, nehmen wir Drogen, oder haben wir das Gefühl, gefährdet zu sein? Sind wir immer mehr und mehr fähig, in unserem Leben präsent zu sein? Steckt die Nadel unseres Glaubens genau in unserem wahren Selbst? Wenn es so ist, würden wir wie der Mann in Buddhas Gleichnis handeln, falls wir die Praxis oder die Therapie, in der wir gerade sind, verließen. Wir würden uns dafür entscheiden, lieber zu sterben, als von unseren Wunden zu genesen – weil unser Erretter nicht unseren moralischen Maßstäben entspricht.

Die Gesundung ist kein Spiel, aber es gibt Gewinner und Verlierer. »Halte dich an die Gewinner« ist eine Redensart, die man bei den Meetings oft hört. Achte darauf, was die Gewinner tun, und hör ihnen zu. Sie haben hundertprozentiges Vertrauen in das Programm, nicht in die Leute, die kommen und gehen.

Zu Beginn meiner Gesundung hielt ich jedermann in den Sälen für einen Heiligen oder einen Bodhisattva. Unnötig, zu sagen, daß ich bald enttäuscht wurde. Einige der anwesenden Personen hatten mich tief beeindruckt, und ich hörte ihnen zu wie ein Ertrinkender, dem ein Rettungsseil zugeworfen wird. Ich strebte danach, ihnen nachzueifern. Aber bald fand ich heraus, daß ein paar dieser selben Leute alles andere als appetitliche persönliche Angewohnheiten und Lebensweisen hatten. Schließlich verließen einige von ihnen sogar die Gemeinschaft und warfen sich erneut ihrer fortschreitenden Krankheit in die Arme. Hätte ich meine eigene Gesundung an Personen gebunden statt an die Prinzipien des Programms, wären meine Aussichten in der Tat gering gewesen. Ich teilte einem Oldtimer mit, wie enttäuscht ich war. Er lachte und sagte: »Wenn Sie ein Lügner waren, als Sie tranken, werden Sie nüchtern ein noch besserer Lügner sein. Das Programm zeigt Ihnen nur, wie man mit dem Trinken aufhört; der Rest liegt bei Ihnen.« Sein Kommentar hat mich wirklich erleuchtet. Hätte es einige dieser alles andere als perfekten Personen nicht gegeben, wäre ich vielleicht heute noch aktiv. Wie ihre persönlichen Mängel auch beschaffen gewesen sein mögen, sie überbrachten mir die Botschaft und waren mir eine unschätzbare Hilfe. Ich verbleibe in Dankbarkeit, auch den Mitgliedern der Crew mit den größten Charakterfehlern gegenüber, besonders aber jenen, die an ihrer Krankheit starben. Sie waren meine ersten und besten Lehrer.

Schließlich erkannte ich, daß es keine absoluten Grade an Wohlbefinden oder Gesundung gibt, die man messen könnte. Wir alle bemühen uns, so gut wir können, darum, daß es uns bessergeht. Wenn die Hand, die mir jemand entgegenstreckt, um mir zu helfen, schmutzig ist, ergreife ich sie nur um so fester. Ich habe eine unschätzbare Lektion in Demut und Ego-Deflation erhalten. Alles, was zählt, ist mein Wissen, daß es mir von Tag zu Tag bessergeht und mir leichter fällt, den anderen zurückzuzahlen, was sie mir Gutes getan haben. Wir sind verzweifelte Menschen mit tödlichen Krankheiten. Wir wollen diesen Umstand nicht aus den Augen lassen. Wir wollen uns nicht damit aufhalten, die Ärzte der anderen zu kritisieren oder auch nur den eigenen Arzt. Wenn es Ihnen nicht bessergeht, ist es Ihr Recht und Ihre Pflicht, zu einem anderen Arzt zu gehen. Aber es ist auch Ihre Pflicht, dankbar für jede Behandlung zu sein, die Sie erhalten haben. Nur Sie und Sie allein können diese Entscheidungen treffen, weil Sie selbst Ihr bester Arzt sind und immer die richtige Behandlung kennen. Alle übrigen sind in diesem unheilbaren Fall, mit dem Sie so gut vertraut sind, nur beratende Ärzte. Gute Lehrer können Sie nur daran erinnern, in der Art, wie es ihr jeweiliges Fach verlangt.

Oldtimer im Programm sagen, wenn Sie auf jemanden deuten, daß Ihre übrigen Finger auf Sie selbst zurückweisen. Alles, was wir uns ausdenken, spiegelt unseren inneren Zustand wider. Was uns bei anderen am meisten ärgert, ist gewöhnlich dasjenige, was wir bei uns selbst abstoßend finden.

Wenn irgendein Lehrer, ein Therapeut oder Sponsor, eine Religion, eine Philosophie oder ein Programm Ihnen sagt, er, sie oder es sei im Besitz der einzigen Wahrheit, dann laufen

Sie fort, so rasch Sie nur können! Wir haben unser Potential schon einmal geopfert – unserer Krankheit. Machen Sie Ihre hart errungene Gesundung nicht ohne weiteres von den Ansichten oder Erwartungen anderer abhängig – auch nicht Ihrem eigenen Zweifel. Unterwerfen Sie sich Ihrer höheren Macht, der Wahrheit, die niemand außer Ihnen beurteilen kann. Auf diese Weise können Sie sicher sein. Ihr Weg zur Gesundung ist Ihr eigener Weg. Steigen Sie nicht in einem zweitklassigen Hotel ab, das behauptet, das letzte für viele Kilometer zu sein. Vertrauen Sie Ihrer eigenen, inneren Landkarte, und Sie werden sicher und gesund dort ankommen, wo Sie schon immer waren: frei. Frei von Dogmen, frei von Ängsten und sogar frei von Lehrern. Auch von mir.

Im Zen heißt das »den Buddha töten«. Solange Sie glauben, daß der Buddha, Bill W., Lehren und höchste Wahrheiten sich von Ihnen unterscheiden und von Ihnen getrennt existieren, sind Sie verloren und werden Sie niemals frei sein. Also sagen wir, wenn Ihnen der Buddha auf der Straße begegnet, töten Sie ihn! Er steht Ihnen bei der Gesundung und Erleuchtung im Weg. Denn, sehen Sie, der Buddha ist nur ein Hirngespinst von Ihnen und eine Leugnung Ihres wahren Selbst. Sie müssen Ihren eigenen Buddha, Ihre persönliche »Bill-W.-heit« erkennen und erwecken. Das ist alles, was der Buddha und Bill W. von uns verlangt haben. Sie waren beide sterbliche, leidende Menschen, die einen besseren Weg fanden und uns mitteilten, daß wir tun können, was sie getan haben. Sie unterscheiden sich nicht von uns. Sie wurden zu ihren eigenen Ärzten und fanden ihre eigenen Behandlungsmethoden. Können wir weniger tun? Haben wir wirklich die Wahl?

# Ein Tag ohne Arbeit
# ist ein Tag ohne Essen

## Persönliche und globale Gesundung

Um wessen Gesundung geht es hier? Nur um die Ihre? Wir hören oft sagen, daß unsere eigene Gesundung Vorrang hat, sogar vor denen, die wir lieben und denen gegenüber wir Pflichten haben. Auf den ersten Blick könnte das extrem selbstsüchtig erscheinen und wie ein weiterer Beweis für die Selbstzentriertheit aussehen, die für unsere Leugnung typisch war. Es scheint sogar direkt der Rolle eines Bodhisattva zu widersprechen, der seine eigene Befreiung aufschiebt, bis alle Menschen frei sind.

Wie können wir diesen scheinbaren Widerspruch lösen? Wie können wir sicher sein, daß unser persönliches Erwachen und Gesunden nicht in eine narzißtische Isolation ausartet, in der wir vollständig von uns selbst in Beschlag genommen sind? Wie können wir dafür sorgen, daß unsere Praxis und unsere Gesundung zu einer Lösung werden und nicht zu einem neuen, schillernderen Problem? Wie vermeiden wir den traurigen Fehler, Gesundung und spirituelle Praxis in eine neue Droge zu verwandeln, ein neues, zwanghaftes Verhalten, eine neue, wahnwitzige Bestätigung unserer kurzlebigen und suizidgefährdeten »Einzigartigkeit?«

Sowohl in der Gesundung als auch in der Zen-Praxis gibt es einen Punkt, an dem die erste Arbeit abgeschlossen ist. Konzepte wurden verstanden, das Erwachen beginnt, und was

zuvor geheimnisvoll erschienen war, ist gewöhnlich geworden. Unsere früheren, unsicheren Schritte jetzt zu wiederholen wäre das gleiche, als würden wir weiterhin Fahrunterricht nehmen, nachdem wir den Führerschein bereits in der Tasche haben. Bei all dieser Arbeit geht es darum, daß wir lernen, das kostbare Fahrzeug unseres Lebens zu steuern. Sich in der Verkleidung eines ewigen Studenten im Klassenzimmer zu verbergen hieße, das Leben nur halb zu leben und niemals das volle Potential und die Freiheit der Straße kennenzulernen, die Sie erwartet – mitsamt allen Risiken.

Und doch geschieht genau dies bei so vielen, die in die Gesundung oder die Zen-Praxis eintreten. Meditation und Meetings werden zum Selbstzweck. Rituale und Schritte, die eigentlich als Landkarten gedacht waren, werden mit dem Ort selbst verwechselt. Ermüdung und Selbstgefälligkeit setzen ein, getarnt als Weisheit und Wissen. Wir erliegen einer Lähmung des Geistes, die wir für einen soliden Fortschritt halten. Diese felsenfeste Gewißheit ist ganz und gar keine Weisheit. Sie wird dazu führen, daß Ihr Potential wie ein Stein in einem Meer der Selbstsicherheit untergeht.

Phrasen wie »Mein Job ist die Gesundung« fließen uns von den Lippen, Rechnungen bleiben unbezahlt. Man ist häufiger auf den Meetings, als man Zeit für die Familie hat. Die spirituellen Übungen heben den Übenden so hoch, daß er die Hilfeschreie von unten nicht hört; sie »reinigen« unser Denken, bis wir den Schmutz zu unseren Füßen und den Staub, zu dem wir einst werden, nicht mehr wahrnehmen. Wenn wir Glück haben, langweilt uns dieses statische Leben, und wir kehren zu unserem wahren Alltags-Selbst zurück.

Offenbar ist es ein grundsätzlicher Unterschied, ob wir die Gesundung an die erste Stelle setzen oder ob wir uns von ihr völlig vereinnahmen lassen. Selbstverständlich muß die Gesundung sowohl die Grundfeste als auch der Gipfel unseres Lebens sein. Alles übrige – aller Segen und alles Wohl – ergibt sich aus dieser radikalen Umschichtung unserer Prioritäten. Ohne die Gesundung und die spirituelle Praxis würden letztlich unsere Familien und unsere Umwelt unter unserer Rückkehr zu Leugnung und Störungen leiden. Ohne diese Konzentration auf die Prinzipien der Gesundung und der Spiritualität würden wir bestimmt in unsere alte Lebensweise zurückverfallen.

Wir müssen bedenken, daß schon die Instrumente, mit denen wir unsere Gesundung, unsere Spiritualität und unser Leben messen, fehlerhaft sind. Wir Produkte unserer Fehlfunktionen haben nur unser eigenes, beschädigtes Selbst, um uns daran zu messen. Wir können alles in einen Zwang oder eine Droge verwandeln, bis es sich gegen uns selbst und andere wendet. Wir dürfen den Nutzen, der uns aus der Gesundung erwächst, nicht nur für uns selbst behalten. Der Zwölfte Schritt besagt, daß wir ihn fortgeben müssen, um ihn behalten zu können. Wenn wir diese Gesinnung beibehalten, können wir die sich verjüngende Spirale der selbstvergessenen Gesundung und Spiritualität vermeiden.

Als Moses mit seinem Stab an den Fels in der Wüste schlug, trank er das Wasser nicht selbst. Er hatte es für seine verdurstenden Gefährten getan. Ihre Leugnung ist die Wüste, Ihre Gesundung ist der Fels, und Ihre spirituelle Praxis ist Ihr Stab des Heils. Der Fels wartet schon seit ewigen Zeiten darauf, daß Sie auf ihn schlagen. Welche Überraschung, als er sich auftat, sein lebenspendendes Wasser freigab und Ihren großen Durst stillte. Werden Sie das Wasser für sich selbst horten, oder teilen Sie es mit Ihren Gefährten? Teilen Sie es nicht, und es wird sofort wieder im Wüstensand versickern, und Sie sehen nur noch einen leblosen Fels und ein legendäres Ereignis vor sich.

Wessen Gesundung ist dies? Sie sind verpflichtet zu teilen. Sie sind verpflichtet, daß es Ihnen bessergeht, daß Sie Ihr wahres Selbst wiederentdecken und daß Sie zu einem wirklichen Menschen gesunden. Das ist der wirkliche Zweck Ihres Lebens. Sie sind verpflichtet, Ihre Gesundung auf alle Wesen und alle Dinge auszuweiten. Gemeinsam sind wir krank geworden, als Abhängige und als Spezies. Gemeinsam können wir wieder gesund werden. Benjamin Franklin sagte über seine Mitrevolutionäre: »Wir müssen alle zusammen hängen, sonst hängen wir gewiß getrennt!« Wenn wir uns als Revolutionäre in der Gesundung und in der spirituellen Praxis betrachten, können wir Franklins Mahnung als Bodhisattva-Credo nehmen.

Es bedurfte schon einer persönlichen Revolution, um unser elendes und zum Untergang verurteiltes Leben zu verändern. Wenn eine Revolution vorbei ist, gerinnt sie gewöhnlich zu starren Formen, oder sie wird sogar faschistisch, wie die Geschichte immer wieder lehrt. Revolution ist im Idealfall ein permanenter Prozeß. Die Umdrehung einer Schallplatte (englisch *revolution*) auf einem Plattenteller läßt eine sich ständig ändernde und sich entwickelnde Melodie erklingen – die dem Zuhörer im Idealfall gefällt. Wenn der Plattenteller »eiert«, geht die Melodie verloren; sie wird unangenehm und gefällt niemandem mehr. Das Lied unserer Gesundung verlangt einen schwankungsfreien Gleichlauf. Um das Lied genießen zu können, müssen unablässige Wiederholungen und »Eiern« vermieden werden. Wir müssen unseren Fortschritt und unsere Glaubensvorstellungen ständig in Frage stellen und neu einschätzen, eliminieren, was zu Gleichlaufschwankungen führt, und verhindern, daß unser Wachstum eindimensional verläuft.

Es gibt noch eine Falle in der Arbeit, ein wahrer Mensch zu werden. Gesundung und spirituelle Übungen können zu einem formal erstarrten, bedeutungslosen Ritual werden. Wenn wir blindlings unser persönliches Wohlbefinden verfolgen, fangen wir an, das Recht auch der übrigen Menschen auf Ganzheit zu bestreiten. Der nächste Schritt sollte darin bestehen, daß wir den eben erwähnten Führerschein zu einem Ausflug über die Grenzen unseres persönlichen Wohlbefindens hinaus benutzen. Im nächsten Schritt sollten wir unsere spirituelle Praxis und die Gesundung dem Wohl anderer weihen. Im nächsten Schritt sollten wir das tote, trockene Gehölz des Leidens und der Gier rings um uns – das die Möglichkeiten der Neugeburt, der Erneuerung und der Vielfalt zu ersticken droht – mit der Fackel unserer persönlichen Revolution in Brand setzen.

Ihr neuer Führerschein bringt auch neue Verantwortungen mit sich. Sie sind auch für das Wohlergehen anderer Menschen auf der Straße des Lebens verantwortlich. Es genügt nicht länger, die übrigen Verkehrsteilnehmer nicht zu verletzen. Untätigkeit und ein ausschließlich auf die eigenen Geschäfte gerichteter Blick sind ebenso strafbar wie eine vorsätzliche Verletzung. Zeuge eines Verkehrsunfalls zu werden und nicht helfen ist genauso schlimm, wie einen Unfall zu verursachen.

Können wir uns denn stumm und in Sicherheit mit unserer persönlichen Gesundung zufriedengeben, während der ganze Planet mitsamt seinen Lebensformen, die sich nicht von uns unterscheiden, aufgrund von Überzeugungen ausgeplündert und ausgeschlachtet wird, die der Leugnung unserer eigenen Natur entspringen? Können wir unseren Blick abwenden, während dieselben Krankheiten des dualistischen Denkens, die uns persönlich befallen haben, in den furchtbaren Rüstungen der Gier, des Krieges und der Not den ganzen Globus verheeren? Alles Leiden, alle Gewalt haben ihren Ursprung in derselben menschlichen Krankheit der Leugnung. All dieses Leid wird durch Menschen verursacht, die leugnen, daß sie dasselbe sind wie der Planet und andere Menschen. Bei uns wirkte sich die Krankheit als Alkoholismus, Abhängigkeit und Zwang aus. Bei anderen wirkt sie sich in der Form von Ausbeutung und gedankenloser Verschwendung der Natur und ihrer Mitgeschöpfe aus. Der ganze Planet bedarf der Gesundung, und es ist verzweifelt dringend. In keiner Epoche der Geschichte war die Not so groß, waren die Zeichen so deutlich.

In früheren Zeiten konnte der Planet sich selbst heilen und von den Auswirkungen der menschlichen Krankheit gesunden. Aber diesmal verursachen wir einen nicht wiedergutzumachenden Schaden an der Welt, die uns das Leben gab, weitgehend in derselben Weise, wie wir unsere Körper durch unsere Krankheiten und unsere Leugnung geschädigt haben. Der Planet mit den übrigen Lebewesen der Ökosphäre ist unser größerer Körper und unser größeres Selbst. Wenn es einen Gott gibt, ein wahres Selbst oder eine höhere Macht, brauchen wir nicht weiter zu schauen als bis auf den Boden unter unseren Füßen oder auf den Himmel über uns, um Anzeichen dafür zu erblicken.

Es gibt kein persönliches Selbst zu retten. Es gibt nichts zu retten, wenn wir nicht auch die Welt retten, die unser Selbst geschaffen und hervorgebracht hat. Wir sind winzige Partikel des Selbst-Bewußtseins der Welt. Indem wir uns unseres eigenen Leidens bewußt werden, wird uns auch das Leiden dieser Welt bewußt, und wir identifizieren uns voll und ganz mit ihr. Uns selbst zu retten und die Welt zu retten wird zu ein und derselben Sache.

Wenn wir winzige Partikel des Selbst-Bewußtseins der Welt sind, hat die Erde auch Krankheiten. »Die Erde hat eine Haut, und die Haut hat Krankheiten. Eine davon heißt der Mensch«, sagte Nietzsche. Die Welt selbst steckt in einer tiefen Leugnung ihrer Trennung in die Menschheit auf der einen und alles übrige auf der anderen Seite. Ebenso wie wir an unserer Leugnung und unserer Krankheit fast gestorben wären, nähert sich auch die Welt mit Riesenschritten einer Zeit der Abrechnung. Es ist beinahe schon zu spät. Die Welt hat nicht ihre Leber durch Alkohol geschädigt, aber sie hat ihre Ozonschicht durch ihre Menschen verletzt. Sie hat nicht durch ihren Zwang ihr Haus, ihre Arbeit und ihre Familie verloren, aber sie ist durch den mörderischen Appetit ihrer Krankheit – der Menschheit – im Begriff, ihre Regenwaldlungen zugrunde zu richten. Sie wird nicht durch ihre vielen Charakterfehler überwältigt, aber sie wird durch zahllose hungrige Mäuler nahezu aufgefressen. Sie hat nicht ihre Selbstachtung verloren, aber sie verliert rapide ihre Wale, Delphine und zahllose andere Lebensformen.

In dem Maß, in dem wir uns unseres wahren Wesens und unseres Lebenszwecks bewußt werden, erkennen wir, daß wir weder von den übrigen Lebewesen noch vom ganzen Planeten getrennt sind. Unser Erwachen und Gesunden ist nicht länger unsere Privatangelegenheit. In Wirklichkeit sind wir ein winziges Stückchen dieser Welt, die aufwacht und sagt: »Mein Gott, was habe ich mir angetan?« Die eigentliche

Aufgabe von uns Menschen ist es, unsere wahre Natur wiederzuerlangen, frei von Konditionierung und einem »Kleinen Ich«. Alles übrige ist Haarspalterei und eine Methode, die Zeit totzuschlagen. Sie glauben vielleicht, es stünde Ihnen frei, dieses Spiel des Leidens und Erwachens zu spielen. Sie irren sich. Sie hatten nie eine andere Wahl.

Sie sind die Welt, und es ist Ihre Pflicht, aufzuwachen, bevor es zu spät ist und das Haus, für das wir unser Leben halten, lichterloh rings um uns brennt. Sie waren stets verpflichtet, gesund und zu einem wahren Menschen zu werden. Das ist Ihre Bestimmung, so sicher, wie Eichen Eicheln tragen und Vögel fliegen müssen. Auch Menschen blühen. Sie blühen und erfüllen ihre wahre Natur, wenn sie aufwachen und ihr ewiges, unveränderliches Selbst wiederentdecken, das sich nicht von dieser Welt unterscheidet. Ihr kleines Selbst ist eine vorübergehende Erscheinung. Das Ich, das Sie für Ihr Selbst halten, wird sterben. Was wird übrigbleiben? Wenn Sie dabei sind, Ihr wahres Selbst zu erlangen und Ihre Arbeit zu tun, wissen Sie es schon.

Wenn wir blühen, legen wir unsere Leugnung unseres Lebens und Sterbens ab und versuchen nicht länger – in unserer verrückten Illusion der Wichtigkeit –, der Welt unsere Richtung aufzuzwingen. Wenn wir nicht blühen oder uns für unsere wirkliche Aufgabe öffnen, verurteilen wir auch die Welt zum Tod. Wie lange werden wir diesen Wahnsinn noch fortsetzen?

Wir als integraler Teil der Welt sind sowohl das Problem als auch die Lösung. Die Sprunglatte in diesem Hindernislauf der Gesundung und des Erwachens wurde erschreckend hoch gesteckt. Wir haben nicht länger die Wahl. Wir können nicht länger vorgeben, daß die Welt und wir selbst verschiedene

Naturen und Schicksale hätten. Wir können nicht länger in der Illusion verharren, unsere Gesundung und unser spirituelles Erwachen sei allein unsere Sache. Diese Dinge sind Symptome einer Welt, die versucht, sich selbst zu heilen und ihr Gleichgewicht wiederherzustellen. Individuell gesehen, stehen wir – als Teile der Welt – vor dem Aufwachen. Kollektiv gesehen, beginnen wir den globalen Gesundungsprozeß. Unsere Zwangskrankheiten waren nur eines der Symptome der Leugnung der Welt. Die übrigen Symptome kennen Sie nur allzu gut. Sie brauchen lediglich die Nachrichten einzuschalten. Die Welt wälzt sich in ihrem Bett herum und versucht, aus dem Alptraum ihrer Krankheit zu erwachen. Es mag vielleicht so aussehen, als würden Haß, Gewalt, Gier und Verletzungen der Ökosphäre den Sieg davontragen, aber wir müssen unsere eigene Gesundung als hoffnungsvolles Zeichen dafür nehmen, daß die Welt hier und dort ihre Augen öffnet und sich ihre Machtlosigkeit in dieser Sache eingesteht. Die Zuckungen der Erde, die wir heute miterleben, sind vielleicht nicht mehr als das Sichumwenden und -herumwerfen der Welt in ihrem Bett, in dem Bemühen, aus ihrem peinvollen Schlaf aufzuwachen.

Wessen Gesundung ist dies? Wenn wir sie für unsere eigene – und nur unsere eigene – halten, dann bezahlen wir nicht den Preis für unser Wohlergehen, und es wird uns wieder genommen werden. Wir müssen uns auf diese Welt einlassen und uns die Hände schmutzig machen, oder wir erlangen nie ein ausgeglichenes Karma oder Gesundheit. Wir sind uns selbst und dem Universum gegenüber verpflichtet, gesund zu werden und zu lernen, in der Erkenntnis unserer wahren Natur zu blühen. Gleich im Anschluß an die große Aufgabe, wirkliche Menschen zu werden, haben wir die Pflicht, die Botschaft an alle Menschen weiterzugeben. Das ist kein Altruismus und auch keine Nächstenliebe oder Höflichkeit. Und es ist kein freiwilliges Programm. Wir haben uns dazu entschlossen, als Menschen geboren zu werden. Dies ist unsere Aufgabe, und wir werden sie ausführen, oder wir verwirken sämtliche Chancen zu einem wirklichen Leben und wahrer Erfüllung. Alles, was wir erleiden mögen, rührt nur von unserer Leugnung dieses unausweichlichen Gesetzes her. Wir werden unser Einssein mit den anderen Lebewesen, mit diesem Planeten und dem Universum erkennen. Dann werden wir ihnen allen helfen, ihre Leiden zu erleichtern. Unsere Arbeit wird nicht eher getan sein, als bis das ganze Universum erwacht und heil ist.

Dadurch, daß sie diese einfachen Anweisungen nicht befolgte, hat die Welt sich selbst einen Haufen Schwierigkeiten bereitet. Sie als Repräsentant des Vermögens der Welt, sich selbst zu heilen, wurden in diesem Endkampf ums Überleben rekrutiert. Ihre einzigen Waffen sind Liebe, Mitleid und Achtsamkeit. Alles andere verstärkt nur die Mächte, die Leiden verursachen. Lassen Sie sich von dieser Beschreibung Ihrer Aufgaben nicht einschüchtern. Sie selbst haben es die ganze Zeit über geahnt. Stellen Sie sich das nur einmal vor! Wo wir uns zuvor nicht einmal als wert fanden, bemitleidet zu werden, sind wir jetzt aufgefordert, die Welt zu retten. Welch eine Ehre! Kein Wunder, daß uns unsere Rolle im Leben bis heute verwirrt hat! Wir fühlten uns am falschen Platz. Für Menschen, die das Leiden der Welt am eigenen Leib gespürt haben, ist in einer Welt der Gier und des Hasses kein Platz. Man kann sich nicht einer Welt zugehörig fühlen, die mit demselben Leugnen infiziert ist, das uns zerrissen hat.

Jetzt können Sie durch die Augen der Welt hinausschauen

und den übrigen Teil von Ihnen selbst in unaussprechlichem Schmerz und Zorn erblicken. In selbstsüchtiger Gelassenheit zu verharren käme einem Selbstmord gleich. Der Glaube, nur unser eigenes, wahres Selbst müsse gesunden, hieße, sich am Betrug mit spirituellen Taschenspielertricks zu beteiligen. Wenn Gesundung und Erwachen Sie nicht zu Taten bewegen, können Sie sich darauf verlassen, daß es nicht Ihr wahres Selbst ist, zu dem Sie gefunden haben – nur weitere Leugnung und Illusion, nur ein weiterer gesellschaftlich akzeptierter Ausdruck Ihrer alten Krankheit.

Man erzählt sich eine Geschichte über den Zen-Meister Pai-chang Huai-hai (japanisch Hyakujo Ekai; 720–814), der noch mit achtzig Jahren gemeinsam mit seinen Schülern Holz hackte, Wasser holte und all die für den Unterhalt des Klosters nötigen Arbeiten verrichtete. Seine Schüler, die sich Sorgen um seine Gesundheit machten, versteckten seine Arbeitsgeräte. Sie wußten, daß er freiwillig niemals zu arbeiten aufgehört hätte. Pai-chang weigerte sich an diesem Tag sowie an den darauffolgenden Tagen zu essen. Seine Schüler glaubten, er sei böse auf sie, weil sie seine Werkzeuge versteckt hatten, und holten sie wieder hervor. Der Zen-Meister fing wieder an zu arbeiten – und zu essen. In seinem Dharma-Gespräch an jenem Abend sagte er: »Ein Tag ohne Arbeit ist ein Tag ohne Essen.« Auch die Sufis sagen: »Du kannst dich einmal ausruhen, aber du kannst niemals einen Tag freimachen.«

Pai-changs Lehren wurden zu Grundsätzen des Zen. Zen ist keine Religion, die auf ein »Jenseits« hinweist. Zen deutet immer unmittelbar auf unsere reale Situation hier und jetzt. Die meisten Zen-Lehrer betonen die Wichtigkeit der alltäglichen Aufgaben und drängen uns, spirituelle Erfüllung in einfachen

Tätigkeiten wie Saubermachen, der Zubereitung der Mahlzeiten und der Pflege unseres Werkzeuges zu finden. In einem Zen-Center las ich in der Küche folgenden Spruch: »Auch Zen-Meister spülen ihre eigenen Teller.«

Diese Zen-Ethik, die niedrigsten Aufgaben mit höchster Spiritualität gleichzusetzen, ist kein eigenwilliger Zug oder eine Romantisierung der gewöhnlichen Arbeit. Sie stimmt vollkommen mit den Gesetzen der Welt überein. So etwas wie eine kostenlose Mahlzeit gibt es nicht. Wir alle sind persönlich für das verantwortlich, was wir verschmutzt haben, und wir müssen es auch reinigen – in der Küche wie auch in unserem Leben. Oder in der Welt, wenn wir schon einmal dabei sind.

Wir sind gleichermaßen für die Schaffung von Schönheit und von Erlösung verantwortlich. Die größte Erfüllung des Zen liegt auf der Hand. Spirituelle Erleuchtung und unsere vollständige Gesundung sind nichts weiter als der nächste mitleidsvolle Gedanke oder Akt. Alle Dinge bestehen aus demselben Urstoff, und sie sind gleichermaßen heilig und unserer Aufmerksamkeit wert. Friedrich Nietzsche sagte einmal, Buddha habe in einer Höhle meditiert und, als er starb, nur seinen Schatten hinterlassen. Danach verehrten die Menschen generationenlang seinen Schatten. Nietzsche sagte, wir müßten auch diesen Schatten zerstören, bevor wir wirklich frei werden können. Wir müssen unsere Aufmerksamkeit von den Schatten und Geistern der Lehrer und ihrer Doktrinen abwenden und statt dessen auf das schauen, wohin sie unseren Blick lenken wollten: nur auf diese gegenwärtige Realität. Der Finger ist nicht der Mond. Wenn wir einen Teil unserer Erfahrungen über die übrigen erheben, erniedrigen wir den Rest unseres Lebens. Statt Statuen des Buddha und der übrigen Erlöser auf Altäre zu stellen, sollten wir versuchen, die ganze Bühne unseres Lebens als heiligen Grund zu betrachten, auf dem nur Wesen von gottgleicher Anmut und Schönheit wandeln.

Dies ist unser Tempel und unsere Kirche. Genau dieser Ort ist unsere Universität und unsere Notaufnahme. Diese Welt ist dasselbe wie unsere Himmel und unsere Höllen, unsere Nirwanas und unsere Samsaras. Es liegt ausschließlich an uns, sie ans Funktionieren zu bringen. Die Arbeit, anderen zu helfen und zur Gesundung des Planeten beizutragen, wird zu einem Akt der Anbetung und der Achtsamkeit, den wir, von tiefer Ehrfurcht gegenüber der allen Dingen innewohnenden Heiligkeit erfüllt, ausführen. Stewart Brand, der Gründer des *Whole Earth Catalog,* schrieb in der Vorbemerkung zum Katalog: »Wir sind wie Götter und könnten wenigstens gut darin werden.« Als Teile des größeren Ganzen sind wir in unserem Potential zu erwachen – und in unserer Fähigkeit zur Zerstörung – in der Tat wie Götter. Aber wir können unser göttliches Erbe erst antreten, wenn wir erkennen, daß wir erbärmliche Karikaturen von Menschen sind und besser gut darin würden, unsere wahre menschliche Natur zu erkennen.

Damit der Planet gesundet, müssen wir wirkliche Menschen werden, die ihre gottgleichen Kräfte auf mitleidsvolle Weise anwenden. Wir können nur gottgleich werden, wenn wir nicht länger leugnen, daß wir eins mit all unseren Erfahrungen sind. In dem Maß, in dem wir unsere Leugnung unserer wahren Identität ablegen, beschleunigt sich unsere Gesundung. Jedes Erwachen, das wir erleben, und jede Gelassenheit, die wir erlangen, sind wie der Genuß der Früchte des Universums. Wir essen zum ersten Mal in unserem Leben richtige Nahrung. Durch unsere Krankheiten und unser Leugnen halb verhungert, kennen wir jetzt die wirkliche Quelle unseres Unterhalts und unserer Nahrung.

So etwas wie eine kostenlose Mahlzeit gibt es nicht. Das Wohlbefinden, das wir der Gesundung und der spirituellen Praxis verdanken, ist kein verbrieftes Recht. Es ist ein Privileg und mit einer großen Verantwortung verbunden. Wir müssen für diese wundervolle Mahlzeit, die unsere wahre Natur für uns vorbereitet hat, bezahlen. Wir müssen sie fortschenken, damit unsere Erholung von der spirituellen Unterernährung fortschreiten kann. Die Rechnung wird uns jeden Tag und jeden Augenblick vorgelegt.

Ein Tag ohne Arbeit ist ein Tag ohne Essen. Wie können wir arbeiten, um die Rechnung für unsere Gesundung zu bezahlen? Wir können damit anfangen, daß wir unsere Gesundung mit anderen teilen, die unter ähnlichen Krankheiten wie wir leiden. Wir können diese Teilung ausweiten, indem wir Mitleid mit allen anderen Menschen empfinden, die unter dem gespaltenen Zustand des Menschseins leiden. Und wir können unsere Gesundung und unser Erwachen mit der Gesundung und dem Erwachen der ganzen Welt, der Menschen auf ihr, der Tiere, der Wälder und der Elemente verknüpfen. Dies sind die Dinge, die uns Leben und Form verleihen. Und dies sind auch die Dinge, die Verletzungen bei uns hervorrufen, wenn sie verletzt wurden.

Wir können dem Universum unsere Schulden zurückzahlen und unsere Arbeit tun, indem wir uns bewußtmachen, daß wir ein kleiner Teil der Welt sind, der versucht, gesund zu werden. In diesem neuen Bewußtseinszustand können wir uns bemühen, unseren Anteil an der Schädigung der Welt zu vermindern. Wenn wir in unserer Gesundung und spirituellen Praxis geübter werden, müssen wir einen ähnlichen

Standpunkt wie damals gegenüber unserer Krankheit einnehmen. Wir können nicht länger trinken, Drogen nehmen oder uns zwanghaft verhalten. Entsprechend können wir nicht länger an den Gelagen einer Welt teilnehmen, die ihre Einheit leugnet. Wir können in bescheidenerem Umfang vorgehen, indem wir uns weigern, Produkte zu benutzen, die der Erde Schaden zufügen, oder indem wir furchtlos Vorstellungen von uns weisen, die der Leugnung Vorschub leisten und die menschliche Illusion der Gottartigkeit verstärken. Und wir können es im großen Stil tun, indem wir uns Organisationen anschließen, die das wahre Selbst des Planeten ins Gleichgewicht bringen und heilen wollen. Wir haben bereits unsere persönliche Lebensweise positiv geändert. Sobald wir die dringende Erfordernis einer globalen Gesundung erkannt haben, werden wir nicht zögern, weitere Änderungen in unseren Einstellungen und in unserer Vorgehensweise vorzunehmen.

Hier haben wir eine neue Herausforderung zur Gesundung und zur spirituellen Praxis. Diejenigen von uns, die bereits mit diesen Dingen befaßt sind, müssen die unerschrockenen Leiter und Pioniere an dieser Front des menschlichen Bewußtseins und Schicksals sein. Wir haben wirklich keine Wahl. Wenn wir unsere persönliche Heilung fortsetzen wollen, müssen wir sie mit der Heilung des ganzen Universums verknüpfen. Wir sind der Ausdruck des Leidens der Welt, und wir sind auch ihre Hoffnung. Wofür werden wir uns entscheiden?

Um wessen Gesundung geht es? Um Ihre und nur Ihre? Wenn Sie antworten, Sie seien nicht mehr und nicht weniger als diese Welt, dann haben Sie wirklich eine Gesundung hinter sich gebracht, und Sie sind berechtigt, am Bankett dieser

Welt teilzunehmen. Ein Tag ohne Arbeit ist ein Tag ohne Essen. Wenn Sie bereit sind, sich die Hände schmutzig zu machen und an der Beendigung des Leidens und der Leugnung zu arbeiten, werden Sie niemals mehr nach Einheit, Gelassenheit und einem Sinn im Leben dürsten. Sie sind die Welt, und Sie sind im Begriff aufzuwachen. Hören Sie jetzt nicht auf. Zeit, an die Arbeit zu gehen.

# Herumsitzen, nichts tun und auf den Boden schauen

## Die spirituellen Techniken der Meditation

Hier ist das praktische Kapitel. Ein großer Teil dieses Buchs handelte vom »Weshalb« der Zen-Praxis. Dieser Teil erklärt Ihnen das »Wie«. *Das Zen der Gesundung* handelt eigentlich vom Elften Schritt der Anonymen Alkoholiker, der besagt, daß wir durch Gebet und Meditation versuchten, die bewußte Verbindung mit einer höheren Macht herzustellen. Wie blinde Männer, die einen Elefanten untersuchen, können wir niemals bis ins letzte herausfinden, wie etwas getan werden muß, bis wir es selbst getan haben. Ein Blinder ergriff den Rüssel des Elefanten und sagte, es sei eine Schlange. Ein anderer bekam ein Bein zu packen und sagte, es sei ein Baum. Jeder von uns wird – dem Grad seiner spirituellen Blindheit entsprechend – diesen Schritt auf seine eigene Weise angehen müssen, bis seine spirituelle Sicht gänzlich wiederhergestellt ist und er voll und ganz begreift, was bewußter Kontakt und höhere Macht in bezug auf unser Leben eigentlich bedeuten.

Dieses Buch ist voller Finger, die auf den Mond deuten, voller zufälliger Schnappschüsse und unbeholfener Versuche, die unbeschreibliche Geistesqualität zu beschreiben, die für diesen Schritt Voraussetzung ist. Ich kann sie weder genau beschreiben noch in Geschenkpapier einpacken, um sie Ihnen vollständig und verständlich zu überreichen. Ich kann Ihnen nur Hinweise geben und Sie inständig bitten, zu glauben, daß Sie es auf Ihre eigene Art tun können und daß Sie es in der Tat bereits tun.

Chögyam Trungpa – der verstorbene tibetische Lama mit dem Ehrentitel »Rinpoche« (»Außerordentlich Kostbarer«) – sagte, viele Menschen im Westen würden sich dieser Arbeit nähern, als wären sie in einem spirituellen Supermarkt: dies in den Wagen packen, das andere ins Regal zurückstellen, nach Sonderangeboten oder leichten Rezepten für Glück und hübsch verpackten Lehrern oder Gurus Ausschau halten. In der einen Woche ist es Zen, in der nächsten christliche Mystik oder Rückführungen. Tatsächlich sind die große Auswahl und die Moden in spirituellen Dingen, darunter das Zwölf-Schritte-Programm, alarmierend. Man kann nur hoffen, daß wir aus der Spiritualität nicht nur einen weiteren Konsumartikel machen, der ausgelutscht und ausgespuckt wird, wenn er uns langweilt oder »out« ist, und über den wir wie über ein exotisches Statussymbol sprechen. Man schaudert, wenn man es sich nur vorstellt: Meditationskissen von Gucci, Gebetsperlen aus massivem Gold von Rolex oder auch nur *Zwölf Schritte und Zwölf Traditionen* als Klassikerausgabe mit Lederrücken und mit Goldschnitt. Chögyam Trungpa nannte das »spirituellen Materialismus«. Diese Bezeichnung paßt auch auf Stolz auf spirituelle Fortschritte – ein Widerspruch in sich selbst, der mit Sicherheit zurück auf den Weg des Leidens führt. Das sind ein paar der Fallen, vor denen man sich hüten muß, wenn man diesen Weg beschritten hat und auf dem Markt nach einer höheren Macht und einer Methode Ausschau hält, um spirituellen Kontakt mit ihr herzustellen. *Caveat emptor.* Hüte dich, Käufer.

Der Vorteil der Vermarktung des Spirituellen im Westen liegt

in der Demokratisierung, darin, daß wir heute Zugang zu früher schwer erhältlichen oder sogar geheimen Lehren haben. In keiner anderen geschichtlichen Epoche war die spirituelle Auswahl so groß. Moderne Verkehrsmittel und Medien haben uralte Weisheitstraditionen im ganzen globalen Dorf verbreitet. Wo wir einst, ohne es zu wissen, an die Grenzen unserer Kultur oder Religion gebunden waren, steht es uns jetzt frei, auf eigene Verantwortung Reisen durch diese verwirrende Vielfalt zu unternehmen. Wir können uns nicht länger mit Unwissenheit oder weiten Entfernungen dafür entschuldigen, daß wir an unseren alten Methoden festhalten. Die Priester, Rabbis, Pastoren, Gurus und sogar Zen-Meister, die uns die Verantwortung für unsere Seele und unser Karma abnahmen, haben sie in unsere Hände zurückgelegt. Sie können nicht länger ein spirituelles Monopol für sich beanspruchen, ohne sich lächerlich zu machen. Die Entscheidung, ob wir uns auf den spirituellen Markt begeben und nach Produkten der Einheit Ausschau halten oder, ohne nachzudenken, Wucherpreise für geschickt präsentierte und verführerisch angepriesene Versprechen rascher Erfolge bezahlen, liegt bei uns.

Wie bereits erwähnt, sagte Buddha, man solle seine und alle übrigen Lehren prüfen wie Münzen, mit denen jemand seine Schulden bei uns zurückzahlen will. Wenn die Lehre bei Ihnen erfolgreich ist, folgen Sie ihr und versuchen Sie, dabei zu bleiben, damit der Erfolg vollständig ist. Unsere Aufmerksamkeitsspanne ist durch das Fernsehen und die Schnellebigkeit der modernen Zeit erschreckend verkürzt worden. Für welche spirituelle Tradition auch immer Sie sich entscheiden, folgen Sie ihr von ganzem Herzen, und wenn Sie auch nur jeden Morgen niederknien. Versuchen Sie, es täglich zu tun.

Es gibt keine raschen Heilungen für unsere Krankheiten, die so lange gebraucht haben, um sich zu entwickeln. Man sagt bei den Meetings, seinen vor-aktiven Zustand zu erreichen würde so lange dauern, wie man getrunken, Drogen genommen oder was auch immer getan hat. Ich weiß nicht, ob diese Formel in allen Fällen gültig ist, aber sie birgt viel Weisheit für uns in der Gesundung, die wir an eine so rasche Befriedigung unserer Wünsche gewöhnt waren.

Ebenso wichtig ist, daß Sie sich selbst nicht unter Druck setzen. Denken Sie daran, wenn man entspannt ist, geht alles wie von selbst. Wenn Sie einen Fehltritt tun – und das wird nicht ausbleiben –, fangen Sie einfach noch einmal von vorn an. Es ist wie das Programm. Ich wünsche jedem, daß er nach einem Ausrutscher an den Anfang zurückkehrt und seine Bemühungen um Gesundung wiederaufnimmt. Wir kennen die Alternativen nur allzugut.

An anderen Stellen haben wir über das spirituelle Selbstvertrauen gesprochen. Sowohl Lehrer als auch Lehren haben ihre Grenzen und können versagen. Machen Sie keine Götter aus ihnen, und erwarten Sie keine Bestätigung von ihnen. Jeder starke, unkritische Glaube wird Ihnen einen Haufen Schwierigkeiten bereiten. An einem Ende des Spektrums können wir die aufgetriebenen Leichen der Anhänger von Jim Jones in der heißen Sonne Guyanas sehen. Am anderen Ende sehen wir die Person, die sich wieder dem Fortschreiten ihrer Krankheit überlassen hat, weil das Programm bei ihr »versagte«. Beide Wege – der totale, fraglose Glaube oder der zerstörte Glaube – führen zu einem körperlichen oder spirituellen Verfall und Tod.

Vertrauen Sie sich selbst, und prüfen Sie das Ergebnis wie Münzen. Akzeptieren Sie nichts und niemanden als absolute

Autorität auf einem Gebiet, auf dem Sie selbst sich so gut auskennen. Sie werden niemals enttäuscht und zumindest nicht verletzt werden. Sie werden bald lernen, die Spreu vom Weizen und das echte Gold vom Talmi zu unterscheiden. Sie haben bei Ihrem Eintritt in die Gesundung einen zu hohen Preis bezahlt, um sich wieder den Launen einer süchtig machenden Substanz oder eines Zwangs zu überlassen.

Als ich ein Neuling in der Gesundung war, hörte ich häufig falsch informierte Leute recht ernst und überzeugend sagen, wenn ich nicht allmorgendlich auf die Knie sänke und zu Gott betete, würde ich zu meinen Krankheiten zurückkehren. Ich hörte höflich zu und fuhr mit meinen Meditationen zu Hause fort – ohne Gebete und eine konventionelle höhere Macht. Ich wußte aus meiner Lektüre der AA-Literatur, daß kein spezielles Glaubensbekenntnis nötig war. Das Programm war so aufgebaut, daß alle Glaubenssysteme und sogar fehlender Glaube berücksichtigt wurden.

Ich fragte Linc, einen unserer älteren Zen-Lehrer, nach dem Wert dieser Bemerkungen über Gott, Gebete, den Kniefall und so weiter. Er lachte und stellte mir die Gegenfrage: »Glauben Sie, daß das besser oder anders ist?« Er wies mich darauf hin, daß ich beim Meditieren noch tiefer zu Boden ging als jemand, der kniete – nämlich auf den Hintern. In unserer Zen-Schule führen wir jeden Morgen 108 Fußfälle aus, bei denen wir den Boden mit der Stirn berühren, die Handflächen nach oben gedreht. Was könnte demütiger sein und deutlicher zeigen, daß man seinen Willen einer Macht unterworfen hat, die größer ist als man selbst, und seine eigene Machtlosigkeit erkannt hat? Was das Beten betrifft, so hatte ich bereits täglich Zen-Sprechgesänge und Mantras gesprochen, wenn auch der Zweck dieser Übungen sich gewaltig von dem der traditionellen, christlichen Bittgebete unterscheidet. Wenn wir singen, sollen wir nur singen und eins mit dem Klang und dem Prozeß werden, um die Wurzel unseres Denkens abschneiden und dadurch in den zeitlosen Augenblick eintreten zu können.

»In die Knie gehen oder sich auf den Hintern setzen, singen oder beten – sind sie dasselbe oder verschieden?« fragte ich mich. Im Zen-Buddhismus fehlt auch jedes Konzept eines persönlichen Gottes oder eines von der Schöpfung getrennten Schöpfers. In ihm sind alle Dinge heilig, und der Augenblick ist eine ewige und »göttliche« Gegenwart. Meiner Meinung nach käme dem die Vorstellung unseres wahren Wesens am nächsten, die Buddha-Natur, die existiert, bevor die Unterscheidung und der denkende Verstand auftreten.

Man kann leicht nachweisen, daß die Sicht des Buddhismus als antimaterialistische und weltverneinende Philosophie jeder Grundlage entbehrt. Der Buddhismus verleugnet weder die Welt, noch verspricht er Belohnung in einem spirituellen Himmel der Zukunft. Er betont vielmehr das Göttliche im Weltlichen und spricht allen Wesen und Dingen spirituelle Eigenschaften zu. Alles, was wir kennen können, ist *diese* Welt. Man belehrt uns darüber, daß diese Welt und das Nirwana – das buddhistische Jenseits – ein und dasselbe sind und daß nur unser Denken uns für diese Tatsache blind macht. Man weist uns an, alle Lebewesen und Dinge freundlich und als nicht von uns verschieden zu behandeln. Ausbeutung und Herabwürdigungen sind nicht erlaubt. Diese einzigartige Synthese aus dem Spirituellen und dem Materiellen macht den Zen-Buddhismus zu einem außerordentlich pragmatischen und direkt anwendbaren Instrument.

Ich weiß, daß Juden, Atheisten, Moslems, Buddhisten und

die Anhänger vieler anderer Glaubensrichtungen durch das Vorwiegen christlichen Gedankenguts bei einigen Meetings und Mitgliedern belästigt wurden. In der Regel wurden Kompromisse geschlossen, mit denen die meisten Mitglieder zufrieden waren und gesunden konnten, aber leider gab es einige, die fort- und wieder in ihre Krankheit getrieben wurden, weil sie das Knien als eine Gebärde betrachten, die für die Gesundung unverzichtbar ist.

Die christliche Tradition ist nur eine Möglichkeit des bewußten Kontakts. Sie stellt einen ausgezeichneten und mitleidigen Weg dar, wie man bei den vielen Millionen sehen kann, die sich dafür entschieden haben, und wie ich anhand meiner vielen christlichen Freunde und Lehrer feststellen kann, die sämtlich die besten Eigenschaften von Jesus und Buddha in sich vereinigen. Aber es ist immer noch ein Weg. Bill W. bestand auf der spirituellen statt der religiösen Betonung im Programm. Er sagte, als er buddhistische Mönche in Asien nach ihrem Eindruck vom Zwölf-Schritte-Programm gefragt habe, hätten sie nur einen Einwand geäußert: Sie würden das Wort »Gott« durch »gut« ersetzt haben. Kein einzelner Weg ist *der* Weg. Alle Wege führen zum selben Zuhause zurück.

Ich schaue mich in meinem Arbeitszimmer um, und mein Blick fällt auf eine große und viele kleinere Buddhastatuen, eine Jesusbüste, eine Statue der Jungfrau Maria, eine zeremonielle Pfeife der Sioux, komplett mit Büffelhaaren und einer Adlerfeder, ein gerahmtes Bild von Dr. Strange, ein christlicher Haussegen, ein Bild von Yoda, dem Jedi-Meister aus *Star Wars,* Zen-Kalligraphien, ein jüdisches Dreidel und eine Menora, nepalesische Göttermasken, ein Bild von Elvis, ein Gebet um Gelassenheit, ein ägyptischer Skarabäus, eine Collage von Bob Dobbs, ein hawaiischer Lavagott und vieles weitere,

das sich nicht beschreiben läßt. Es fehlt nur noch der Kaffee-
becher von Bill W.

Bin ich ein Häretiker? Bin ich verrückt? Besessen? Polythei-
stisch statt zivilisiert-monotheistisch? Bin ich einer von jenen
Lehrern, die alles in einen Topf werfen, in dem Bemühen,
eine universale Weisheitssuppe zu kochen, und doch nur ein
fades Gebräu erzeugen, das nicht sättigt? Oder bin ich nur ein
zwangskranker Mensch, der sich an den vielen Facetten Gottes und seiner wahren Natur erfreut? Ich halte mich gern für
letzteres.

Viele Menschen sind verwundert, und ihr feiner Geschmack
lehnt sich auf, wenn sie diese kunterbunte Ansammlung von
Flohmarktgöttern und Museumstand erblicken. Niemand
sonst wollte sie haben. Ich habe ihnen ein Heim gegeben. Ich
könnte sie leicht fortwerfen, wenn sie einen zu großen Platz
in meinem Herzen einnähmen. Ich bin *ihre* höhere Macht.

Einige meiner buddhistischen Freunde finden es amüsant,
und ich vermute, sie haben recht, aber das Programm hat mir
die Gabe einer uneingeschränkten Akzeptanz und einer weiten Sicht geschenkt, die sämtliche Möglichkeiten und die
ganze verwirrende Palette der menschlichen Glaubensvorstellungen umfaßt. Wenn Gott Gott ist und buchstäblich alles
vermag, dann muß er oder sie überall und alles sowie auch
nirgendwo und nicht sein können; er oder sie muß dieses
Universum zur selben Zeit ausfüllen können, während es leer
ist; er oder sie muß für jedermann sichtbar sein, der sich aus-
reichend demütigt, und sich zugleich hinter jeder Maske verstecken können.

Ich benenne meine höhere Macht überhaupt nicht. Meine
Sammlung von Billigladen-Bodhisattvas und Heilsarmee-
Heilanden gemahnt mich daran, daß ich – wenn ich meine

höhere Macht benenne – bereits tot und erstarrt bin, unfähig, mit der sich ständig verändernden und flüchtigen Welt zu fließen. Der Gott, der benannt werden kann, ist nicht Gott.

Aus demselben Grund schätze ich die ungeheure Vielfalt der Meinungen in den Zwölf-Schritte-Programmen. Mein Sicherheitsnetz ist aus vielen Menschen und vielen Vorstellungen über höhere Mächte geknüpft. Ich glaube an sie alle, und ich sehe mein wahres Selbst von allen Seiten widergespiegelt, ebenso, wie meine Sammlung von Gelegenheitsgottheiten mich beim Schreiben umgibt. Sie scheinen alle zu wirken. Schließlich sind sie auch alle aus demselben Material gemacht. Ebenso wie wir Menschen.

Ich habe über dieses heikle Thema nachgedacht und meditiert und bin zu einigen wenigen Schlüssen und Erkenntnissen gelangt. Der erste ist, daß es überhaupt keine Bedeutung hat, welche Art von spiritueller Praxis wir in der Gesundung ausüben. Ich glaube, wichtig ist nur, welche Geistesqualität wir durch sie erzeugen. Ob wir auf den Knien beten oder im Sitzen meditieren – meiner Ansicht nach stimmen wir unseren Körper und Geist in das vergessene Lied des Unendlichen, Gottes oder unserer wahren Buddha-Natur ein. Allein die Tatsache, daß wir uns mit unserem kleinen Ich und unseren Vorstellungen ergeben, versetzt uns in einen Seinszustand, in dem wir bereit sind, Gnade, Erleuchtung und Gelassenheit zu empfangen. Unser Ich, das mit sich selbst im Widerstreit liegt, stimmt sich in die Sinfonie aller Dinge ein, und für den Rest des Tages können wir selbstzentriert und in uns selbst ruhend handeln. Wir wissen, daß wir nicht ganz bei uns selbst sind, wenn wir nicht beten oder meditieren. Das liegt daran, daß wir dann wieder versuchen, die Kontrolle zurückzuerlangen und der natürlichen Ordnung der Dinge unsere Vorstellungen aufzuzwingen. Indem wir eine beliebige Form der spirituellen Praxis ausüben, erinnern wir uns vorsätzlich daran, daß wir unsere Illusion der Kontrolle ablegen müssen. Sie sehen also, der Unterschied zwischen den spirituellen oder religiösen Schulen entspricht genau dem Unterschied zwischen medizinischen Behandlungsmethoden oder den Geschmäcken von Nahrungsmitteln. Mensch, sei dir selbst treu.

Ich sprach im letzten Abschnitt davon, daß man bestimmte Geistesqualitäten erzeugen kann. Was genau bedeutet das? Den meisten von uns ist nicht einmal bewußt, daß in unserem Geist unterschiedliche Qualitäten des Bewußtseins herrschen können. Wir nehmen es einfach als selbstverständlich hin, daß wir so sind, wie wir sind, und wir glauben, nichts daran ändern zu können. Wir trainieren den Körper, um unsere Kraft und Ausdauer zu erhöhen, wir üben unseren Intellekt, und wir beherrschen komplexe esoterische Techniken, und dabei übersehen wir vollständig das Werkzeug, das wir benutzen, um diese wundervollen Dinge zu erreichen: unseren Geist. Die meiste Zeit über schweift unsere Aufmerksamkeit müßig umher und verweilt bei jedem beliebigen Gegenstand oder Gedanken.

Wenn wir lernen, zu meditieren und achtsam zu sein, können wir subtilere Aspekte und Ebenen unseres Geistes sehen; wir werden uns unterschiedlicher Echos und Tiefen bewußt. Wir können unsere Aufmerksamkeit wie einen chirurgischen Laser konzentrieren oder ihn wie einen Scheinwerfer fächern, so daß sie ein weiteres Feld umfaßt. Wir bemerken, daß die Qualitäten unserer Aufmerksamkeit wie Scheinwerfer sind, die wir bewußt ausrichten und mit einer vielfältigen Auswahl an getönten Filtern versehen können, um unsere Welt und unsere

Gedanken in beliebige Helligkeits- und Farbschattierungen zu tauchen. Bald werden wir uns nicht nur der unterschiedlichen Qualitäten bewußt, sondern wir können sie gezielt einsetzen, um zu tieferen Einsichten und einer erhöhten Achtsamkeit zu gelangen. Wir sind nicht mit Instruktionshandbüchern um den Hals auf die Welt gekommen, also ist es verständlich, daß wir vergessen haben, wie wir das Instrumentarium unseres Bewußtseins pflegen – und benutzen müssen.

In den zweieinhalbtausend Jahren, seit Buddha sich selbst in ein lebendiges Laboratorium zum Überprüfen dieser Ideen verwandelt hat, wurden sehr einfache Techniken entwickelt, erprobt und vervollkommnet. Viele Menschen sind enttäuscht, wenn sie sehen, wie einfach es ist, zu meditieren. Ich glaube, sie sähen es lieber, wenn diese Technik ebenso unglaublich esoterisch und kompliziert durchzuführen wäre, wie sie teuer gehandelt würde. Sie ist nichts von alledem. Sie ist für uns Menschen ebenso natürlich und lebenswichtig wie für Tiere, sagt Gary Snyder in seinem Buch *The Real Work*. Er nennt sie unser biologisches Geburtsrecht. Und sie gehört zu unseren Pflichten, besonders in diesen gefahrvollen Zeiten, da die bekannte Welt von allen Seiten durch Erzeugnisse und Situationen bedroht wird, die unsere Vernunft hervorgerufen hat. In derselben Weise, wie unser Eintritt in die Gesundung die üblen Folgen unserer aktiven Krankheiten aufgehalten hat, können Meditation und Achtsamkeit der wahnwitzigen Zerstörung des Planeten Einhalt gebieten. Manchmal sieht es hoffnungslos aus, ich weiß. Zen-Meister Seung Sahn sagt, daß der Geist, der wütenden Protest gegen Atomwaffen einlegt, derselbe Geist wie jener ist, der diese Waffen schafft: der zornige Geist, der Wir-gegen-die-anderen-Geist – also ganz und gar nicht der »Wir«-Geist.

Zwar scheint es unmöglich, zu glauben, daß wir die Welt zu einem besseren Ort machen, indem wir selbst besser werden, aber Zen-Meister Seung Sahn sagt, daß, wenn Sie besser werden, Ihre Familie und dann auch Ihr Wohnviertel besser werden. Wenn Ihr Wohnviertel besser wird, werden Ihr Land, der Planet und das Universum besser. Auf diese praktische Weise gesehen, nimmt die Meditation eine dringliche Qualität an. Wir können wie Antikörperchen im verseuchten Blut der Welt werden und sie Schritt für Schritt heilen.

Worin bestehen nun die Techniken der Meditation? Ich werde einfach kurz beschreiben, wie man sich zum Meditieren hinsetzt, obwohl man das am besten bei einem qualifizierten Lehrer lernt. Es gibt auch viele gute Bücher, die Ihnen bei diesen formalen Fragen weiterhelfen können. Einige Titel finden Sie in der Bibliographie aufgelistet.

Als erstes suchen Sie sich ein oder mehrere bequeme Kissen als Sitzunterlagen. Legen Sie die Kissen auf den Boden eines ruhigen Raumes, zünden Sie ein wenig Weihrauch oder Räucherstäbchen an, wenn Sie mögen, und sorgen Sie dafür, daß etwas in der Nähe Sie an Ihre höhere Macht erinnert, zum Beispiel eine Statue, ein Bild, ein Gebet oder ein Spruch, der Ihnen zusagt. Manchmal ist es hilfreich, wenn ich einen Zen-Text oder in der Zwölf-Schritte-Literatur lese, bevor ich anfange.

Ehe Sie sich hinsetzen, führen Sie eine halbe Verbeugung aus der Taille heraus aus, die Hände mit den Innenflächen zusammengelegt, wie im Gebet. Sich zu verbeugen stellt eine ausgezeichnete Form der achtsamen Praxis dar. Es erinnert uns an unsere Stellung in der Welt sowie an die Heiligkeit aller Dinge und Orte. Es ist wie ein Lesezeichen zwischen den

Seiten unseres Lebensbuchs. Sich zu verbeugen ist eine einfache und elegante Art, diesen Augenblick und diesen Ort wahrzunehmen.

Die ordnungsgemäße Zen-Haltung besteht in einem halben Lotussitz. Sie legen das rechte Bein über das andere, so daß beide Knie, wenn möglich, den Boden oder die Matte berühren. Oft sind ein paar Turn- und Dehnübungen vor der Meditation hilfreich. Wenn Sie nicht so sitzen können oder wenn es zu Beginn sehr schmerzhaft für Sie ist, probieren Sie es mit einer anderen Beinhaltung, dem sogenannten indianischen Stil: Die Knie ragen in die Luft, die Knöchel sind darunter gekreuzt. Oder dem burmesischen Stil, bei dem man mit Kissen zwischen den Beinen oder einer kleinen Bank unter dem Gesäß kniet. Falls all diese Methoden zu unbequem oder unmöglich für Sie sind, setzen Sie sich einfach auf einen Stuhl, die Füße auf dem Boden, oder wie auch immer Sie möchten. Sie können Ihren eigenen Stil entwickeln, der speziell auf Ihre Bedürfnisse zugeschnitten ist. Wichtig ist hingegen, daß Sie sich mit einem Lehrer oder einem erfahrenen Meditierer absprechen, um jede mögliche Behinderung auszuschalten und die Übung rein zu erhalten.

Ihr Rücken sollte gerade sein, Ihre Schultern leicht zurückgenommen. Halten Sie den Rücken aber nicht krampfhaft durchgedrückt, sonst werden Sie bald Rückenschmerzen haben, ebenso, wie Sie Kopfschmerzen bekommen, wenn Sie eine Idee zu krampfhaft oder zu lange festhalten. Lernen Sie, Ihre Haltung beizubehalten, ohne den Rücken krumm zu machen, und gerade zu sitzen, ohne sich zu verkrampfen. Wie in der gesamten Zen-Praxis geht es auch hier um das Gleichgewicht oder um den Mittleren Weg, wie der Buddhismus üblicherweise genannt wird. Versuchen Sie, eine entspannte

Straffheit zu erreichen. Ergibt das einen Sinn für Sie? Sie werden es begreifen, wenn Sie es versuchen. Ihr Rückgrat sollte wie eine mit Perlen bestückte Schnur sein, die gerade, aber lose herunterhängt und nachgibt, wenn man sie berührt.

Stärkere Rückenschmerzen sind oft eine Folge einer krummen Haltung beim Meditieren. Sie merken es vielleicht nicht, bis das Unbehagen so stark wird, daß Sie Ihren Sitz instinktiv korrigieren. Ich persönlich sinke in mich zusammen, wenn mein Kopf der Mittelpunkt meines Körpers wird, wenn er sich mit Gedanken füllt, deren Gewicht ihn nach vorn sinken und die Wirbelsäule mit sich ziehen läßt. Dann merke ich, daß ich meine Praxis vergessen und in der Achtsamkeit nachgelassen habe. In solchen Fällen richten Sie sich einfach wieder auf, ohne sich zu überwachen oder zu rügen. Die Schmerzen sollten aufhören.

Die Zen-Haltung selbst scheint – wenn sie richtig ausgeführt wird – das zwanghafte Denken zu verhindern, Sie sehen also, wie wichtig eine gute Haltung ist. »Free your mind and your ass will follow; the Kingdom of heaven is within« (»Mach dein Denken frei, dann wird dein Arsch folgen; das Himmelreich ist in dir«), sang George Clinton mit seiner Band Funkadelic. Die Zen-Haltung ist eine Methode, unser Denken von seiner unablässigen Geschäftigkeit zu befreien, so daß unser Körper ihm in die Stille der Meditation folgt.

Die richtige Haltung wird sowohl Ihr Denken als auch Ihren Körper befreien und die beiden zu gleichberechtigten Partnern in Ihrem Sein machen. Solange sie nicht beide frei sind, ist uns der Zutritt zu unserem inneren Königreich verwehrt, und wir bleiben unter das Joch unserer gewohnten Lebensweise gebeugt.

Außerdem macht das Sitzen von Anfang an unser Denken

und unser Karma wirkungsvoller, und die Übung wird zu einem vollkommenen Instrument zur Einsicht. Manchmal mögen Sie sich wie eine Ratte vorkommen, die durch Ihre hungrigen, unablässigen Gedanken in eine Ecke Ihrer selbst getrieben wurde. Lassen Sie sich dadurch nicht aus der Ruhe bringen oder entmutigen. Wir meditieren, um uns mit den vielen Dingen auseinanderzusetzen, die uns versklaven, und sie zu verstehen. Sie könnten sich auch so vorkommen, als würden Sie eine unfreiwillige, persönliche Inventur mit 78 Umdrehungen pro Minute durchführen. Unsere Gedanken und Meinungen scheinen »aufzudrehen« und drohen uns zu überwältigen. Es ist aber immer so gewesen. Die Meditation macht es nur möglich, daß wir den Prozeß so sehen, wie er wirklich ist, und eine Methode finden, wie wir uns mit ihm befassen können.

Viele Menschen glauben irrtümlich, daß man sofort Streß abbaut, wenn man meditiert. Aber um Streß abzubauen, müssen wir als erstes die Dinge oder Gedanken identifizieren, die den Streß verursachen. Wenn wir anfangen, eine unkritische Einsicht in ihre Natur zu erhalten, werden wir uns auf ganz natürliche Weise entspannen. Bald – wenn wir die Dinge, die uns dort hineingetrieben haben, als ihrem Wesen nach unreal entlarvt haben – steht es uns frei, unsere Furcht-Ecke zu verlassen. Es liegt an uns, ob wir eine Ratte bleiben oder nicht. Wenn Ihre Gedanken verstärkt werden und anfangen, Sie in die Ecke zu treiben, ziehen Sie einfach Ihr Zen-Gewehr, und schießen Sie sich den Weg frei. Lassen Sie nicht zu, daß Ihr schwerer Kopf Ihren geplagten Rücken den Preis bezahlen läßt.

Ihr Blick sollte auf den Boden gerichtet sein – in einem Winkel von etwa 45 Grad, auf eine einen Meter oder ein wenig weiter entfernte Stelle. Die Lider sollten halb geschlossen und der Blick nicht fokussiert sein. Das heißt, Sie sollten nicht starren, und die Augen sollten nicht geschlossen sein. Starren hat Augenschmerzen und gelegentlich geringfügigere Halluzinationen zur Folge; Sie könnten Gesichter auf dem Boden erblicken, eine wogende Holzmaserung oder kleine Lightshows und Feuerwerke. Diese Phänomene können lustig sein, aber sie sind nicht der Zweck der Übung. Sie können mir glauben, daß ich im TV oder wenn ich betrunken oder high war, Besseres gesehen habe. Unsere Absicht beim Sitzen ist es, in dieser Realität, wie sie sich selbst präsentiert und sich von Augenblick zu Augenblick entfaltet, präsent zu sein und ihr nicht auszuweichen oder sie zu manipulieren, wie damals, als wir noch aktiv tranken. Die Augen ganz zu schließen kann zum Einschlafen oder zum Tagträumen führen. Offensichtlich sind wir weder achtsam noch im Augenblick präsent, wenn wir kleine Visionen haben, einschlafen oder halluzinieren.

Legen Sie die Hände in der Dhyani-Mudra genannten Meditationsgeste ineinander: Die linke Hand liegt mit dem Rücken so auf der Innenseite der rechten, daß die Daumenkuppen sich leicht berühren. Andere Traditionen verlangen, daß man die Hände mit den Handflächen nach oben und geöffneten Fingern auf den Knien ruhen läßt oder einfach die Hände im Schoß faltet. Auch hier kommt es darauf an, was man persönlich bevorzugt und wie man sich am wohlsten fühlt. Experimentieren Sie mit verschiedenen Mudras (»Siegeln«), bis Sie die passende gefunden haben.

Wenn Sie sich für die Dhyani-Mudra entscheiden, legen Sie die Hände auf den unteren Unterleib, die Bauchhöhle oder Hara, wie die Japaner es nennen – das Energiezentrum unseres Körpers. In der Meditation versuchen wir buchstäblich, uns zu zentrieren – uns auf diese Region zu konzentrieren –, uns ihr Aufwölben und nachfolgendes Zusammensinken bei jedem Atemzug bewußtzumachen, unsere Denk-Energie nach unten, unten, unten, auf unseren Mittelpunkt zu richten. Einige Schulen verlangen, daß wir uns vorstellen, wie aus diesem Bereich eine leichte Wärme emporsteigt, weil uns dies hilft, unsere Aufmerksamkeit auf sie zu richten, fort von unserem denkenden Verstand.

Ich finde es hilfreich, leicht mit der Zungenspitze gegen das Gaumendach knapp hinter den Vorderzähnen zu drücken. Das hilft, die Schluckbewegungen zu regulieren, und verhindert, daß sich unangenehm viel Speichel ansammelt.

Versuchen Sie nicht bewußt, Ihren Atem zu kontrollieren; lassen Sie ihm einfach seinen eigenen Rhythmus. Achten Sie auf Ihr Ein- und Ausatmen. Sie könnten Ihr Bewußtsein auf die Nasenflügel richten, die sich synchron mit den Atemzügen bewegen. Thich Nhat Hanh, der vietnamesische Zen-Meister und Poet, sagt, daß man dieser Stelle auf dieselbe Weise Aufmerksamkeit zollen soll, wie ein Holzfäller sich der Stelle bewußt ist, wo sein Sägeblatt sich durch das Holz bewegt. Die Atmung ist das Werkzeug des Meditierenden, und er sollte darauf achten, wie der Holzfäller auf seine Säge achtet. Wenn er ihre Bewegungen nicht im Auge behält, verletzt er sich. Versuchen Sie, ebenso bewußt zu werden. Wenn wir unsere Aufmerksamkeit umherschweifen lassen, laufen wir Gefahr, uns von der Quelle unserer Achtsamkeit und des reinen, nicht unterscheidenden Bewußtseins abzuschneiden.

Einige Schulen fordern ihre Schüler auf, ihre Atemzüge zu zählen, um sich auf diese Weise zu fokussieren und zu zentrieren. Sie können diese Methode selbst ausprobieren.

Zählen Sie Ihre Atemzüge bis zehn, dann wieder von vorn. Wenn Sie aus der Zählung geraten, fangen Sie einfach von vorn an, ohne die Qualität Ihrer Achtsamkeit zu beurteilen. Eine schwierigere Methode besteht darin, sich einfach auf seinen Atem zu konzentrieren und sich jeden Atemzug bewußtzumachen.

Die meisten Lehrer und Schulen empfehlen die Verwendung eines mentalen Hilfsmittels beim Meditieren. Am häufigsten handelt es sich um ein Mantra (ein Wort oder eine Folge von Wörtern, die benutzt werden, um die Gedankenwolken zu vertreiben, die über den klaren Himmel unseres wahren Selbst ziehen). Einige Schulen oder Religionen verkaufen Ihnen Ihr Mantra für viel Geld, fordern Sie auf, es geheimzuhalten, und behaupten, es sei speziell für Sie ausgesucht worden. Ende der sechziger Jahre gab es ein großes Rätselraten um George Harrisons geheimes Mantra, von dem er behauptete, es sei in dem Lied »I Am the Walrus« enthalten. An einem Mantra ist meistens nichts Mystisches oder Spezielles. Einige Zen-Meister sagen, Sie könnten sogar »Coca-Cola, Coca-Cola, Coca-Cola … 7-Up« als Mantra sprechen, wenn es Ihnen bei der Übung hilft. Ich habe ein wenig herumexperimentiert. Mein Lieblingsmantra ist das des großen amerikanischen Mystikers Little Richard. »A Womp Bomp A Loo Bomp A Loo Bam Boom … Tutti-Frutti!« Ich habe dieses Mantra einmal bei einer dreitägigen Klausur benutzt und fand es vollkommen befriedigend (wenn ich mich auch beherrschen mußte, um nicht rhythmisch auf meinem Kissen herumzurutschen!). Mantras finden sich überall. Popeyes Zen steckt in seinem »I am what I am!«

Zen-Meister Seung Sahn weist seinen Schülern zu Beginn ein Mantra zu, das er für Menschen des Westens entworfen hat.

Ich finde es höchst wertvoll, weil es mir immer mentale Unterstützung gegeben hat und mir beim Meditieren half. Dieses Mantra verkörpert darüber hinaus das Wesen der Zen-Lehre in vier einfachen Wörtern (immer noch zu viele!). Es lautet »Clear Mind, Dont Know.« (Klarer Geist, weiß nicht.«) Es ist universell anwendbar, und es läßt sich mit jedem Mantra kombinieren, für das Sie sich entscheiden, sei es christlich, wie zum Beispiel *Agnus Dei, dona nobis pacem* (»Lamm Gottes, gib uns Frieden«), oder tibetisch, wie *Om Mani Padme Hum* (Juwel in der Lotosblüte), oder eine Phrase in der Gesundung wie »Laß es leicht angehen«. Ein hebräisches Mantra, das jüdische Meditierende wirksam finden mögen, lautet *Ribbono shel Olam*. Es bedeutet »Herr des Universums« und wurde von Rabbi Nachman von Warschau ersonnen, einem chassidischen Mystiker zu Beginn des 19. Jahrhunderts. Manche Leute finden eine Mala (buddhistische Kette aus Gebetsperlen) nützlich, um Mantras oder Atemzüge zu zählen oder die Aufmerksamkeit zu konzentrieren. Die Perlen des Rosenkranzes dienen einem ähnlichen Zweck. Die Griechen benutzen *kobolaki*, gewöhnlich als Betperlen bezeichnet.

Denken Sie beim Einatmen: »Klarer Geist, klarer Geist, klarer Geist …« Beim langsamen Ausatmen denken Sie: »Weiß nicht.« Wiederholen Sie diese Phasen ständig, in ähnlicher Weise, als würden Sie Ihre Atemzüge zählen. Wenn Ihre Gedanken abschweifen, kehren Sie einfach zu Ihrem Mantra zurück. Der Sinn eines Mantras liegt auf der Hand. »Klarer Geist« bedeutet, daß Ihr Geist so klar wie der Raum sein soll, wie der blaue Himmel – der nichturteilende Geist, über den wir gesprochen haben. Er stellt den eigentlichen Zustand unseres wahren Selbst dar. »Weiß nicht« ist der Zustand, zu dem wir zurückzukehren versuchen, der Geist, der nicht weiß, das

Bewußtsein, das vor dem Denken existiert. Es ist die Qualität des Bewußtseins, die nicht zwischen Gut und Böse unterscheidet und nicht bei allen Lebewesen – darunter bei seinem Eigner – Inventur macht.

Ich habe festgestellt, daß mir die Praxis, Mantras zu sprechen, das Leben retten kann, sogar wenn ich nicht mit einer »formalen« Praxis befaßt bin. Im Verkehrsgewühl, in anstrengender Arbeit oder bei Streß in Beziehungen klinkt sich die Gewohnheit, Mantras zu sprechen, wie eine Notbremse ein, unterbricht meine Fluchtgedanken und nimmt mir die Angst, die Kontrolle zu verlieren. Sie stellt mein Zentrum wieder her, und ich kann wieder aktiv am Leben teilnehmen, statt von Menschen, Orten und Dingen kontrolliert zu werden. Sie können auch mehrmals täglich als Achtsamkeitspause ein Mantra sprechen, wenn Sie eine neue Tätigkeit beginnen oder in eine veränderte Situation eintreten.

Sie können, wo auch immer Sie wollen und zu jeder Zeit, ein Mantra, gleich welcher Art, sprechen. Wenn Sie es sich angewöhnen, wird es zu einem Endlosschleifen-Soundtrack für Ihr Leben – immer präsent und bereit, Ihr Bewußtsein in der wahren, gegenwärtigen Realität zu verankern. In Streßzeiten kann sein schwaches Summen Ihre Aufregung durch Überbetonung verdeutlichen und zum Verschwinden bringen. Es ist das perfekte Alltagsgedächtnis, die Praxis von Augenblick zu Augenblick. Niemand weiß auch nur, daß Sie ein Mantra sprechen, und es bringt Ihnen viel weniger starrende Blicke ein, als würden Sie sich auf offener Straße in den Lotussitz begeben und den Buddha spielen!

Dem Neuling im Programm wird oft gesagt, die Zeit würde kommen, da nichts weiter mehr zwischen ihm und dem nächsten Drink, der nächsten Droge oder Zwangshandlung stehen wird als die höhere Macht. In solchen Fällen kann Ihnen ein Mantra den unmittelbaren, bewußten Kontakt verschaffen, den Sie brauchen. Sagen Sie es laut auf, benutzen Sie es als eine Schutzmauer aus Klängen gegen den Wahnsinn Ihrer Krankheit. Lassen Sie nicht zu, daß es Sie verlegen macht oder Ihnen seltsam vorkommt. Mit einem Drink oder einer Pille in der Hand oder einem zwanghaften Gedanken im Kopf würden Sie sich weitaus seltsamer vorkommen. Und Sie haben schon eine Menge seltsamer Dinge getan, als Sie noch aktiv waren.

Machen Sie aus der Meditation keine todernste oder humorlose Sache. Sie werden wie ein Stein in Ihrer eigenen Illusion der spirituellen Großartigkeit versinken oder wie ein Fisch aus dem Wasser schnellen und das Gefühl haben, versagt zu haben und nicht länger in Ihrem Element zu sein. Das Meditieren sollte behaglich und sogar erfreulich sein. Ihre eigene Körpersprache kann Ihren inneren Zustand beeinflussen, ebenso, wie die Körperhaltung den Geist befreien kann. Thich Nhat Hanh empfiehlt, daß man mit einem halben Lächeln auf den Lippen meditiert. Sie wissen bereits aus Ihrer eigenen Erfahrung, daß diese Praxis sich bewährt, wenn Sie niedergeschlagen sind. Sie lächeln einfach – und schon fühlen Sie sich besser. Also versuchen Sie, beim Meditieren zu lächeln. Einige Statuen Buddhas stellen ihn mit einem amüsierten Gesichtsausdruck dar, als hätte er soeben begriffen, daß ein Witz ihm galt. Wir bemühen uns, nicht zu verbissen an die Gesundung heranzugehen, und wir sollten auch in bezug auf spirituelle Praktiken nicht zu grimmig-entschlossen und humorlos sein. Es besteht eine Verwandtschaft zwischen den Wörtern »leicht« und »licht«, und wenn wir lernen, die Dinge leichter zu nehmen, sind wir innerlich buchstäblich erleuchtet – wir beleuchten unsere wahre Natur und erkennen die Freuden der Gesundung. Also lächeln Sie gefälligst! Tun Sie nicht einfach nur etwas. Meditieren und lächeln Sie!

Alan Watts sagte einmal, daß wir meditieren, um in Kontakt mit der Realität zu kommen – wir müßten unsere Gedanken zum Schweigen bringen, um zu begreifen, daß alles, was wir denken, unsere Gedanken sind und daß wir zwanghaft denken. Das Meditieren entführt uns aus diesem abstrakten Reich der zwanghaften Symbole und läßt uns erkennen, was diese Symbole wirklich darstellen.

Wir mögen meditieren, um Kontakt mit der größeren Realität oder der höheren Macht aufzunehmen, aber Watts sagt auch, daß wir eigentlich keinen Grund brauchen, um zu meditieren, daß es wie Musik oder Tanzen sein sollte. Wenn wir auf eine künftige Verbesserung oder ein persönliches Ziel hin meditieren, meditieren wir in Wirklichkeit überhaupt nicht. Meditation wird ein Versprechen und eine Erlaubnis, einfach nur zu *sein*. Wir sind bereits alles, was wir sein können, wenn auch der Lärm der Welt uns das Gegenteil glauben machen will. In der Meditation werden Sie dies bestätigt bekommen.

In unseren aktiven Tagen hatten wir das Gewicht der Welt auf unseren Schultern zu spüren geglaubt. Was für eine Erleichterung, als wir in der Gesundung endlich diese Last los wurden! Täglich nehmen wir sie wieder auf, und täglich legen wir sie in den Meetings wieder ab. So sind wir beschaffen. Tragen Sie beim Meditieren nicht das Gewicht der Welt auf Ihren überlasteten Schultern. Sie wissen, daß Sie dies tun, wenn Sie in sich selbst zusammensinken und wenn Ihr Rücken sich anfühlt, als stünde er in Flammen. Nehmen Sie Ihre Schultern zurück, und lauschen Sie auf das Getöse, wenn die Welt von Ihren Schultern gleitet und auf dem Boden aufschlägt. Was? Sie hören keinen Ton, sagen Sie? Natürlich nicht. Wie kann etwas, das keine eigene Existenz hat, ein Geräusch produzieren? Also bitte, schleppen Sie kein selbsterschaffenes, schweres Nichts in Ihre spirituelle Praxis und in Ihre Gesundung hinein. Das Getöse der Welt, die auf dem Boden aufschlägt, ist das Lächeln, das auf Ihrem Gesicht erscheint. Keine Welt, kein Problem.

Einer meiner ersten Meditationslehrer benutzt eine Busstation als Metapher. Eine unerfahrene Reisende will nur der Busstation einen Besuch abstatten, einen Kaffee trinken und zuschauen, wie die Busse ankommen und abfahren. Als der Bus nach Chicago angekündigt wird, steigt sie ein, weil sie ihre Absicht vergessen hat. Sie fährt bis Chicago, wo ihr wieder einfällt, daß sie eigentlich in der Station bleiben wollte. Sie fährt die ganze Strecke zurück. Der Bus nach New York wird angekündigt. Wieder steigt sie ein. Diesmal fällt ihr der Irrtum schon auf halbem Weg ein. Ein Fortschritt! Sie steigt wieder aus und fährt zurück. Mittlerweile hat sie gelernt, daß sie nicht in jeden ankommenden Bus einsteigen darf. Die Busse kommen auch ohne sie an und fahren ab. Sie kann einfach in der Station sitzen bleiben und das unausweichliche Ankommen und Abfahren der Busse beobachten. Sie mußte Fehler machen, um das zu lernen, und – was noch wichtiger ist – sie brauchte Praxis.

Die Parallelen zur Meditation und zu unserem Leben sind nicht zu übersehen. Wenn Sie die Busse als Gedanken und die Station als Ihre Praxis und Ihr Denken betrachten, wird offensichtlich, was wir bei der Meditation tun müssen und was tatsächlich geschieht. Schauen Sie einfach zu, wie Ihre

Gedanken kommen und gehen, ob Sie an Bord sind oder nicht. Wenn Sie in einen dieser Gedanken »einsteigen« und abfahren sollten, kommen Sie zurück, sobald Ihnen dies bewußt wird. Bald werden Sie immer weniger und weniger Zeit brauchen, um auf Ihr Meditationskissen und zur Busstation Ihres Lebens zurückzukehren. Machen Sie sich keine Vorwürfe, weil Sie in den Bus gestiegen oder von der Bahn abgekommen sind. Denken Sie nicht darüber nach, wie Ihre Meditation sein *sollte,* und machen Sie keine Inventur, wenn Ihre Achtsamkeit einmal nachläßt. Es ist nur Ihr kranker, süchtiger Verstand, der das alte, ermüdende Spiel von Gut und Böse spielt. Lassen Sie von Gedanken wie »Ich bin ein schlechter Zen-Schüler« oder auch »Ich bin ein guter Zen-Schüler« ab. Es sind nur Fallen, die Sie für sich selbst auf dem Weg in die Freiheit ausgelegt haben. Gehen Sie vorsichtig darum herum, und setzen Sie Ihren Weg fort. Nicht gut. Nicht schlecht. Nichts Besonderes. Es ist genau wie in der Gesundung. Wenn Sie auch nur eine Sekunde lang glauben, Sie würden alles verstehen und hätten alle »richtigen« Antworten, sind Sie schon ein gutes Stück auf dem Rückweg in Ihre Krankheit.

Allen Ginsberg hat einmal gesagt, wir sollten unsere Gedanken während der Meditation auf dieselbe Weise wie das Wetter betrachten. Sie abzustellen oder vorhersagen zu wollen ist ebenso eitel, und wir sollten uns ebensowenig für ihre Muster und Veränderungen verantwortlich und ihretwegen schuldig fühlen. Wir haben ebensowenig die Macht, sie zu kontrollieren, wie wir das Wetter kontrollieren können. Ein guter Meditierender ist vielleicht wie ein guter Meteorologe, der einfach nur beobachtet und berichtet, was geschieht, ohne das Gefühl der persönlichen Kontrolle oder Verantwortung zu haben. Lassen Sie das Wetter Ihrer Gedanken sich verändern, ohne daran beteiligt zu sein. Mark Twains Kommentar zum Wetter in Neuengland paßt auch auf unsere Gedanken: Wenn Sie Ihnen nicht gefallen, warten Sie einfach ein paar Minuten.

Es gibt keine gute Meditation. Es gibt keine schlechte Meditation. Es ist Meditation, sonst nichts. Wie Fußballspielen oder Autofahren. Sie machen einen Fehler und versuchen es noch einmal. Keine große Sache. Es gibt keine richtige oder falsche Art, Ihr Programm auszuführen, wenn Sie in der Gesundung oder auf Ihrem Weg sind. Chögyam Trungpa nennt die Meditation »eine Reise ohne Ziel«. Diese Reise beginnt dort, wo sie endet, und sie endet, wo sie begann. Wir meditieren, um uns diese grundlegende Tatsache bewußtzumachen und um uns darin zu üben, unseren ständig Inventur machenden Verstand abzustreifen, wie eine Schlange ihre alte Haut abstreift, wenn sie gewachsen ist.

Unser spirituelles Wachstum als Menschen in der Gesundung ist vorherbestimmt, und der Schmerz, den wir gewiß fühlen werden, wenn wir alte Gewohnheiten abstreifen, ist ein gesundes und willkommenes Zeichen, ein zusätzlicher Impuls, dem wir in eine bessere Art zu sein folgen sollten. Der Schmerz, den wir während unserer aktiven Leugnung verspürt haben, war ganz gewiß kein Wachstumsschmerz. Er nährte sich aus sich selbst heraus und hielt uns in der Sklaverei, auf Tod und Verderben. Diese neuen Schmerzen sind unsere Freunde, und Sie müssen in der Gesundung Ihres wahren Selbst durch sie hindurch.

Einer meiner engsten Freunde ist Sasha, ein Zen-Lehrer aus Sankt Petersburg in Rußland. Er ist auch ein bekannter und fähiger Avantgardemusiker und Filmemacher in seiner Heimat. In einem Interview mit einem amerikanischen Musikkritiker kam das Thema der Übung auf. Für den Kritiker bedeutete es musikalische Übung, aber mein Freund verstand darunter Übung allgemein. Er bezog sich auf seinen Körper und seine Seele als Instrument, mit dem er übt und auf dem er zu spielen lernt. Dies ist seine wichtigste Praxis und sein wichtigstes Instrument. Seine Meisterschaft im Umgang mit der Gitarre, den Drums oder der Kamera kann nur die Praxis widerspiegeln, die er an sich selbst erworben hat. Für mich war dies eine wunderbare Erklärung dafür, weshalb wir an uns selbst arbeiten. Unsere Kulturen zäumen das Pferd von hinten auf; sie verlangen bestimmte Fertigkeiten von uns, übergehen dabei aber die Quelle aller Meisterschaft. Die Praxis im Zen und in den Zwölf Schritten kann dieser einseitigen Betonung entgegenwirken.

Die ideale Dauer einer einzelnen Meditation beträgt zwanzig bis dreißig Minuten jeweils am Morgen und am Abend. Wenn Sie es nur fünf Minuten lang aushalten, dann meditieren Sie eben fünf Minuten lang. Kein Problem. Versuchen Sie nur, regelmäßig zu meditieren. Machen Sie sich klar, daß es Zeit in Anspruch nimmt und daß nichts Besonderes geschehen wird, außer daß Ihre Präsenz in diesem Augenblick und – hoffentlich – Ihre Bereitschaft wiederhergestellt wird, glücklich zu sein und anderen zu dienen. Eine andere Möglichkeit besteht darin, Ihre Meditationszeit über den ganzen Tag auszubreiten, sich hier eine Minute und dort einen Augenblick zu nehmen, um tief zu atmen, sich zu zentrieren und Ihren Geist zu klären, bevor Sie eine neue Aufgabe in Angriff nehmen oder in eine neue Situation eintreten. Selbst wenn Sie es schon tausendmal getan haben, gehen Sie immer daran, als sei es das erste und einzige Mal, seien Sie vorbehaltlos offen für die Erfahrung, ohne vorgefaßte Meinungen. Wenn wir uns dem Leben mit leerem Geist und leeren Händen öffnen, können wir alles vollständig und so ergreifen, wie es ist. Mittels dieser Haltung können wir jeden unserer wachen Augenblicke mit einer meditativen Qualität erfüllen und müssen unsere Zeiten einer bewußten Klarheit nicht von einem Sitzkissen oder einem Wecker abhängig machen. Eine Meditation am Morgen kann der Start durch Kurzschließen zu einem Tag voller Achtsamkeit sein, aber diese Maschine muß in allen möglichen Situationen außerhalb der Meditationszeiten laufen. Es liegt an Ihnen, die Art des spirituellen Treibstoffs zu bestimmen, den Sie benutzen, um bewußten Kontakt aufrechtzuerhalten.

Um aufrichtig zu sein, die Meditation ist die meiste Zeit über langweilig, also stecken Sie Ihre Erwartungen nicht zu hoch. Tatsächlich verhält es sich so, daß Sie desto mehr bekommen werden, je weniger Sie erwarten. Ich nehme an, die Meditation ist nur langweilig im Vergleich mit dem rasenden Tempo, das die meisten von uns vorlegen müssen, um in dieser Welt zu überleben. Wir haben unsere natürliche Fähigkeit verloren, uns einfach zu entspannen und den Augenblick zu genießen. Wenn Sie es so betrachten, wird Ihre Meditation weniger langweilig und erfüllender sein, da Sie Ihre wahre, strahlende Gesundheit wiedererlangen. Ihr übriges Leben wird durch die Lektionen bereichert, die Sie auf dem Sitzkissen gelernt haben, und Sie können anfangen, in allen Bereichen zu erwachen. Letztlich wird Ihre Meditationszeit erregend sein, weil Sie sich vollkommen lebendig und bewußt fühlen. Ihr übriges Leben könnte anfangen, Ihnen wie Schlafwandeln vorzukommen, aber jetzt können Sie etwas dagegen unternehmen. Sie können oft zuschauen, wie die Meditation die Meinungen in Ihrem Kopf umstellt und Ihre Perspektiven radikal zurechtrückt.

Wenn Sie bei der Meditation Schmerzen haben – seien es körperliche oder mentale Schmerzen –, sitzen Sie es nicht einfach aus, indem Sie leiden und glauben, Sie müßten stark sein. Das ist die alte Denkfalle. Stehen Sie auf und treten Sie hinter das Sitzkissen, bis Sie sich besser fühlen, dann setzen Sie sich wieder hin. Ihr Kopf wird sich zahllose heimtückische Tricks ausdenken, um Sie daran zu hindern, daß Sie wieder Herr über Ihr Leben werden. »Feuer, Feuer!« wird er schreien. Eis, Sex, Weltuntergang! Sie bleiben einfach dort sitzen und lächeln. Ihr Körper wird lernen, welches sein Platz ist. Er ist ein ungebärdiges Kind, das immer seinen Willen bekommen hat. Aber jetzt ist es an der Zeit, daß er erwachsen und ein wirklicher Mensch wird.

In seinem Gedicht »How to Meditate« (»Wie man meditiert«) sagt Jack Kerouac: »Denken ist genau wie nicht denken. Also muß ich nicht mehr denken.« Denken oder nicht denken – das ist kein Unterschied, wenn Sie einen Geist beibehalten können, der nicht nach Gut und Böse oder Leere oder Form unterscheidet. Das ist alles dasselbe.

Erwarten Sie keine Antworten von Ihrer Meditation oder Ihrem Programm. Es gibt keine Antworten, besonders keine, die allgemeingültig wären. Unser ganzes Leben hindurch haben wir geglaubt, wir hätten die Antworten oder jemand oder etwas könnte uns eine Antwort geben. Lassen Sie davon ab. Halten Sie statt dessen nach den richtigen Fragen Ausschau. Vielleicht haben wir niemals die richtigen Fragen gestellt und deshalb stets die falschen Antworten bekommen. Ihre Gesundung und Ihre Praxis des Elften Schritts werden Ihnen viele richtige Fragen enthüllen und Ihrer Suche eine wahrere Bedeutung und eine richtigere Richtung verleihen, als Sie es jemals geahnt hätten. Und wenn Sie per Zufall eine Antwort erhalten, werden Sie selbst sie verdient haben, und sie wird Ihrem Leben Würde und Tiefe verleihen.

Am Ende Ihrer Meditationssitzung verbeugen Sie sich mit zusammengelegten Händen. Und nun versuchen Sie, das Spiel zu spielen, das Sie geprobt haben. Gehen Sie hinaus, und tun Sie es voll und ganz. Wo auch immer Sie sind, seien Sie dort. Was auch immer Sie tun, tun Sie es. Eine berühmte Geschichte handelt von einem Mönch, der jahrelang auf einem Berggipfel oberhalb einer emsigen Stadt meditiert hat. Endlich erlangte er Erleuchtung – etwas, das er für unerschütterliche Gelassenheit und Liebe hielt. Voller Eifer, anderen seine Entdeckung mitzuteilen, verließ er den stillen und schönen Berggipfel und stieg in die Stadt hinab. Die Stadt war recht belebt, und ein Mann stieß unbeabsichtigt mit dem Mönch zusammen. Der Mönch wurde wütend und boxte den Mann. Es ist leicht, allein an einem schönen Ort zu leben, und viel schwieriger und dringender, überall sonst zu leben.

Der japanische Zen-Meister Bankei Eitaku (1622–1693), der offen von den Bedürfnissen gewöhnlicher Menschen und der Notwendigkeit sprach, sie zu verstehen, sagte, man sollte sich das Alltagsleben als Meditation vorstellen – als Zen – und nicht nur eine Stunde lang pro Tag vor einem brennenden Räucherstäbchen sitzen. Zen ist weniger eine Religion, Philosophie oder Disziplin als vielmehr eine Lebensweise, ein Geisteszustand, ein Seinszustand. Wenn Sie versuchen, Zen festzuhalten, verhält es sich wie Wasser. Versuchen Sie, es zu definieren, verwandelt es sich in etwas anderes. Zen ist etwas, das nur Sie erfahren können. Kein Buch und kein Lehrer kann Ihnen einen Katalog genehmigter Glaubensregeln vermitteln, Geld kassieren und sagen: »So, jetzt haben Sie den Zen-Mind.« Genau so, wie wir im Zwölf-Schritte-Programm selbst in unserem Herzen wissen, wann wir eine solide, verläßliche Gesundung erreicht haben, verhält es sich auch mit der Zen-Praxis und der Wiederentdeckung unseres wahren Selbst. Wenn Sie Zen nicht mit Ihrem Verstand be-greifen und auch nicht an der Welt festhalten wollen, werden Sie wissen, was Zen ist. Sie haben es immer schon gewußt.

Sie wissen bereits, wie man nicht mehr trinkt, Drogen nimmt oder sich in irgendeiner Weise zwanghaft verhält. Sie selbst haben es so weit gebracht. Sie selbst haben es geschafft, indem Sie von den zehntausend Dingen abließen, die Sie versklavt haben. Versuchen Sie, sich dieses Gefühl der Verzweiflung und die vollständige Deflation in jedem Augenblick zu vergegenwärtigen, und halten Sie es für alle Zeit frisch. Versuchen Sie, im Gedächtnis zu behalten, wie es war, als jene erste, magische Minute oder Sekunde ohne das Verlangen und den Zwang anbrach, in Ihrer Krankheit und Leugnung aktiv zu werden.

Genau wie in *The Wizard of Oz* haben Sie immer ein Herz, Verstand und Mut gehabt. Der Zauberer tat nichts weiter, als alle Menschen daran zu erinnern. Er gab ihnen nichts, was sie nicht bereits besessen hätten. Wichtiger noch ist, daß Sie wie Dorothy sind, die sich verzweifelt wünschte, nach Hause zu gehen. Sie hatte ihr Zuhause niemals verlassen – nur in ihren Träumen. Als sie aufwachte, wachte sie an dem Ort auf, an dem sie immer gewesen war, aber jetzt war sie glücklich darüber.

Wir sind aus dem Alptraum unserer Krankheiten in das Hier und Jetzt der Gesundung aufgewacht. Die Praxis des Zen kann uns helfen, an dem Ort zu erwachen, den wir nie verlassen haben, als die Personen, die wir immer gewesen sind. Hören Sie einfach nur auf, zu leugnen, wer Sie wirklich sind, und entdecken Sie Ihr wahres Selbst wieder. Finden Sie heraus, daß Sie ein guter Zauberer sind, oder, besser noch, schauen Sie in den Spiegel.

*Mögen alle Wesen glücklich sein.*

# *Die Knochen anderer*

Wenn Sie hier sind und dieses Buch lesen,
denken Sie an jene, denen es nicht so geht.
Beten Sie für sie: Denken Sie voll Liebe an jene,
die ihren Verstand, ihre Liebe und ihre Jahre
an den Zwang, die Abhängigkeit, die Angst
   verloren.
Denken Sie an ihre großen Opfer.

Wir gesunden auf den Knochen anderer.
Betten Sie sie in Ihr liebendes Gedenken:
nicht mehr allein.

Wenn Sie hier sind und Ihr wahres,
strahlendes Selbst wiederentdecken,
einen Augenblick der Stille für jene,
die von den Stimmen und den Schreien der
   Krankheit – zwanghafte Träume – in den
   Wahnsinn getrieben wurden.
Wir wandeln bei Nacht und bei Tag auf den
   Knochen anderer.
Halten Sie sie warm in den Armen Ihrer Seele:
nicht mehr kalt.

Wenn Sie hier sind und der Freiheit sich erfreuen,
tausend Verbeugungen für jene, die nicht
dieses Ufer erreichten und in einem Meer
der Verzweiflung ertranken:
nicht mehr leiden.

Wir gehen in Frieden vorbei an Käfigen
aus den Knochen anderer.
Sie reichen uns die Schlüssel der Verzweiflung.
Lösche ihren brennenden Durst
mit den Tränen deiner Seele.
Stille ihr Verlangen. Besänftige ihren Geist.
Gib ihnen Frieden im Dunkeln und
den einsamen Orten über und unter dem Boden.
Fülle die klaffenden Lücken, die ihr Tod hinterließ,
mit dem unerschöpflichen Reichtum deiner Liebe.

Gedenke ihrer im Schlaf;
gedenke ihrer im Wachen.
Nur ein Gedanke ist der Unterschied
zwischen dir und den Knochen der anderen.

# Mehr Finger, die auf den Mond deuten

## Leseempfehlungen und Bibliographie

Aitken, Roshi Robert, *Taking the Path of Zen,* San Francisco: North Point, 1982.

*Alcoholics Anonymous: The Story of How Many Thousands of Men & Women Have Recovered from Alcoholism,* 1939, 3. Aufl., New York: Alcoholics Anonymous World Services, 1976.

*Alcoholics Anonymous Comes of Age,* New York: Alcoholics Anonymous World Services, 10. Aufl., 1983.

*As Bill Sees It: Selected Writings of the A. A.'s Co-Founder,* New York: Alcoholics Anonymous World Services, 1967.

Bancroft, Anne, *Zen: Direct Pointing to Reality,* New York: Crossroad, 1979; dt., *Zen,* München: Kösel, 1985.

Bateson, Gregory, *Steps to an Ecology of Mind,* New York: Ballantine Books, 1972; dt., *Ökologie des Geistes,* Frankfurt a. M.: Suhrkamp, 1981.

Baudelaire, Charles, *Die Blumen des Bösen,* Frankfurt a. M.: Insel Taschenbuchverlag, 1976.

Besserman, Perle, und Manfred Steger, *Crazy Clouds: Zen Radicals, Rebels and Reformers,* Boston: Shambhala, 1991.

Blackstone, Judith, und Zoran Josipovic, *Zen for Beginners,* New York: Writers and Readers Publishing, 1986.

Blofeld, John, *The Wheel of Life: The Autobiography of a Western Buddhist,* Boston: Shambhala, 1988.

–; *The Zen Teaching of Huang Po,* New York: Grove Press, 1984.

Bradshaw, John, *The Family – A Revolutionary Way of Self-Discovery,* Deerfield Beach, Florida: Health Communications, 1988.

Buber, Martin, *Ich und Du,* Heidelberg: Lambert Schneider, 11. Aufl., 1983.

–, *Die Geschichte Rabbi Nachmans,* 1906.

*A Buddhist Bible,* Dwight Goddard (Hrsg.), Boston: Beacon Press, 1970.

*Came to Believe … The Spiritual Adventure of A. A. as Experienced by Individual Members,* New York: Alcoholics Anonymous World Services, 1973.

Camus, Albert, *Tagebücher 1935–1951,* Reinbek: Rowohlt, 1972.

–, *Der Mythos von Sisyphos,* Reinbek: Rowohlt, mehrere Auflagen.

Capacchione, Lucia, *Recovery of Your Inner Child,* New York: Fireside Books, 1991.

Charters, Anne, *Kerouac: A Biography,* San Francisco: Straight Arrow Books, 1973.

*Chop Wood, Carry Water,* Rick Fields (Hrsg.), Los Angeles: J. P. Tarcher, 1984.

Chung-yuan, Chang, *Original Teachings of Ch'an Buddhism,* New York: Pantheon Books, 1969.

Cleary, J. C., *A Buddha from Korea: The Teachings of T'aego,* Boston und Shaftesbury: Shambhala, 1988.

–, *Swampland Flowers: The Teaching of Zen Master Ta Hui,* New York: Grove Press, 1981.

*The Cloud of Unknowing and the Book of Privy Counseling,* William Johnston (Hrsg.), New York: Image Books, 1973.

Conze, Edward, *Buddhism: Its Essence & Development,* New York: Harper & Row, 1959; dt., *Der Buddhismus: Wesen und Entwicklung,* Stuttgart: Kohlhammer, 7. Aufl., 1981.

Dalai Lama, *Kindness, Clarity and Insight,* Ithaca, New York: Snow Lion Publications, 1984.

[Dalai Lama XIV], *A Policy of Kindness: An Anthology of Writings by and about the Dalai Lama,* Sidney Pitburn (Comp. und Hrsg.), Ithaca, New York: Snow Lion Publications, 1990; dt., *Eine Politik der Güte,* Olten und Freiburg i. Br.: Walter, 2. Aufl., 1992.

Davidson, A. K., *The Art of Zen Gardens,* Los Angeles: J. P. Tarcher, 1983.

*The Diamond Sutra and the Sutra of Hui-Neng,* Boston: Shambhala, 1985.

*Dropping Ashes on the Buddha: The Teaching of Zen Master Seung Sahn,* Stephen Mitchell (Hrsg.), New York: Grove Weidenfeld, 1976.

Dumoulin, Heinrich, *Christianity Meets Buddhism,* La Salle, Illinois: Open Court Publishing Company, 1990.

–, *Zen Buddhism: A History,* 2 Bde., New York: Macmillan Publishing Company, 1990.

–, *Zen Buddhism in the 20th Century,* New York und Tokio: Weatherhill, 1992; dt., *Zen im 20. Jahrhundert,* Frankfurt a. M.: Fischer Taschenbuch, 1993.

*The Environment Handbook,* Garret De Bell (Hrsg.), New York: Ballantine Books, 1970.

Farmer, Steven, *Adult Children of Abusive Parents: A Healing Program for Those Who Have Been Physically, Sexually or Emotionally Abused,* New York: Ballantine Books, 1989.

Fields, Rick, *How The Swan Comes to the Lake: A Narrative Story of Buddhism in America,* Boston: Shambhala, 1986.

Friedman, Lenore, *Meetings With Remarkable Women: Buddhist Teachers in America,* Boston: Shambhala, 1987.

Fromm, Erich, Daisetz T. Suzuki und Richard de Martino, *Zen Buddhism and Psychoanalysis,* New York: Harper & Row, 1970; dt., *Zen-Buddhismus und Psychoanalyse,* Frankfurt a. M.: Suhrkamp, 1976.

Furlong, Monica, *Merton: A Biography,* New York: Bantam Books, 1980; dt., *Alles, was ein Mensch sucht: Thomas Merton, ein exemplarisches Leben,* Freiburg: Herder, 1982.

–, *Zen Effects: The Life of Alan Watts,* Boston: Houghton Mifflin, 1986.

*Gary Snyder: Dimensions of a Life,* Jon Halper (Hrsg.), San Francisco: Sierra Club Books, 1991.

*A Gathering of Spirit: Women Teaching in American Buddhism,* Ellen Sidor (Hrsg.), Providence: Primary Point Press, 1987.

Ginsberg, Allen, *Collected Poems 1947–1980,* New York: Harper & Row, 1984.

Gravitz, Herbert L., und Julie D. Bowden, *Recovery: A Guide for Adult Children of Alcoholics,* New York: Fireside, 1985.

Herbert, Frank, *Dune,* New York: Berkeley, 1984; dt., *Der Wüstenplanet,* München: Heyne, 1978.

Hoffer, Eric, *The True Believer,* New York: Time, 1963.

James, William, *The Variety of Religious Experience,* New York: Collier Books, 1961; dt., *Die Vielfalt religiöser Erfahrung,* Freiburg: Walter, 1979.

Jaspers, Karl, *Socrates, Buddha, Confucius, Jesus,* New York: Harcourt Brace Jovanovich, Publishers, 1962.

Jazz, Robert Petrella, *Mysterioso,* Providence: Mysterioso Press, 1991.

Johannes vom Kreuz, *Die dunkle Nacht,* in *Sämtliche Werke,* Bd. 2, Einsiedeln, Johannes Verlag, 1964.

Johnson, Kent, und Craig Paulenich, *Beneath a Single Moon: Buddhism in Contemporary American Poetry,* Boston und London: Shambhala, 1991.

Kaplan, Aryeh, *Jewish Meditation,* New York: Schocken Books, 1985.

Kapleau, Roshi Philip, *The Three Pillars of Zen,* Garden City, New York: Anchor Books, 1980; dt., *Die drei Pfeiler des Zen,* München: Scherz, 1979.

–, *Zen: Dawn in the West,* Garden City, New York: Anchor, 1980.

Kazin, Alfred, *The Portable Blake,* New York: Penguin Books, 1946.

Kerouac, Jack, *Big Sur,* New York: McGraw-Hill Book Company, 1962; dt., *Big Sur,* München: Heyne, 1984.

–, *Desolation Angels,* New York: Perigee Books, 1980.

–, *The Dharma Bums,* New York: The Viking Press, 1958.

–, *Last Words & Other Writings,* Zeta Press, 1985.

–, *Mexico City Blues (242 Choruses),* New York: Grove Press, 1959.

–, *Scattered Poems,* San Francisco: City Light Books, 1971.

–, *The Scripture of the Golden Eternity,* New York: Totem Press/Corinth Books, 1961; dt., *Die Schrift der goldenen Ewigkeit,* Berlin: Sadhana Verlag, Matthias Wendt und Stewart Coltman, 1980.

King, Stephen, *It,* New York: Viking, 1986; dt., *Es,* München: Heyne, 1986.

–, *The Shining,* Garden City, New York: Doubleday & Company, 1977; dt., *Shining,* Bergisch Gladbach: Bastei-Lübbe, 1985.

Kopp, Sheldon B., *If You Meet the Buddha on the Road, Kill Him!: The Pilgrimage of Psychotherapy Patients,* New York: Bantam, 1976; dt., *Triffst du Buddha unterwegs,* Frankfurt a. M.: Fischer, 9. Aufl., 1984.

Krishnamurti, Jiddu, *I Think on These Things,* New York: Harper & Row, 1970.

Kurtz, Ernest, *AA: The Story,* neu durchgesehene Ausgabe von *Not-God: A History of Alcoholics Anonymous,* San Francisco: Harper & Row, 1988.

Kusan Sunim, *The Way of Korean Zen,* New York und Tokio: Weatherhill, 1985.

*The Language of the Heart: Bill W.'s Grapevine Writings,* New York: The AA Grapevine, 1988.

Lau Dse, *Dau Dö Djing: Das Buch vom rechten Weg und von der rechten Gesinnung,* ins Deutsche übertragen von Jan Ulenbrook, Bremen: Carl Schünemann, 1962.

Leary, Timothy, *The Politics of Ecstasy,* New York: G. P. Putnam's Sons, 1968; dt., *Politik der Ekstase,* Linden: Volksverlag, 1982.

Lee, Stan, *Origins of Marvel Comics,* New York: Simon and Schuster, 1974.

Luk, Charles, *Ch'an and Zen Teaching,* 3 Bde., London: Rider & Co., 1960.

Maha Ghosananda, *Step by Step,* P. Emonds und J. Mahoney (Hrsg.), Berkeley: Parallax Press, 1992.

*Man and His Symbols,* C. G. Jung (Hrsg.), New York: Dell Publishing, 1972; dt., *Der Mensch und seine Symbole,* Freiburg i. Br.: Walter, 6. Aufl., 1982.

Merton, Thomas, *The Asian Journal,* Naomi Burton u. a. (Hrsg.), New York: New Directions, 1975; dt., *Asiatisches Tagebuch,* Köln: Benziger, 1987.

–, *Mystics and Zen Masters,* New York: Dell Publishing Co., 1979.

–, *New Seeds of Contemplation,* New York: New Directions, 1961.

–, *The Way of Chuang Tzu,* New York: New Directions, 1965.

–, *Zen and the Birds of Appetite,* New York: New Directions, 1968.

Miles, Barry, *Ginsberg: A Biography,* New York: HarperPerennial, 1990.

Miller, Ronald S., und Herausgeber des *New Age Journal, As Above, So Below: Paths to Spiritual Recovery in Everyday Life,* Los Angeles: Jeremy P. Tarcher, 1992.

Mitchell, Stephen, *Parables and Portraits,* New York: HarperPerennial, 1990.

Mu Soeng Sunim, *Heart Sutra: Ancient Buddhist Wisdom in the Light of Quantum Reality,* Cumberland, RI: Primary Point Press, 1991.

–, *Thousand Peaks: Korean Zen – Tradition and Teachers,* Berkeley: Parallax Press, 1987.

Mullen, John Douglas, *Kierkegaard's Philosophy: Self Deception and Cowardice in the Present Age,* New York: New American Library, 1981.

Needleman, Jacob, *The New Religions,* New York: Doubleday & Co., 1970.

Nietzsche, Friedrich, *Jenseits von Gut und Böse,* Stuttgart: Kröner, 10. Aufl., 1976.

–, *The Portable Nietzsche,* New York: Viking Press, 1976.

*Only Doing It for Sixy Years: A Biography of Zen Masters Seung Sahn and Recollections by His Students,* Diana Cleary (Hrsg.), Providence: Kwan Um School of Zen Publications, 1987.

Parke, David B., *The Epic of Unitarianism: Original Writings from the History of Liberal Religion,* Boston: Beacon Press, 1969.

*Pass It On: The Story of Bill Wilson and How the AA Message Reached the World,* New York: Alcoholics Anonymous World Service, 1984.

Ram Dass, *Journey of Awakening: A Meditators's Guidebook,* Daniel Goleman, Dwaranath Bonner und Ram Dev (Hrsg.), Toronto und New York: Bantam Books, 1978; dt., *Reise des Erwachens: Ein Handbuch zur Meditation,* München: Knaur, 1986.

Seung Sahn, *Bone of Space: Zen Poems,* San Francisco: Four Seasons Foundation, 1982.

–, *Only Don't Know: The Teaching Letters of Zen Master Seung Sahn,* San Francisco, 1982.

–, *Ten Gates: The Kong-An Teaching of Zen Master Seung Sahn,* Providence: Primary Point Press, 1987.

–, *The Whole World Is A Single Flower: 365 Kong-Ans for Everyday Life,* Boston: Tuttle, 1992.

*Shambhala Dictionary of Buddhism and Zen,* Boston: Shambhala, 1991.

Shibayama, Zenkei, *Zen Comments on the Mumokan,* New York: New American Library, 1975.

Snyder, Gary, *Earth House Hold: Technical Notes & Queries to Fellow Dharma Revolutionaries,* New York: New Directions, 1969.

–, *The Practice of the Wild,* San Francisco: North Point Press, 1990.

–, *Riprap & Cold Mountain Poems,* San Francisco: Grey Fox Press, 1980.

–, *The Real Work: Interviews and Talks, 1964–1979,* William Scott Lean (Hrsg.), New York: New Directions, 1980.

Sohl, Robert, und Audrey Carr, *The Gospel According to Zen,* New York: Mentor, 1970.

*A Still Forest Pool: The Insight Meditation of Achaan Chah,* Jack Kornfield und Paul Breiter (Hrsg.), Wheaton, Ill.: Theosophical Publishing House, 1985.

Stryk, Lucien, und Takashi Ikemoto, *Zen: Poems, Prayers, Sermons, Anecdotes, Interviews,* Athens: Ohio University Press, 1983.

Suzuki, Daisetz T., *The Essentials of Zen Buddhism: An Anthology of the Writings of Daisetz T. Suzuki*, Bernard Phillips (Hrsg.), New York: E. P. Dutton & Co., 1962.

–, *Introduction to Zen Buddhism*, London: Rider and Company, 1960.

–, *Manual of Zen Buddhism*, New York: Grove Press, 1982.

–, *Zen Mind, Beginner's Mind: Informal Talks on Zen Meditation and Practice*, New York und Tokio: Weatherhill, 1983; dt., *Zen-Geist. Anfänger-Geist. Unterweisungen in Zen-Meditation*, Zürich: Theseus, 4. Aufl., 1983.

*The Teachings of The Compassionate Buddha*, E. A. Burtt (Hrsg.), New York: New American Library, 1955.

Thich Nhat Hanh, *The Miracle of Mindfulness: A Manual on Meditation*, Boston: Beacon Press, 1976.

Thoreau, Henry David, *Walden*, New York: Bramhill House, 1961; dt., *Walden oder Hüttenleben im Walde*, Zürich: Manesse, 1972.

Trungpa, Chögyam, *Cutting Through Spiritual Materialism*, John Baker und Marvin Casper (Hrsg.), Boulder und London: Shambhala, 1973; dt., *Spiritueller Materialismus: Vom wahren geistigen Weg*, Freiburg i. Br.: Aurum, 1975.

–, *The Myth of Freedom and the Way of Meditation*, Boulder und London: Shambhala, 1976; dt., *Das Märchen von der Freiheit und der Weg der Meditation*, Freiburg i. Br.: Aurum, 1978.

*Twelve Steps and Twelve Traditions: A Co-Founder of Alcoholics Anonymous tells how members recover and how the society functions*, New York: Alcoholics Anonymous World Services, 1988; dt., *Zwölf Schritte und zwölf Traditionen* (nicht im Buchhandel; zu beziehen durch Anonyme Alkoholiker Interessengemeinschaft e.V., Postfach 46 02 27, 80910 München, Best.-Nr. 117, Telefon 0 89 / 3 16 43 43).

Vonnegut, Kurt, *Cat's Cradle*, New York: Holt, Rinehart and Winston, 1963; dt., *Katzenwiege*, München: Piper, 1985.

–, *Galapagos*, New York: Dell Publishing, 1985; dt., *Galapagos*, München: Goldmann Taschenbuch, 1990.

–, *Hocus Pocus*, New York: Berkeley, 1991; dt., *Hokus Pokus*, München: Goldmann Taschenbuch, 1992.

Waddell, Norman, *The Unborn: The Life and Teaching of Zen Master Bankei*, San Francisco: North Point Press, 1984.

Watts, Alan, *Beat Zen, Square Zen and Zen,* San Francisco: City Light Books, 1959.

–, *The Book: On the Taboo Against Knowing What You Are,* New York: Vintage Books, 1972.

–, *Cloud Hidden, Whereabouts Unknown: A Mountain Journal,* New York: Vintage Books, 1974.

–, *The Essence of Alan Watts,* Millbrae, California: Celestial Arts, 1977.

–, *In My Own Way: An Autobiography 1915–1965,* New York: Pantheon Books, 1972.

–, *Psychotherapy East & West,* New York: Vintage Books, 1975.

–, *This is IT and Other Essays on Zen and Spiritual Experience,* New York: Vintage Books, 1973; dt., *Dies ist es und andere Essays über Zen und spirituelle Erfahrung,* Basel: Sphinx, 2. Aufl., 1981.

–, *The Way of Zen,* New York: Vintage Books, 1957.

–, *The Wisdom of Insecurity: A Message for an Age of Anxiety,* New York: Vintage Books, 1959; dt., *Weisheit des ungesicherten Lebens,* o. O.: Otto Wilhelm Barth, 5. Aufl., 1985.

Watts, Alan, und Al Chung-liang Huang, *Tao: The Watercourse Way,* New York: Pantheon Books, 1975; dt., *Der Lauf des Wassers,* Frankfurt a. M.: Suhrkamp, 1982.

White, Michael, *Safe in Heaven Dead: Interviews with Jack Kerouac,* Madras und New York: Hanuman Books, 1990.

Wholey, Dennis, *The Courage to Change,* Boston: Houghton Mifflin Company, 1984.

Yoder, Barbara, *The Recovery Resource Book,* New York: Fireside, 1990.

*Zen to Go: Bite-sized Bits of Wisdom from East and West – from the Buddha to Yogi Berra,* Jon Winikur et al. (Hrsg.), New York: New American Library, 1989.

*Zen Essence: The Science of Freedom,* Thomas Cleary (Hrsg.), Boston: Shambhala, 1989.

*Zen Flesh and Zen Bones: A Collection of Zen and Pre-Zen Writings,* Garden City, New York: Anchor Books, Doubleday & Co., 1978.

*The Zen Teaching of Bodhidharma,* San Francisco: North Point Press, 1989.

# *Danksagungen*

Mein Dank gilt Bill Wilson und Zen-Meister Seung Sahn, deren Lehren und Beispiele mich den Weg gelehrt haben.

Jack Kerouac und Alan Watts, deren Schriften und Leben mich gelehrt haben, darüber zu sprechen.

Meiner Frau, Eleanor Pascalides Ash, die meine Krankheit, meine Gesundung und die Niederschrift dieses Buchs überlebt hat und mir zwei Kinder gab, die das Leben lebenswert machen. Dein Geben hat keine Grenzen gekannt. Ich gebe dir dieses Buch in Dankbarkeit und Liebe.

Meinen Söhnen Aren und Ethan, die ich grenzenlos liebe, die die besten Zen-Meister sind, bei denen ich jemals studiert habe, und die eines Tages dieses Buch lesen werden. Ich hoffe, daß ihr glücklich und frei seid und daß ich euch stolz gemacht habe.

John und Kay Pascalides, meinen wahren, liebenden Eltern, die mich zu einem der Ihren gemacht und mich gelehrt haben, wie man akzeptiert und Liebe gibt.

Susan Bernstein, ohne die dieses Buch nicht möglich gewesen wäre. Danke für dein Lehren, deine Großzügigkeit im Denken und in der Zeit und den festen Glauben an mich und meine Arbeit. Ich hoffe, ich habe den Kurs bestanden.

Reverend Thomas Ahlburn von der First Unitarian Church in Providence für seinen Dharma, seine Wärme und seinen Humor, dafür, daß er uns mit seiner Vision zu neuen Grenzen der amerikanischen Weisheit geführt hat und daß er uns einen Sangha und ein Heim für Sucher aller Art zu Verfügung stellte.

Meinen Zen-Lehrern: Zen-Meister Bobby Rhodes, Linc Rhodes, Ellen Sidor, Diana Clark, Nancy Brown, Do Haeng Sunim (Tony Sager), Mu

Soeng Sunim, David und Shana Klinger und Sasha Alexander Nemkov (»Zoldat«) aus Sankt Petersburg, Rußland.

Ty Davis vom ursprünglichen *NewPaper,* der mir zehn Jahre lang Schutz vor dem Ansturm unzähliger Künstler, Autoren, Musiker und Sonderlinge geboten hat.

John Calvi, meinem Kindheitsfreund, dem Quäker-Heiler und engelsgleichen Songschreiber, der uns einmal die Wahl umriß, entweder Selbstmord zu begehen oder zu morden. Wir haben beide eine dritte Alternative gefunden.

Meiner literarischen Agentin Barbara Lowenstein für ihre unermüdliche Hingabe und Ermutigung; Jeremy Tarcher, für seine Begeisterung und seinen Glauben an den Wert des Projektes; meinem Verleger D. Patrick Miller, für seine kenntnisreichen Beiträge und Herausforderungen; und Daniel Malvin, der es mit uns allen aufgenommen hat.

Und Rebecca Beth Topol, die mir sagte, ich solle alles aufschreiben; Peter Silva; dem Stab von *NicePaper;* Jonathan Chisholm, dem Buddha der Wickenden Street; Eddie Cho; Brian Cho; Myung Suk Chun; Mr. Maynard Silva, dem Buddha des Blues, und seiner Gemahlin, der geheimnisvollen Mari X.; Father Robert Morin; dem Sangha des Providence Zen Center; Mike Chandley, Judy und den Cellar Stories; dem College Hill Bookstore; Elizabeth Sprout Smith; Norma Jean – O Haeng Sunim; John Deion und dem Last Call Saloon; Julia Bryant; Jane Rushing Griffith; Mike Morrisette; Fred Beuther; Dan Mulvey; Sal Scirpo; Tracey »Tie-Dye« Dolge; Friendly Linda Morten; Just Jule Blume; Keith T-9 Davis; Reverend Bill Brown; Johannah Rose Ash; Jay Acker; Giner Bristol; Karen Lloyd; Peter und Laura Wakeman; Bud und Pat Berten; Bob und Jean Thompson; Joel und Ruthann Davis; John und Nancy Flanner; Reverend und Mrs. Robert Fell; Steve Wunrow und Martha Vickery; Bob Petrelle Jazz; Pam Nelson und Allison Hargraves; meinen Herausgebern bei Putnam; Leslie Clark; Mac LC; Sunshine Marty Leyden; John R. und den Mitgliedern seiner Gruppe sowie zahllosen anderen Geschöpfen.

Und vor allem meinem Freund Scott Rundlett, der mir das Leben gerettet hat und uns allen ein Beispiel an Kraft war.

# Zu den Illustrationen

Die Illustrationen und kalligraphischen Entwürfe des Autors wurden im traditionellen Sumiye-Stil in Tinte auf Reispapier ausgeführt. Die Tintenmalerei gehört zu den traditionellen Künsten des Zen und wird als meditative Praxis betrachtet, in der der Künstler, das Objekt und der Malvorgang im Geist der Spontaneität und der Achtsamkeit gemeinsam den Augenblick widerspiegeln.

Die Illustrationen stellen Bodhidharma dar, den legendären Gründer des Zen, wie er stumm den Inhalt des betreffenden Kapitels andeutet. Die Worte, die den Illustrationen folgen, sind Finger, die auf den Mond deuten. Wenn Sie sich im Labyrinth der Worte und Ihrer eigenen Gedanken verirren, wenden Sie sich an Bodhidharma, Ihren vertrauenswürdigen Führer, der sich direkt auf die Realität jenseits aller Wörter und Schriften bezieht.